Siebensachen

Gert Selle

Siebensachen

Ein Buch über die Dinge

Campus Verlag
Frankfurt/New York

Redaktion: Karin Beiküfner, Bad Soden

Die Deutsche Bibliothek – CIP-Einheitsaufnahme

Selle, Gert:
Siebensachen : ein Buch über die Dinge / Gert Selle. –
Frankfurt/Main ; New York : Campus Verlag, 1997
ISBN 3-593-35672-4

Das Werk einschließlich aller seiner Teile ist urheberrechtlich geschützt. Jede Verwertung
ist ohne Zustimmung des Verlags unzulässig. Das gilt insbesondere für Vervielfältigungen,
Übersetzungen, Mikroverfilmungen und die Einspeicherung und Verarbeitung
in elektronischen Systemen.
Copyright © 1997 Campus Verlag GmbH, Frankfurt/Main
Umschlaggestaltung: conceptdesign, Offenbach
Satz: Leingärtner, Nabburg
Druck und Bindung: Druckhaus Beltz, Hemsbach
Gedruckt auf säurefreiem und chlorfrei gebleichtem Papier.
Printed in Germany

Du wirst sehen, es wird immer schwieriger, die Dinge bei ihrem Namen zu nennen. Sie sind sehr listig geworden und wissen sich heute den festen Bezeichnungen rasch zu entziehen. Dann stehst du da mit deinem leeren Wort – das Ding ist längst verwandelt. Botho Strauß

Aber ich werde nie vergessen können, was mir die Dinge beigebracht haben. Pier Paolo Pasolini

Inhalt

Vorwort 9

1
Orientierungsversuch in unübersichtlichem Gelände

Vertrautes, fremdes Ding 17
Aller guten Dinge sind drei 29
Mikrolith und Mikrochip. 33
Die Büroklammer und andere Nebensachen 42

2
Nähe und Ferne: Ein Versichern der Erfahrung

Das Museum 53
Der Sammler 64
Die Geste 71
Der Alltag 79

3
Sinnkontext im Ding: Individuelles, Sozialität, Kultur

Die Kelle des Maurers 89
Buffet und Schrankwand 99
Das Handy 111
Dimensionen der Gegenstandserfahrung 121
Ein erweiterter Aneignungsbegriff 129
Probefall: Die zweite Haut 140

4
Der Traum von Schönheit und Vernunft des Gegenstandes

Von den leisen zu den lauten Dingen und zurück 153
Verschmelzen mit dem Ding 160
Das »kalte« Bauhaus 166
In den Ausnüchterungszellen der Rationalisierung 176

5
Das Echo der historischen Utopien

Latzhose und Rasenmäher 189
Hand oder Maschine? 200
Die Rede vom Design 205
Festhalten am Brauchbaren 214
»Neue Bescheidenheit« 220

6
Angst vor der Zukunft

Regression pur 231
Altes oder Neues 237
Anzeichen einer Entwöhnung 245

7
Vom Stand der Dinge

Das Heinzelmännchen-Syndrom 259
Unsichtbare Modernisierung 265
Zwischen Ding und Unding 273

Krumme Sachen (Notiz zu den Bildern) 285
Bildquellen 286
Literatur 287

Vorwort

Dinge dringen so tief in unser Leben ein, daß man behaupten darf, es lebe sich durch sie. Wir lernen unentwegt von ihnen. Der Stand der Dinge spiegelt den Zustand der Kultur und nicht nur den Status der Produktkulturen. Sie sind das Gegenteil von Natur und doch wirken sie wie eine zweite, in der wir uns wie der Fisch im Wasser bewegen. Jede Geste der Beteiligung im Gebrauch formt uns, gibt uns einen bewußtlosen kulturellen Halt, während wir glauben, Herr der Lage zu sein, indem wir die Dinge benutzen.

Von ihrer Macht über das Leben zu sprechen, ist keineswegs übertrieben. Je näher sie uns auf den Leib rücken wie Jacke, Hose, Brille oder Uhr, um so heikler wird unser Verhältnis zu ihnen. Denn je mehr sie ein Ich verkörpern, das seine eingebildete Einmaligkeit im Besitz scheinbar unverwechselbarer, »passender« eigener Dinge verteidigt, um so weniger nehmen wir wahr, was sie uns ein Leben lang antun. Ganz gleich, ob wir mit ihnen handgemein werden, ob wir intime Beziehungen zu ihnen aufnehmen, ob wir von ihnen überrascht und befremdet sind oder ob wir Abstand gewinnen möchten – ihre Allgegenwärtigkeit macht uns zu schaffen. In jedem Fall erliegen wir einer Bedingung.

Nun scheint endlich die Befreiung nahe. Im Zeitalter der Bilder und der Virtualität wird vom Verschwinden der Dinge geraunt. In der neuen Welt der Immaterialität verlieren die Dinge ihre Härte und einst unbestrittene Bedeutung. Natürlich möchte man wissen, was da verlorengeht, ob es bloß (endlich!) weniger Dinge geben oder ob ein noch nicht abschätzbarer kultureller Verlust durch die Umstellung von Hardware auf Software eintreten wird. Oder erleben die Dinge im Augenblick nur einen Bedeutungswandel, aus dem sie erfrischt und gestärkt in den Haushalt unserer Erfahrung zurückkehren werden? Einerseits treiben sie seit Beginn des Industriezeitalters zu einem fast unzumutbaren Tempo des Umlernens an.

Andererseits erlauben sie eine Verlangsamung des industriekulturellen Evolutionsprozesses als Beschleunigungsmaschine, weil es Unmassen veralteter Dinge im täglichen Gebrauch gibt.

Auf jeden Fall lohnt es sich, die Dinge, alte wie neue, genau anzusehen, bevor sie, wie mit verdächtigem Eifer prophezeit, angeblich verschwunden sein werden. Damit hat es noch Zeit, so daß wenigstens Gelegenheit bleibt, einige Fragen zu stellen: Was tun die Dinge mit uns? Was treiben wir mit ihnen über ihre primären Zweckbestimmungen hinaus? Worin besteht das Grundverhältnis zwischen Mensch und Ding? Werden seine Auflösungserscheinungen im digitalen Zeitalter tatsächlich bedrohend?

Diesen und anderen Fragen geht das Buch in sieben Abschnitten nach, denen jeweils eine kurze thesenhaltige Einführung vorangestellt ist. Der erste Abschnitt gibt praktisch-methodische Hilfen zur Annäherung an das unübersichtliche Feld der Ding-Phänomene. Der zweite untersucht die gebräuchlichen Anhäufungs- und Ordnungsmuster zwischen Musealisierung und persönlicher Kompetenz, die wir im Alltag an den Dingen entwickeln. Der dritte Abschnitt schlägt ein Modell des Verstehens der ineinander verwobenen individuellen, sozialen und kulturellen Umgangs- und Aneignungsweisen vor. Der vierte führt in die Geschichte der Produktkritik und Gegenstandshoffnung zurück. Der fünfte zeigt auf, wie diese Utopien unauffällig in die Gegenwart gerettet werden, während der sechste Zukunftsängste und Versuche, ihnen zu begegnen, thematisiert. Im siebten und letzten Abschnitt geht es um Neuentwürfe der kulturellen Erfahrung, die augenblicklich Anlaß zu Besorgnis oder Hoffnung geben.

Manche These mag provozieren, mancher Gedankengang abwegig erscheinen, manches Beispiel amüsieren. Es bleibt Raum für Widerspruch, abweichende Schlüsse, eigenes Argumentieren, weil die essayistische Herangehensweise eine gewisse spielerische Offenheit an die Stelle wissenschaftlichen Systematisierens setzt. Leserin und Leser werden in ihrer eigenen Erfahrung angesprochen und auf die Fährte ihrer eigenen Geschichten mit Dingen gesetzt. Dies alles in der Absicht, das Dickicht der Dingwelten, in das wir verstrickt sind, ein wenig zu lichten, um ein bewußteres, kritisches, auch selbstironisches Verstehen anzuregen. Dabei werden die persönliche Beziehung zum Ding, aber auch das uralte Verhältnis von Mensch und Werkzeug thematisiert – ein ebenso unauflösliches wie manchmal problematisches Verhältnis, das sich heute durch die digitalen Verschmelzungsträume von Subjekt und Objekt erstmals in Frage gestellt sieht. So geht es am Ende in diesem Buch nicht nur um einen Orientierungsversuch im Reich der Dinge, sondern auch um eine Positionsbestimmung in der Gegenwart des Lebens.

1
Orientierungsversuch in unübersichtlichem Gelände

Wie anfangen? Wo anfangen? Die Frage stellt sich nicht nur in üblicher Wahrung rhetorischen Anstands, während sich der Autor seiner Sache sicher glaubt, sondern aus einer gewissen Verzweiflung: Wir sind derart von Dingen und Erfahrungen mit der gegenständlichen Fülle eingemauert, daß es einem Befreiungsversuch gleichkommt, über die Bedingtheit des Lebens nachzudenken, über die vielfältigen Verwicklungen unserer Geschichte, unseres Verhaltens und Bewußtseins, mit den Dingen, nicht nur über ihren Gebrauch zu irgendeinem Zweck. Von den Dingen und unserem Verhältnis zu ihnen zu reden, gleicht dabei dem Versuch, sich an den eigenen Haaren aus dem Sumpf zu ziehen. Wie ist eine Besinnung möglich? Vielleicht, indem eine List angewendet wird: Anstatt wie gebannt auf das unüberschaubare Ganze zu starren, befragt man das exemplarische Detail. Grundthese ist, daß der fremde Blick auf das allzu Nahe und Vertraute gelingen kann, wenn er sich mit der mikroskopischen Genauigkeit der Wahrnehmungsgeduld gegenüber dem Unscheinbaren, Kleinen verbündet. Wer auf die Suche nach exemplarischen Dingen geht, die ihre Stellvertreterschaft für das Ganze erkennen lassen, wird vielleicht die Nadel im Heuhaufen finden.

Vertrautes, fremdes Ding

Als Kind hörte man Laub flüstern, Eis knistern, Telefonmasten singen oder den Wald schweigen. Gewisse Dinge warfen unheimliche Schatten, wie die eigenen Kleider, für die Nacht über die Stuhllehne gehängt. Die Puppe, den Teddybär liebte man herzlich. Noch heute läßt man Blumen sprechen oder macht Geschenke, die eine geliebte Person auf Dauer binden sollen. Dem Diamanten wird magische Kraft zugeschrieben. Andere Dinge sind in die Sprache eingewandert: Daß wir den Löffel nicht mehr abgeben wie früher, liegt nur an der allgemeinen Verdrängung des Todes, die inzwischen stattgefunden hat. Im Grunde leben die Dinge, indem wir sie an unserem Leben auf das Innigste beteiligen, ja, es von ihnen abhängig machen. Unsere Imagination, von Wünschen und Erinnerungen gespeist, stattet sie mit Leben aus, das sie physisch leugnen. Aber die Phantasie beschäftigt sich unentwegt damit. Da ist immer etwas Bedrohliches, Beengendes, aber auch Liebenswertes und Vertrautes um die Dinge. Ganz geheuer sind sie nicht.

Von Ilya Kabakov gibt es eine Kiste mit Abfall (*Box with Garbage*, 1995), seltsamerweise mit angebundenen Zetteln. Neben der Kiste mit zerbrochenen Flaschen, alten Schuhen usw. steht ein Stuhl, auf den man sich setzen könnte, um das Kaputte zu betrachten. Sobald man die Zettel zu lesen beginnt, bricht ein Strom der wüstesten Beschimpfungen über dem Betrachter los, mit der Aufforderung, die Sachen schleunigst wieder an ihren Platz zu legen – als ergösse sich der Haß des Verbrauchten über jeden, der es anzufassen wagt. Die Installation macht schlagartig klar, daß unser Verhältnis zu Sachen auch ein Produkt der Verdrängung des Bedrohlichen und Fremden ist. Sich als Herr und Meister aufzuführen, provoziert den Aufstand der Dinge.

Was sich hinter dem künstlerischen Animismus verbirgt, ist unsere Unsicherheit gegenüber den Objekten: Was tun sie mit uns, während wir uns ihrer zu bedienen meinen? Daß sie eine eigene Physiognomie besitzen, erfahren wir jeden Tag: Es gibt lustige und ernste, steife und verspielte, harmlose und gefährliche Dinge. Ob diese Charakterisierungen von uns an sie herangetragen werden oder zu ihren objektiven Eigenschaften zählen, ist nicht klar ersichtlich. Haben Dinge ein eigenes Wesen, das sich uns verbirgt und nur manchmal der Ahnung erscheint?

Einige Philosophen vermuten, andere bezweifeln es. Kant sprach von den »Dingen an sich«. Heidegger sagt: »Das Ding dingt«, um zu behaupten, daß die Wissenschaften durch ihr aggressives Erkenntnisinteresse die Dinge »vernichtet« haben, so daß sie »überhaupt noch nie als Dinge dem Denken zu erscheinen vermochten« (Heidegger 1954, 169).

Diese Vermutung geht vielleicht zu weit, so daß aus dem skeptischen Kreis der radikalen Konstruktivisten der praktische Rat kommt, das Problem mit der ontologischen Erkenntnis zu umgehen, indem man zwischen wirklich und real unterscheidet: Wirklichkeit sei, was wir uns wahrnehmend und handelnd als Erfahrungsbild der Umwelt aufgebaut (konstruiert) haben; Realität hingegen möge das vielleicht dahinterliegend Unbekannte bezeichnen. So ganz geleugnet wird es also nicht. (Vgl. Glasersfeld 1995, 42)

Die Dinge sind wirklich, daran ist kein Zweifel. Nur handelt es sich um eine vieldimensionale und hochkomplexe Wirklichkeit, deren sich unsere Erfahrung bemächtigen und bedienen muß, zugleich von ihr gelenkt und beherrscht. Denn auch ein Zweites ist sicher. Ohne Objekt gibt es kein Subjekt. Die Dinge sind ein Gegenüber, zur Mauer des Widerstands aufgeschichtet, an dem wir unser kulturelles und persönliches Ich definieren. Ich werde handgemein mit Dingen. Das bedeutet auch, sie werden erfahrungs- und bewußtseinsgemein mit mir. Wir sind auf unauflösliche Weise abhängig von Dingen, auch wo wir schreiend vor ihnen davonlaufen möchten oder behaupten, auf sie verzichten zu können. Denn: »Handelnd erfährt und strukturiert das Subjekt die Welt der Dinge und ihrer Beziehungen zueinander, und dabei erhalten die Objekte eine notwendige Komplementarität zum Subjekt; sie bilden Mittel und Ziele seines Tuns, Festpunkte für seine Orientierung im Raum, und die Handlungskomplexe repräsentierend, denen sie angehören, werden sie zu Symbolen seiner Beziehung zur Welt. Zugleich aber kann das Subjekt sich selbst nur im Umgang mit Objekten ausreichend erfahren [...], seien es nun Dinge, seien es andere Lebewesen.« (Boesch 1983, 22 f.)

Diese Erkenntnis wenigstens ist unumstößlich: Das Objekt bedingt das Subjekt und umgekehrt: Gibt es gar eine intime Identität von Mensch und Ding? Sind Subjekt und Objekt siamesische Zwillinge oder wenigstens eng verwandte Charaktere? Wenn man sagt, eine Sache habe Hand und Fuß, ist ein Gedanke zum Gegenstand gemacht, »verdinglicht« und dem Leib gleichgesetzt worden. Die Dinge als anthropomorph zu deuten, ist vielleicht nicht falsch: »Der Mensch ist [...] mit den ihn umgebenden Gegenständen auf die gleiche innige und intime Weise verbunden wie mit den Organen seines eigenen Körpers.« (Baudrillard 1992, 39)

Jedes Werkzeug ist auf seine Weise eine Verlängerung der Hand und damit etwas Praktisches, auf einen Zweck Bezogenes. Das verhindert keineswegs die Entfremdung vom Ding oder eine gleichgültige Dingferne oder das Einwachsen von Dingen in den Seelenhaushalt, das dem Gegenstand als einem »psychologischen Sklaven und Intimus« (Baudrillard) so leicht gelingt. Vor Dingen sollte man sich also in acht nehmen. Sie können zum Spiegel der psychischen Verfaßtheit ihres Subjekts werden oder etwas vom Zustand der Kultur preisgeben, in der sie eine Rolle spielen.

Das ist das Verwirrende an ihnen, daß sie ganz persönlich und ganz gesellschaftlich wirken und man nie weiß, in welcher Funktion sie gerade ihr Objekt, das sie gebrauchende Ich, formen. Denn der Umkehrschluß ist immerhin denkbar: Manche Gegenstände wirken wie starke Persönlichkeiten, die einem schwachen Ich auf die Beine helfen, wie es bestimmte Exemplare des Automobils mit ihren bedürftigen Lenkern tun.

Wie wir mit Dingen handgemein werden, so sind sie. Aber auch: Wie sie sind, so werden wir mit ihnen handgemein. Es ist eine Beziehung auf Gegenseitigkeit. Die Dinge befinden sich in andauerndem Grundumsatz mit unseren Erfahrungen. Sie gestalten das Brauchen durch ihr kulturelles Vorgegebensein, sie werden von den individuellen und kollektiven Bedürfnissen provoziert und assimiliert. Die Menschen sind den Dingen, die Dinge den Menschen zugewandt – so könnte eine freundliche Beschreibung des Abhängigkeitsverhältnisses lauten. Seine Unauflöslichkeit ist offenbar. Unendlich viele Tätigkeiten, Wahrnehmungen, Interaktionen und Interpretationen beziehen sich auf die gegenständlich instrumentierte Welt und erzeugen immer neue Befangenheiten des Handelns und des Bewußtseins gegenüber den Objekten der Gleichgültigkeit oder Begierde.

Dinge haben überdies ein gesellschaftlich-historisches »Wesen«, dem sich kein Zeitgenosse entziehen kann. Im Niederdrücken der Türklinke, im

Zubinden der Schuhe, im Gebrauch von Messer und Gabel, im Einschalten des PC realisieren wir uns als kulturbedingte, in der Einwirkung auf die artifizielle Umwelt selbst einem Formungsprozeß unterworfene geschichtliche Individuen. Von Freiheit im Gegenstandsgebrauch kann überhaupt keine Rede sein. Frei sind allenfalls Dinge, die ungebraucht herumstehen, weshalb ihnen mißtraut wird: Was tun die da ohne uns? Wir aber leben kulturgenetisch und momentan-praktisch im Alltag an sie gebunden. Das Verhältnis gleicht einer Altehe ohne Aussicht auf befreiende Scheidung: Ohne die Hilfe und den Widerstand der Dinge könnten wir nicht leben, ohne uns würde der Bestand der Dinge für sinnlos gelten müssen – von seiner Herkunft aus Menschenhand und -vorstellung ganz abgesehen.

Das Verhältnis ist daher viel komplizierter, als die Achtlosigkeit des Anschaffens, Gebrauchens und Wegwerfens signalisiert und wir es uns eingestehen mögen. Im Umgang mit den Dingen rekapitulieren wir die Gattungsgeschichte des Werkzeuggebrauchs und die Kulturgeschichte der gesellschaftlichen Aneignungsformen in Gestalt individueller Biographien wahrnehmend-gebrauchender Subjekte mit allen unseren normalen oder abartigen Wünschen, Lüsten und Erfahrungen. Das heißt, wir eignen uns die Dinge gleichzeitig gesellschaftlich und individuell an. Dabei geraten wir in einen doppelten Schlamassel: in die Verwicklung mit der momentanen kulturellen Wirklichkeit der problematischen Dingwelt (also in eine objektive Bedrängnis) und in die intime Wirklichkeit des Zusammenlebens mit einzelnen Dingen (also in eine persönliche »Beziehungskiste«): »Lächerlicher Tag der Zukunft, wenn man die Käfige öffnen wird, in denen all die alten Tiere gestorben sind. Der Mist, der dann entfernt werden muß. Die Habseligkeiten, die Gehätschelten. Die persönlichen Dinge alle, in diesem Mist. Der Übergang von persönlichen Dingen in Mist und umgekehrt. Selbst Fachleute werden sich da im Unterscheiden schwertun.« (Walser 1985, 17 f.) Wir tun uns auch schwer im Verstehen der kollektiven Hinterlassenschaften.

Man kann Martin Walsers ironisches Lamento auf das ganze Reich der Dinge ausdehnen, das wir überblicken – auf alles, was die modernen Kulturen an Abfall hinterlassen, was der Natur heute noch mit leichter Hand abgewonnen, aber kaum mehr zurückerstattet werden kann. Nicht aller Müll verwest, und was da auf Halde kaum verrottet, war einmal das Unverzichtbare, das kurz oder lang gern oder sorglos Gebrauchte. Menschen erzeugen als einzelne wie als Gattung ungeheure Mengen »Mist«, nachdem ein Leben ohne alle die im frischen Zustand so begehrten Sachen nicht vorstellbar erscheint. Es ist, als garantiere diese gegenständliche Fülle unsere Existenz. Sähe man den Haufen vor sich aufgeschüttet, den unser Verbrauch hinterläßt, würde man das Fürchten lernen. Nur weil sich die meisten der von uns benutzten Sachen, in der Zeit verteilt, gleichsam von selber zu verlieren scheinen, bleibt uns der Schock erspart.

Es gibt unklare Beziehungsgeschichten und Stellvertreterschaften im Verhältnis zu Dingen in jedem einzelnen Leben. Und es gibt kollektive Verhaltensweisen höchst seltsamer Art, für die besondere Lehren des Verstehens entwickelt werden müssen. Trotz der Unmenge von Dingen wäre es verhältnismäßig leicht, ihren Ort, ihre Bedeutung und ihren Sinn zu ermitteln, wüßte man in jedem Fall den Zweck, für den sie bestimmt sind, und wäre dieser Zweck wirklich ihr Sinn. Ein Zeug wäre dann Werkzeug, Fahrzeug, Spielzeug usw. – das Universum der Dinge wäre der Summe aller Gebrauchszwecke gleichzusetzen. Aber leider ist das überhaupt nicht sinnvoll. Zwar generiert der einfache Zweck ursprünglich jedes Ding: Der Nagel entspricht einem Befestigungswunsch, setzt den Hammer voraus usw. Aber fast alle Dinge, die eigentlich so bestimmt werden könnten, laufen dem Zweck, dem sie ursprünglich dienen sollten oder auch noch weiterdienen, irgendwie aus dem Ruder, so daß sich ganz andere Zwecke über diesen ersten schieben, die oft nur schwer zu erkennen, nichtsdestoweniger aber von durchschlagender Bedeutung sind – siehe das Auto, das zu anderen Zwecken gebraucht wird, als nur rasch von A nach B zu gelangen.

Es gibt wahre Abgründe sekundärer Zweckbestimmung oder -entfremdung, so daß, wer sich mit den Dingen und dem Verhältnis zu ihnen beschäftigen möchte, geradezu in die Irre geht, wenn er den vermeintlichen Ursprungszweck für bestimmend hält. Er ist womöglich das Unwichtigste an den Dingen. So gibt es, um das Dunkel der sekundären Zweckbestimmungen aufzuhellen und den tieferen Sinn der Dinge zu deuten, eine Reihe philosophischer, psychologischer, soziologischer, semiotischer usw. Theorien – auch solche, die ans Theologische oder Metaphysische grenzen. Ich möchte nur drei Beispiele tiefgreifender Deutung nennen – die Theorie der Übergangsfunktionen, die Theorie der Tröstung über den Tod und die Theorie der historischen Verankerung des Lebens durch die Dinge. (Mit drei dazu passenden Objekttypen werden sich die folgenden Kapitel auseinandersetzen.)

Man müsse etwas Vertrautes zum Festhalten haben wie einen Teddy am Ende der Kindheit, um das Neue zu bestehen, behauptet Odo Marquard. Es werde zwar mehr weggeworfen als je zuvor, das Zeitalter der Entsorgungsdeponien sei aber zugleich das Zeitalter der Verehrungsdeponien, der Museen (Marquard 1992, 455), so daß man von einem gesamtgesellschaftlichen Bedürfnis ausgehen kann, mit Hilfe von Objekten Übergänge zu bewerkstelligen.

Ob das Festhalten an den Dingen den Eintritt in den digitalen Kulturzustand erleichtert? Vielleicht sind aus den hand- und sinnenfesten Objekten inzwischen Sinnbilder einer älteren Kultur und damit »Übergangsobjekte« nach dem Verständnis einer Psychologie geworden, die jene geliebten Stofftiere, von denen das Kind sich nicht trennen will, als solche Hilfsmittel (vgl. Winnicott 1969) bezeichnet. Das könnte in der Tat einen gesellschaftlichen Zustand bezeichnen, nicht nur im ironischen Verweis: Was den Sondertyp des regressiven Schmuse-Objekts betrifft, hat ausgerechnet der Rat für Formgebung (die in der Bundesrepublik für das Offizialdesign maßgebliche Instanz) für eine Renaissance des Teddybärs plädiert. Unter 70 Abbildungen von für die Zukunft als wichtig bezeichneten Gegenständen (vgl. Stellwerk/Rat für Formgebung 1994) kommt er allein dreimal vor. Da es auch jene privaten Ich-Museen gibt, die für das fremde Auge im persönlichen Bereich kaum erkennbar sind, aber in den meisten Fällen existieren und solche Dinge enthalten, darf man sagen, daß die kulturellen Übergangsobjekte als kollektive Werte im richtigen Museum aufbewahrt und die privaten Übergangsobjekte auf persönlichen Verehrungsdeponien gelagert werden. Das Nicht-Wegwerfen-Können, die komplementäre Geste zur sorglosen Entsorgung, ist vermutlich in der Scheu begründet, aus Versehen etwas zu beseitigen, das doch irgendeinen Bindungswert verkörpern könnte.

Eine andere These führt die Unverzichtbarkeit der Dinge auf die existentielle Grundfrage schlechthin zurück. Oft erscheinen Dinge für unser Sein und Bewußtsein als Garanten der Kontinuität. Da sie vergänglich sind, mehr oder weniger rasch, sind sie auch zeichenhaft in den Kreislauf von Leben und Tod integriert. Doch können sie uns, die wir dem Tod nicht entrinnen, überleben. So werden sie zum Inbegriff (oder In*ding*) einer Unsterblichkeitssehnsucht, weil sie das Versprechen der Dauer immer wieder erneuern. Also versammeln wir Dinge um uns gegen die Angst vor der Endlichkeit des eigenen Lebens? »Im Bilde der Gegenstände wiederholen wir täglich dieses Abschiednehmen von uns selbst«, behauptet Jean Baudrillard (1991, 125).

Wenn Dinge seit alters nicht nur dazu dienen, dem Leben im Alltag einen festen Rahmen zu geben, sondern einen Halt, um den Tod zu vergessen, wird ihre Abschaffung in der Tat zum Problem.

Eine dritte, etwas weniger verfängliche Funktion könnte darin bestehen, daß die Dinge uns unauffällig mit der Geschichte des Alltagslebens vermitteln, ja daß sie im Gebrauch und in der Anschauung zurück an die Anfänge der kulturellen Herkunft der Gattung binden, ohne daß wir uns dabei anstrengen oder das Bewußtsein bemühen müßten.

Umgekehrt kann es Dinge geben, die zukünftige Gebrauchsweisen und Lebensformen vorwegnehmen oder in sie einüben, die also auf vorgreifende Art Geschichte machen. So können wir vom Übergangsobjekt ebenso berechtigt sprechen wie vom Ankerobjekt und vom Pilotobjekt. Drei Funktionen oder Wirkungsweisen wären damit generell bezeichnet – Vergangenheit wie Zukunft, das gegenwärtige Ding dazwischen. Damit läßt sich immerhin die Betrachtung des tieferen Sinnes der Dinge eröffnen, wie nachfolgend versucht werden soll.

Aber kehren wir zunächst in die Gegenwart der undurchschauten Handhabungsweisen und Beziehungsgeschichten zurück. Die Vorstellung, überhaupt kein Ding zu haben, ist theoretisch und praktisch absurd. Schon die Einschränkung erscheint als befremdlicher Gedanke. Es gibt noch Kulturen mit wenig Dingbesitz, die wir bezeichnenderweise für arm erklären, wie in der Dritten Welt. Man kann Studien zur Differenz der Bedingtheit aber auch vor der eigenen Haustür treiben.

Bloßes Sein in Körper und Geist ist heute vielleicht noch einem buddhistischen Mönch vorstellbar. Begegnet man ihm auf dem Flughafen, hat er immerhin die Pilgertasche umgehängt oder ein Bordcase dabei. Bei allen, die weltlich wahrnehmen und denken, sitzt die Verlustangst tief: »Ich habe mehr Kleider, als ich brauche. Von mir werden Schuhe bleiben und Hemden wie neu. Ich habe mehr Raum, als ich brauche. Ich habe Angst, mir werde, was ich nicht brauche, genommen.« (Walser 1985, 19 f.)

Was Obdachlose als Sammlung ihrer Dinge wie kleine Mauern um sich schichten oder Berber in Plastiktüten mit dem Fahrrad transportieren, zeigt, mit wie wenig man zur Not auskommen kann, aber auch, wieviel jeder doch mindestens zum Überleben benötigt. Im Mittelalter und zu Beginn der Neuzeit beschränkte sich der Besitz an Gegenständen selbst

Wohlhabender auf ein für uns heute unvorstellbares Minimum. Im Erbfall war es rasch verteilt, der »Mist« war noch nirgendwo angehäuft. Erst das Industriezeitalter hat die Voraussetzungen für den allgemeinen Reichtum geschaffen. Seither leben wir wie die Maden im Speck der Dinge oder auf ihrer Schrotthalde, wie es beliebt.

Da steht die alte Tasse auf dem Tisch neben dem PC. Morgens knöpfen wir das Hemd altertümlich-umständlich zu, während das Frühstücksei automatisch auf den Punkt weichgekocht wird. Abends brennt die Kerze am Eßtisch, der mit Geräten aufgedeckt ist, die in Form und Funktion Jahrhunderte, ja im Grundtyp Jahrtausende zurückreichen, während diskrete Hintergrundmusik von der CD abgespielt wird. Die Dinge fristen ihr Neben- und Miteinander im Gebrauch und legen einen Schnitt durch alle Kulturepochen. Unsere Biographien des täglichen Gebrauchs bilden die Berührungsflächen mit den heterogenen historischen Zeugen der Lebenswerkzeuglichkeit, ohne daß die Gegensätze irritieren. Mal schlagen wir den Nagel mit dem archaischen Hammer in die Wand, mal gehen wir mit dem neuesten Equipment ans Internet. Die Hand gleicht Unterschiede aus, bringt Dinge zusammen, ob sie komplizierte Geschicklichkeiten erinnern muß oder nur eine Taste zu betätigen braucht. Hochtechnologien und einfaches Handwerkszeug formen unsere Reaktionsfähigkeit, Sinnlichkeit und kulturelle Erfahrung jeden Tag. Das alles geschieht bewußtlos. Wie fast alles, was wir mit den Dingen treiben und uns an ihnen, durch sie umtreibt, mehr oder weniger bewußtlos geschieht. Wir hätscheln und mißachten sie. Wir lieben und zerstören sie. Wir genießen sie und ärgern uns gewaltig, sobald sie ihren Dienst verweigern. Wir verfluchen sie oder suchen sie verzweifelt. Wir verehren sie oder greifen nach ihnen, ohne sie anzusehen. Wir schonen oder polieren sie, schmeißen sie gegen die Wand oder fahren sie zu Klump. So bestraft uns das Leben durch die Dinge oder belohnt es uns mit ihnen, je nach Stand der Dinge.

Die alten Werkzeugformen sind uns noch nicht fremd, mit den körperlos aus dem technologischen Off erscheinenden Funktionen des digitalen Zeitalters, in dem der Schwund der Dinge sich anbahnt, werden wir gerade vertraut gemacht. So zappen wir uns durch den Dschungel der Gegenstandswelten, durch eine historisch-multikulturelle Mischung der Nutzenphänomene und schönen Formen, schlagen uns den Daumen blau, verirren uns auf Benutzeroberflächen oder ruhen im Fernsehsessel bei illusionären Bildern von den Strapazen der Expedition in die Fremdartigkeit des dingerfüllten harten Alltags aus.

Neugier, Gleichmut, Flexibilität der kulturellen Erfahrung sind gefragt. Es gibt Dinge, so alt wie die Gattung Mensch im prähistorischen Kulturzustand, und es gibt Dinge, die das Modell Mensch heute abermals zu revolutionieren versprechen. Zwischen alledem leben wir – in der Regel dem Eigensinn kultureller Langsamkeit verpflichtet, zugleich interessiert auf das Neue gerichtet, das immer schon vergegenständlicht da ist, kaum hat es sich als Möglichkeitsform vorgeschlagen.

Denn heute ist selbst auf Science Fiction kein Verlaß mehr, auf jene Phantasien, die mit leichtem Schauder vor dem Kommenden versuchen, aus dem sicheren Stand des Noch-Nicht eine Zukunft zu entwerfen, in der wie im Traum alles möglich erscheint, aber erfreulicherweise noch vermieden werden kann. Heute darf man sich nicht mehr genüßlich-erwartungsvoll in eine Zukunft träumen, weil sie immer schon da ist, sobald man sie sich nur vorstellt. Auch die gute alte Realität mit der Anfaßbarkeit der Dinge ist nicht mehr das, was sie einst war: unbezweifelbare, dingfeste Wirklichkeit.

Schon wird die virtuelle Realität (ein Erfahrungsangebot, das grundsätzlich ohne Dinge in körperhaft-handgreiflicher Form alter Art auskommt) als Variante der Wirklichkeit oder gar als Versprechen der Ablösung unserer »alten« Wirklichkeit gehandelt. So gibt es heute Dinge mit und ohne Körper, handfeste und augenscheinliche, einfache und komplizierte, vertraute und fremde zuhauf. Da liegen oder stehen sie und führen dem Anschein nach ihr stilles, eigenes Leben. Wir erfahren ihre Nähe, ihre Fremdheit, ihre Magie, ihre Schönheit, ihre Übermacht, ihre Brauchbarkeit, ihr Alter, ihre Neuheit ohne Bewußtsein, daß unsere Existenz durch sie in die Kulturen eingebunden wird, aus denen wir kommen, in denen wir leben und in die wir gehen werden.

Damit könnte man es bewenden lassen. Jeder lebt in seinem eigenen Wust von Dingen ganz privat, zugleich gemäß dem gesellschaftlichen Charakter dieser Sammlung. Nur bleibt die beunruhigende Erfahrung undurchschauter Beziehungsgeschichten und eine seltsame Fremdheit des Objekts, dessen Subjekt und Herr man zu sein glaubt. Die Dinge lehren uns auch das Fürchten. Da steht die schweigende Masse um uns herum. Irgendwie taucht die philosophische Frage nach dem Wesen, nach ihrer Realität an sich, wieder auf. Ist sie mit der Aufzählung und Bezeichnung aller ihrer »wirklichen« Funktionen wirklich erschöpft? Es gibt seltsame, zufällige Momente der Gegenstandsnähe.

Je nachdem, mit welchem Blick ein Gegenstand angesehen wird, scheint er gewöhnlich, vertraut, fremd oder unheimlich. Es gibt den Streifblick der Gewohnheit, gar keine Beachtung der Dinge, aber auch den leichten Schrecken: Da liegt oder steht etwas in der Nähe und wirkt doch fern. Es liegt oder steht da für sich in seiner Körperhaftigkeit und schweigt. Das ist der Augenblick, in dem wir den Eindruck gewinnen, wir sähen die Sache zum ersten Mal. Dinge so anzusehen, sagt Vilém Flusser, sei eine Methode, an ihnen bisher unbeachtete Aspekte zu entdecken (Flusser 1993, 17, 53).

Dieser erschrockene Blick ist in der Tat eine Chance, an den Dingen etwas wahrzunehmen, das sie ungern preisgeben, obwohl es uns gehört: Wir sind es, die sie bedeutend machen. Unser eigenes Bedeutungskonstrukt könnte ihr »Wesen« sein. Die Haut der Dinge ist ein Spiegel, in den wir manchmal schauen, um uns selber zu erkennen, in der Gier des Verlangens, im Erinnern, in der plötzlichen Distanz des Erschreckens. Unversehens brechen die Dinge ihr Schweigen, indem sie uns mit uns selbst konfrontieren.

Es gibt kleine Inszenierungen mitten im Alltag, die absichtslos gelingen, auf Befremdung angelegt. Zum Beispiel jene surrealistisch anmutenden Versammlungen am Straßenrand, bevor der Sperrmüll abgeholt wird. Die Sachen stehen verstaubt, beschädigt, muffig riechend, unbrauchbar, eng aneinandergerückt, als harrten sie einer Reise ins Ungewisse. Ahnungsvoll im Wiedererkennen mit der Geschichte ihrer Vernutzung konfrontiert streift der Blick nicht nur rasch eine Gesellschaft der Abgebrauchten und Geschädigten, sondern phantasiert auch gesellschaftliche und individuelle Handhabungsweisen und Beziehungsgeschichten. Das nächtliche Wühlen in dem Haufen, der sich bis zum Morgen regelrecht durch Wegnahme und Hinzutun umgesetzt haben kann, ist ein verräterisches Indiz dafür, daß selbst das für unbrauchbar Erklärte seine geheime Macht noch nicht verloren hat. Da wird nicht nur recycelt, was das Zeug hält, da wird nicht nur eine Jagdlust wach, die ungestrafte Aneignung fremden Gutes genossen (die »Herrenlosigkeit« ausgenutzt) und die Sammelwut befriedigt. Da wird auch ein Verhältnis über den Tod der Sachen hinaus weitergepflegt und den Dingen die gebührende Ehre erwiesen. Zwar ist es wie beim Schnäppchen im Ausverkauf, dessen Sinn sich oft nur auf den Akt des vermeintlich billigen Erwerbs beschränkt. Meist steht auch das Gefundene zu Hause nur unbenutzt herum. Aber es hat einen verborgenen Wert: Man ist selten einem Ding so nahe, wie wenn man es prüfend in der Hand wägt, ob es noch zu etwas taugt, und sei es zum Anschauen, weil es so viel daran vorzustellen gibt.

Das Gefundene beweist, daß man etwas »gesehen« hat. Es ist ein momentanes Verhältnis der Nähe, ein kleiner, freudiger Schock, der Beginn einer Beziehungsgeschichte. Er muß sich nicht auf ein einzelnes Objekt beschränken. Ist nicht die ganze Sammlung der Dinge heute angesichts der Auflösung des Faktischen in Bilder und Daten derart veraltet, daß sie Abfall zu werden verspricht? Leben wir schon auf einer riesigen Sperrmüllhalde? Wo der verwunderte Blick das Ding zum ersten Mal sieht, bevor es verschwindet, oder ihm seine Unbrauchbarkeit bescheinigt wird, ist Grund genug für ein Innehalten. Es geht um ein bewußtes Sehen und Erfassen, wenn schon nicht des unfaßbaren Wesens, so doch der faßbaren Wirklichkeit und Wirkung der Dinge. Folgen wir daher Flussers Rat, etwas aus der Nähe wie zum ersten Mal zu betrachten – in einer bewußten Inszenierung des Blicks.

Aller guten Dinge sind drei

Wenn es schwierig wird, sich in der Welt der Dinge zurechtzufinden, sind Versuche zur Orientierung angesagt. Dazu wird zunächst ganz praktisch die Gründung des kleinsten Museums der Welt vorgeschlagen, das überhaupt denkbar ist. Es möge eine Pfeilspitze aus dem Neolithikum, eine Büroklammer und einen Mikrochip enthalten – weiter nichts.

Das Feuersteinwerkzeug müßte man in einem Museum für Vor- und Frühgeschichte entleihen, die Büroklammer findet sich in Reichweite der Hand; den Mikrochip gewinnt man durch Ausschlachten von Elektronikschrott. Das Taschenmuseum könnte aber auch fiktiv bleiben, vergegenwärtigt es doch exemplarisch in der Vorstellung alles auf der Welt Vorhandene. Man kann damit seine eigenen Ordnungs- und Orientierungsspiele treiben.

Da ist zunächst die Linie des Werkzeugs, die sich durch alle drei Objekte zieht: das vorgeschichtliche Werkzeug zur Verlängerung der Hand (davor gab es grobes Steinwerkzeug, davor allein die Hand als Instrument); das banale Gegenwartsding zum Klammern (immer noch ein Substitut, hier der zusammenfassend-ordnenden Hand); und das ganz neue Werkzeug, das nicht mehr erkennen läßt, wozu es dient.

Neben der instrumentalen Ebene hat sich die historische Dimension bereits angedeutet. Wir haben das uralte, das gegenwärtig veraltende und das gegenwärtig-zukünftige Objekt vor Augen. Dabei spielen weniger die Jahrtausende eine Rolle, die zwischen Mikrolith und Mikrochip liegen, als die kulturellen Abstände dieser Orientierungsfälle im geschichtlichen Raum. Unter diesem Aspekt sind Pfeilspitze und Büroklammer noch verwandt, der große Einschnitt in die Werkzeugkultur folgt erst mit dem Chip. Eine Geschichte der Modernisierung verkörpern alle drei: Die Mikrolithkulturen bezeichnen den Höhepunkt der Steinzeit; die Büroklammer steht für die vollendete Rationalisierung der Büroarbeit in der mechanischen Technomoderne. Der Chip signalisiert den Vorstoß einer in ihren Auswirkungen noch nicht abschätzbaren, vorläufig letzten, radikalen Modernisierung.

Die drei Stellvertreterobjekte lassen sich auch auf der produktionsgeschichtlichen Linie interpretieren: Die Pfeilspitze ist das Zeugnis höchster, früher Handfertigkeit, die Büroklammer das typische Massenprodukt einer auf solche Werkzeugformen eingerichteten Maschine, der Chip das Symbol für die hochtechnologisch organisierte Reproduktion abstrakter Funktionsmuster. Der Weg von der Handgeschicklichkeit zur automatisierten Apparategeschicklichkeit scheint, wenn auch über unvorstellbar lange Zeit, bis heute vorgezeichnet.

Eine andere Einordnung ist auf der Ebene der Objektwahrnehmung möglich: Man unterscheidet das magische, das banale und das rätselhafte Ding. Die hochaufgeladene Geschichtlichkeit, die vertraute Nähe des Alltäglichen und das Verborgene, Neue begegnen sich in diesem Museum. Dem einen gebührt Respekt wie dem anderen. Das uralte, mythenumwobene, vorgeschichtliche und das geheimnisvolle, unsichtbare Abläufe umhüllende neue Ding als Bestandteil eines Rechners verdienen gewiß Achtung. Aber das banale Ding dazwischen? Vielleicht hat der lieblose Verbrauch derart scheinbar wertloser Sachen dazu geführt, den Gegenstand als einzelnen wie als Typus geringzuschätzen – es gibt ja genug Ersatz, das Fehlen eines Einzelstücks würde gar nicht bemerkt. Die Büroklammer ist aber aus gutem Grund in unser Museum geraten; denn sie verdient in ihrer Stellvertreterschaft nicht weniger Beachtung als die anderen, scheinbar wertvolleren Objekte. Banalität, Allgegenwart und Unauffälligkeit mindern den Bedeutungsgehalt einer Sache keineswegs – im Gegenteil, der Kulturprozeß ist gerade in den kleinen Unauffälligkeiten präsent: »In ihrer Gesamtheit haben die bescheidenen Dinge unsere Lebenshaltung bis in ihre Wurzeln erschüttert. Diese kleinen Dinge des täglichen Lebens akkumulieren sich zu Gewalten, die jeden erfassen, der sich im Umkreis unserer Zivilisation bewegt« – so Sigfried Giedion (1982, 20) – lange bevor sich die digitale Modernisierung abgezeichnet hat. Gebührt alle Macht den kleinen Dingen, deren Vorhandensein wir kaum realisieren?

Wenn dies so ist, haben die unauffälligen Helferobjekte, die uns noch umgeben, wahrlich mehr Aufmerksamkeit verdient, als ihnen zuteil wird. Dann sind sie es, die unsere Position definieren, den Stand der Dinge und

Verrichtungsgesten markieren, während das ganz Alte museal geworden ist und das ganz Neue erst auf der Schwelle des Bewußtseins steht. In der Reihe: Urding, banales Ding, neues Ding behauptet das Alltägliche seinen Platz. Es steht oder liegt an einem Ort im geschichtlichen Prozeß, an dem sich Vergangenes und Zukünftiges treffen. Das Küchenmesser in der Schublade ist im Prinzip fast so alt wie ein Feuersteinmesser der Vorgeschichte, es vermittelt unsere Erfahrung des Schneidens aber auch mit den neuen Technologien, die sich im Haushalt eingenistet haben – den Schneidemaschinen und elektrischen Messern. Vielleicht kommt den unbeachteten »mittleren« Dingen die Funktion einer kulturellen Stabilisierung zu, die das Alte durch seine Entfernung nicht mehr bewirkt und die das Neue durch eben seinen Charakter des Neuen noch nicht bewirken kann?

Es ist oft das Nichtbeachtete, in dessen Schatten sich unbemerkte kulturelle Prozesse vollziehen. Dem Neuen ist jede Aufmerksamkeit gewiß, dem Alten der Respekt. Deshalb werden Kulturhoffung wie Kulturkritik dem Kommenden zuteil, während sich die Museologie dem Alten zuwendet. Das Gegenwärtig-Brauchbare, das allergewöhnlichste Massenprodukt, steht als real Anwesendes zwischen dem Magischen und dem Rätselhaften. Diese stille Mitte wird noch zu thematisieren sein. Führen wir also den Bestand des kleinen Museums einer eingehenderen Betrachtung zu, um seine drei Stücke gerecht zu würdigen.

Mikrolith und Mikrochip

Der Betrachtung folgt das Verwundern: eine Pfeilspitze aus Feuerstein, kaum zwei Zentimeter lang, in Form eines gestreckten, gleichschenkligen Dreiecks mit vorsichtigen Schlägen eines gröberen Werkzeugs aus einem flachen Splitter geschlagen, bis der Rohling allmählich exakte Gestalt angenommen hat. Solcher Aufwand an Geschicklichkeit ohne Not! Für die Jagd hätte ein unbearbeiteter Splitter, in einen gespaltenen Holzschaft geklemmt, ausgereicht, für eine Grabbeigabe vielleicht nicht. Das winzige Objekt erinnert daran, was vor uns, zu Beginn der Kultur, Anspruch auf Ausdruck menschlicher Arbeitsfähigkeit gewesen sein mag. Seine vollendete Form macht vergessen, daß es dem Zweck des Tötens (und Überlebens) gewidmet war, läßt aber auch vermuten, daß es schon früh ein Bewußtsein der Form oder ein Bedürfnis nach Schönheit gegeben hat; die Zweckgerichtetheit wird erkennbar in der Form überschritten.

Das Ding kommt aus einer Welt, die fast ohne Gegenstände im Sinne von Artefakten auskam: ein paar Tongefäße, eine Steinaxt, Feuersteinmesser und Schaber, Pfeilköpfe der beschriebenen Art, Bogen mit Sehne, ein Hüttendach aus Laubwerk über der Lagerstätte am Boden, eine Feuerstelle mit Tierknochenresten, die Toten abseits unter monumentalen Steindächern begraben, alles andere umher ungeformte, wilde, bedrohliche Natur.

Man müßte lange üben, um nur annähernd so geschickt mit dem Material umgehen zu können wie der Mensch der neueren Steinzeit, um am Ende doch nie eine so feine Spitze zustande zu bringen. Der Mikrolith stellt das Vollendungsprodukt einer über unvorstellbar lange Zeit entwickelten Handfertigkeit dar, die mit ersten groben Formungen begann. Ein solcher Kulturprozeß ist nicht beliebig reproduzierbar, weil Qualifikationen verlorengegangen sind, die sich aus späteren Kulturzuständen nicht mehr rekonstruieren lassen. Wir würden es heute wohl kaum mehr fertigbringen, wie die ersten Maschinenbauer des 19. Jahrhunderts Dampfmaschinenzylinder und Kolben nur mit Schmiedehammer, primitiver Drehbank und Feile so paßgenau zu produzieren, daß die Dampfkraft vorbildlich gezähmt würde. In den epochalen Technologien versammelt sich alles Wissen, die geballte Geschicklichkeit und die Summe der Arbeitserfahrung zu einem historischen Ergebnis von jeweils einzigartiger Perfektion, auch wenn die Effektivität des Produzierens und die Effizienz des Produkts durch den nächsten technologisch-kulturellen Entwicklungsschub übertroffen wird. Daher der eigenartige Respekt vor dem alten, kleinen Ding.

Der Mikrolith kann als das grundlegende Leitprodukt aller Kunstfertigkeitskulturen bis zu dem Moment gelten, in dem ein neues technologisches und damit auch ästhetisches Paradigma auftaucht. Das ist in diesem Fall nicht die Mechanisierung, also der Beginn der Industriekultur, auch nicht deren Übergang in die Automation, sondern der Bruch des digitalen Zeitalters mit der Materialität der Werkzeugwelt. Was den Charakter der Dinge und ihrer Funktionen betrifft, stehen wir erst mit dem Aufkommen des Mikrochips an einer Kulturwende. Man könnte behaupten, daß für alles Davorliegende die Pfeilspitze das tragende symbolische Werkzeugmuster geblieben ist. Es hat Materialität, Körper, eine Entsprechung von Funktion und Form und steht für die sichtbar dingliche Werkzeug- und Produktwelt bis heute. So ist es ein auf das Äußerste verdichtetes Ding, das unendliche Geschichte verkörpert, historisch gesehen von ungeheurem spezifischem Gewicht und unbestreitbarer Faszinationskraft.

Man könnte der Pfeilspitze durchaus kritisch gegenüberstehen, erzählt sie doch auch, wie alles Unglück angefangen hat – die Naturbeherrschung und der technisch verfeinerte gegenseitige Totschlag. Daß es sich um eine Waffe handelt, auf die sich der Kunstsinn versammelt, kennzeichnet den Menschen. Aber der Vorbehalt einer Kritik am Instrument der Gewalttätigkeit verhindert nicht das Staunen über die im Ding vergegenständlichte Handfertigkeit und zerstört auch nicht die Aura des Objekts. Vielleicht, weil hier das Wurzelwerk der eigenen Kultur zu ahnen ist und eine Schönheit technisch vollkommener Arbeit, ja kultureller Formgebung überhaupt aufscheint, ihre Versinnbildlichung schlechthin. In der Betrachtung entwickelt sie magische Potenz.

Muß ich eine Pfeilspitze ehren, nur weil sie alt ist und dem Auge auf erkennbare Weise schön erscheint? Oder fordert sie Achtbarkeit ein, weil viele Dinge heute der Abstraktion oder der Belanglosigkeit anheimfallen oder – weil sie massenhaft in gleicher Zweckbindung und Schönheit auftretend – ihre Individualität verloren haben? Heruntergerechnet auf die prähistorische Bevölkerungsdichte gab es dieses »Spitzenprodukt« bereits massenhaft; man spricht daher etwas mißverständlich von Mikrolithindustrien. Es ist also wohl nicht die Einmaligkeit des Objekts, die überzeugt. Das Ereignis der Faszination kommt zustande, weil sich auf seiner Bedeutungshaut substantiell vieles überschichtet: Ferne, Fremdheit, Alter, Mythos, Zeugenschaft fügen sich zum Konstrukt einer Aura, die man selber kraft Einbildung an dem Ding produziert, weil es eben die Eigenschaften aufweist, die zu solcher Wahrnehmung zwingen.

Baudrillard spricht vom alten Objekt und seiner Beweiskraft als einem Talisman, dem »ein Stück unbedingte Echtheit aus dem Innersten der Realität des Lebens« anhafte und behauptet, solche Objekte würden uns in ein Reich der Vorzeit führen, »wo die reine Subjektivität sich frei in der Atmosphäre metaphoriert und wo eben diese Atmosphäre aus dem Gespräch des Seins mit sich selbst besteht« (Baudrillard 1991, 102 f.).

Vielleicht könnte man von Ankerobjekten sprechen, die sich bis zu diesem Grund auswerfen lassen. Es wären Objektkonstrukte für das Bewußtsein, mit dem eigenen Leben in einer unendlichen Tradition des Seins zu stehen, für ein Wahrnehmungs-, Vorstellungs- oder Denkmodell, mit dem man sich im Anblick geeigneter Dinge tatsächlich über den Abgrund der Endlichkeit hinwegretten kann.

Offenbar bin ich von der fernen Nähe dieses kleinen bearbeiteten Steins so fasziniert, weil er im Verhältnis zu seiner materiellen Winzigkeit extrem hoch mit verdichteter Bedeutungsmasse aufgefüllt ist. Ein solches Ding steht für die Gewißheit, was man braucht, müßte gewichtig sein. Inhaltlich gewichtig, bedeutungsvoll, aber äußerlich leicht. Man braucht nicht viel. Ich habe es ausprobiert, nach einer Trennung, die auch ein Abschied von besessenen Dingen gewesen ist. Meine Umzüge hätte ich mit einer einzigen Ladung des R4 bewältigen können, hätte ich nicht ein paar Bilder behalten. So mußte ich zweimal fahren. Arbeitsplatte, Stuhl, Schreibmaschine, Matratze, wenige Bücher, ein weißes Bild an weißer Wand zum Ausruhen. Das hat lange Zeit gereicht. Die Pfeilspitze kam später, ein Geschenk als Liebesbeweis, danach häuften sich die Überflüssigkeiten wieder an.

So oft ich das bernsteinfarbene Ding zwischen Daumen und Zeigefinger auf Form, Volumen und Gewicht prüfe und erneut seiner Aura erliege, kommt auch unstillbare Neugier auf: Ich hätte dem Hersteller gern bei der Arbeit zugeschaut. War das schon ein Ich-Subjekt – gleichsam im Rohzustand vor aller Geschichte? Ob es wohl lange gedauert hat, eine so feine, leichte Form mit grobem Werkzeug zu erzielen? Oder ist die Frage dumm, war Zeitökonomie überhaupt etwas, das im vorgestellten Bewußtsein dieses fernen, frühen Verwandten eine Rolle spielen konnte? Wie viele Fehlversuche mögen vorangegangen, wie viele Spitzen noch zum Schluß gesprungen sein? Oder ist auch diese produktionsökonomische Frage falsch und nur aus gegenwärtiger Erfahrungsperspektive gestellt? Gewiß ist nur, jemand hatte das Ding vor unvorstellbar langer Zeit in der Hand, hat es hergestellt, vielleicht auch benutzt. Der Schaft ist längst verrottet, die Spur verwischt. Vielleicht aber hat das Objekt nie seinem Bestimmungszweck gedient, blieb im Vorrat, war Beute oder Tauschhandelsgut oder eine Beigabe zur rituellen Bestattung? Nur eines ist gewiß, sein Hersteller hat es in der Hand hin und her gewendet, hat Arbeitszeit, technisches Können, Materialgeduld und Formsinn investiert. Schon dieses Bewußtsein produziert die Aura, das geheimnisvolle Flair, zum Leben erwärmt von meiner plumpen modernen Hand, die sich vergeblich zu erinnern versucht und doch etwas ahnt.

Wenn man das Leitprodukt der Gegenwart, den Chip, daneben legt, bleibt man äußerlich in der gleichen Dimension. Das kleine rechteckige Plättchen, auf dem man eine Art Grafik in noch kleinerem Format zu erkennen meint oder das überhaupt nur aus neutralem Kunststoff der Umhüllung zu bestehen scheint, steckt heute in nahezu allen technischen Apparaturen – in Waschmaschinen, Autos, Kameras, Telefonen usw.; es ist gleichsam ihre »Seele«, so wie Mikroprozessoren das »Herz« des PC sind – von ihrer Leistungsfähigkeit hängt das ganze System ab.

Das heißt, die einst an der Gestalt der Pfeilspitze ablesbare, jederzeit für Auge und Hand transparente Funktion des Werkzeugs ist in die unsichtbare und unspürbare Dimension von Funktionsabläufen im Inneren eines Steuerungswerkzeugs ausgewandert. Daß die Waschmaschine wäscht, sieht und hört man zwar noch, aber man weiß nicht, wie sie dazu angehalten und dabei überwacht wird. Der Benutzer gibt die Wäsche hinein, füllt Waschmittel nach, wählt das Programm und geht fort. Der Chip, das Universalwerkzeug ist als Implantat im mechanischen Spezialwerkzeug verschwunden und tut dort Wunder. Dazu verfügt er selbst über ein unsichtbares technisches Innenleben, eine Organisationsform elektronischer Impulse. Aber diese innere Funktionsdichte des kleinen Plättchens entzieht sich jeder Erfahrbarkeit. Was wir beobachten, sind lediglich die davon verursachten Folgen in der Mechanik einer noch sichtbar vorhandenen Maschinerie. Die winzigen Dienstleister bekommt man so selten wie Maulwürfe zu Gesicht, und wenn man einen Chip auf die Fingerkuppe legt, um ihn zu betrachten, wirkt das Ding banal, obwohl nicht nur seine Funktion, sondern auch seine Herstellung kompliziert und trickreich ist: Auf das winzige Scheibchen als zukünftiger Träger einer elektronischen Schaltung (später durch eine Hülle aus Plastik- oder Keramikmaterial geschützt), wird die gewünschte Struktur nach einer Maske fotomechanisch dergestalt aufgebracht, daß eine lichtempfindliche Schicht über hochreinem Silizium die Form aufnimmt. Sie wird fixiert, nachdem die Zwischenraumfigur (alles Überflüssige) weggeätzt worden ist. Durch Aufdampfen von Isolierschichten und chemische Beeinflussung der Eigenschaften des Siliziums entstehen Transistoren, Dioden, Widerstände usw. nach Plan – alles jenseits der Möglichkeiten handgesteuerter Feinmechanik. Der Vorgang erfolgt multipliziert auf einer größeren Fläche (wafer), die mehrere hundert Chips gleicher Bauart auf einmal zu produzieren erlaubt. Sie werden automatisch ausgeschnitten, verdrahtet und eingeschweißt. Was man am Ende als Einzelbehältnis von Millionen Transistoren auf einem Plättchen zu sehen bekommt, ist ein unendlich in gleicher Form und Funktion qualitätsstabil reproduzierbares, neutrales Etwas mit unvorstellbarem Innenleben.

Trägt die Pfeilspitze ihr Geheimnis gleichsam auf der Außenhaut ihrer Form, um die sich das Konstrukt der Aura vor unseren Augen bildet, so zieht sich beim Chip alles Geheimnisvolle in die »gestaltneutrale Schwundmaterialität« (Rötzer 1991), in das digitale Funktionsprinzip im Inneren einer Form zurück, die im Äußeren beliebig ist, sieht man vom rationellen Rechteckraster des Trägermaterials ab.

Damit kommen wir auf den Sinn des Spiels im Mini-Museum. In der handgreiflichen Erfahrung und dem erinnernd-anschaulichen Verstehen auf der einen sowie in der erinnerungslosen Nichtverstehbarkeit abstrakter Funktionskomplexe auf der anderen Seite befinden wir uns an den beiden Polen, zwischen denen die Fülle der gegenwärtigen Artefaktenwelt ihre grundlegende Unterscheidbarkeit findet. Es ist ein erster, erfahrungsorientierter Ordnungsversuch im Betrachten der beiden winzigen Dinge, fast schon eine kulturelle Ortsbestimmung, sobald man feststellt, mit welcher dieser beiden Arten von Sachen man, mit einigen im Stadium des Übergangs, noch oder schon täglich konfrontiert ist und wie weit die beiden Kategorien tragen.

Der fundamentale Unterschied liegt in der Monofunktionalität, Direktheit und Körperlichkeit des einen und in der Multifunktionalität, Indirektheit und Immaterialität des anderen Werkzeugtyps. Auf der einen Seite das mühsam mit primitivem Werkzeug in Handarbeit gefertigte Einzelding (mit Ansätzen zur »industriellen« Vermehrfachung des Typs bei steigendem Bedarf), auf der anderen Seite das in unendlicher Serie produzierte, fast körperlose dünne Plättchen, das weder über seine visuelle Gestalt noch in seiner haptischen Qualität verstanden werden kann, weil das Äußere nichts mehr vom Können des Werkzeugs erzählt. Digitalisierung, die Verarbeitung von Daten als unsichtbarer Prozeß, festgelegt nach für Laien unlesbaren Chip-Plänen, zugleich als universell anwendbare Grundfunktion des Mikroprozessors verstanden, ist nicht abbildbar. Die Schönheit des Dings liegt in seiner Leistungsdimension. Dort wird der Chip bewundert oder kritisiert: Pentium, der 1995 noch leistungsfähigste Chip, verrechnete sich gelegentlich, obwohl oder weil mit über drei Millionen Transistoren bestückt. Es gab einen kleinen Aufruhr in den Medien, als der Fehler publik wurde – eine Eintrübung des Bildes der absoluten mathematischen Exaktheit, die als Qualitätskriterium für die Chipindustrie und die Anwender des Produkts gilt. Bald meldete die Presse beruhigend, neue Superchips seien in Entwicklung, doppelt so schnell wie ein »mit 100 Megahertz getakteter Pentium«. Dazu würden bis zu fünfeinhalb Millionen Transistoren auf dem Plättchen untergebracht. Die Vorstellungsfähigkeit ist ohnehin überfordert, wenn etwa die Zugriffszeit von Speicherchips (die Spanne, in der ein Chip ein- und wieder ausgeschaltet werden kann), zwischen 150 und 60 Nanosekunden liegt (vgl. Rosskamp 1993). Zur Zugriffsgeschwindigkeit kommt die enorme Speicherkapazität. Dadurch wird die Leistung abstrakt, sie wirkt wie von der Körperlichkeit ihrer Träger abgelöst, als freischwebendes Konstrukt außerhalb jeder materiellen Mechanik. Bei minimaler Außendimension des Objekts entsteht eine maximale Innendimension der Funktionalität.

So ist der Mikrochip eher ein Unding als ein Ding oder eben ein Superding, das es in sich hat. Pfeilschnelles Fliegen beeindruckt unsere sinnliche

Wahrnehmung, chipschnelles Prozessieren findet jenseits unseres Erfahrungsraumes statt. Das alte Objekt mit seiner unzerstörbaren Aura und das neue Objekt mit seiner unvorstellbaren Leistungsfähigkeit bilden die Eckpfeiler der Werkzeugkulturen, in denen wir uns bewegen. Es sind zwei extreme, dennoch einander korrespondierend zugewandte Typen von Dingen.

Unser Leben in und mit der Gegenstandswelt findet zwischen zwei Objektkategorien statt – den funktionalen und den symbolischen, wobei beide auch zusammenfallen können. Mikrolith und Mikrochip sind ja beide Träger von Funktionen und zugleich Leit- und Sinnbilder ihrer Kultur, für die sie exemplarisch stehen. Aber der Chip ist deutlich das funktional aufgeladene, die Pfeilspitze das symbolisch aufgeladene Objekt in der Akzentuierung ihrer unterschiedlichen Wahrnehmungsweisen. »Der funktionale Gegenstand hat keine Wesenheit. Die Realität verhindert hier die Regression zu dieser Dimension der ›Vollkommenheit‹, aus der das Sein hervortritt. Deshalb macht dieser Gegenstand einen so dürftigen Eindruck [...] Demgegenüber weist das sinnbildliche Objekt nur eine minimale Funktionalität auf, ist aber von maximaler Bedeutsamkeit und bezieht sich auf die Vergangenheit oder auf die absolute Präsenz der Natur.« (Baudrillard 1991, 104)

Das sind theoretische Portraits der beiden zur Diskussion stehenden Objekte. Der Pfeilkopf hat eine bedeutungsschwere Form, an der eine einzige Funktion festgemacht ist. Der Chip besteht aus einem unsichtbaren Möglichkeitsbestand von Funktionen, der auf einen bedeutungslosen Träger montiert ist. Darum wirkt das Ding so banal wie ein Lego-Baustein.

Einen Chip oder die darauf untergebrachte Funktionsqualität liebevoll zu betrachten, würde wohl nur einem Informatiker oder Chip-Ingenieur in den Sinn kommen. Mit dem alten Realobjekt aber erscheint eine emotional grundierte Identifizierung jederzeit möglich. Wir suchen nach der »Wesenheit« des Dings, aus dessen körperlicher Vollkommenheit »das Sein hervortritt«, während wir gleichzeitig die Vollkommenheit in der funktionalen Potenz erwarten. So leben wir die Spanne der Akzentuierungsmöglichkeiten aus, die der Bestand an alten Dingen und neuen Funktionen uns bietet.

Der Chip als Universalwerkzeug bestimmt nicht nur das Innenleben des Computers, sondern stellt ein vielseitig verwendbares Gelenk zwischen der Welt der Daten und Programme und der Welt der mechanischen Funktionen dar. Er tut selber nichts, was die unmittelbare Einwirkung des alten, primären Werkzeugs auf die formbare Materie betrifft. Er webt keinen Stoff, backt kein Brot, gießt keinen Stahl, schweißt keine Karosserie, sondern hält sich im Hintergrund der Steuerungsmechanismen »harter« Instrumente auf.

Aber es gibt einen neuen Eckpfeiler, das Superding, das dereinst als Leitfossil unserer Zeit gelten wird. Seine Erfindung ist die Inkarnation eines neutralen Funktionskomplexes, der dem Mikrolith als Verkörperung des symbolischen Komplexes der »Wesenheit« gegenübertritt.

Die Pfeilspitze steht für den alten, der Chip für den neuen Gegenstand schlechthin. Bei dem einen muß nur die Spitze abbrechen, damit die Vollendung von Form und Funktionsgerechtheit verlorengeht. Beim anderen wird der Eindruck der Vollkommenheit durch einen lächerlichen Rechenfehler zunichte gemacht. Wer je mit einem brandneuen Auto mitten im Verkehrsgewühl den Totalausfall der Elektronik erlebt, sehnt sich augenblicklich in eine Zeit zurück, als Vergaser und Zündung noch manipuliert werden konnten. Man regrediert auf eine frühere Stufe der technischen Kultur – freilich erfolglos. Erst nachdem in der Werkstatt ein unauffällig angebrachtes Kästchen ausgetauscht ist, gewöhnt man sich an das Wunder, daß der Fahrbetrieb für die nächsten hunderttausend Kilometer ohne weitere Störung gesichert sein soll.

Perfektion gilt als Standard, auch wenn man Grund hat, daran zu zweifeln. Mit der Treffsicherheit des Pfeils mag manches Risiko verbunden gewesen sein. Daß auch die unfehlbare Elektronik mal daneben geht, wirkt irgendwie beruhigend, sofern man nicht selbst unmittelbar davon betroffen ist. Doch soll der Mikrochip als das perfekte Endprodukt des hochindustriellen Jahrhunderts gelten, als die schlackenlose technische Kulturleistung unserer Zeit. In der jahrtausendealten Vollkommenheit bleibt der Mikrolith sein Korrespondenzobjekt, das wir als Gegenbild erst durch das Erscheinen des Chips verstehen lernen. Pfeilspitze und Chip bilden das gegensätzlichste Paar, das man sich vorstellen kann. Sie stecken als Markierungen das kulturelle Feld ab, in dem wir uns bewegen. Was aber soll nun der dritte kleine Gegenstand in unserem Mini-Museum?

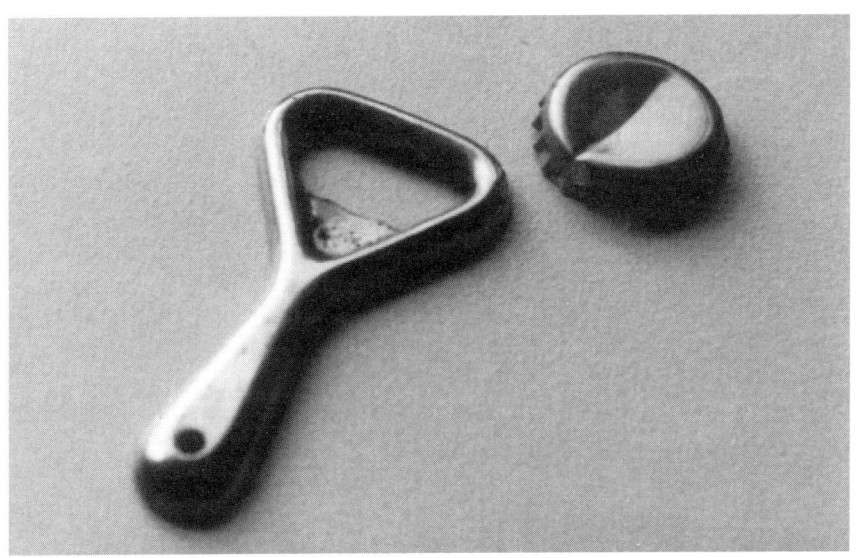

Die Büroklammer
und andere Nebensachen

»Das unscheinbare Ding entzieht sich dem Denken am hartnäckigsten. Oder sollte dieses Sichzurückhalten des bloßen Dinges, sollte dieses in sich beruhende Zunichtsgedrängtsein gerade zum Wesen des Dinges gehören? Muß dann jenes Befremdende und Verschlossene im Wesen des Dinges nicht für ein Denken, das versucht, das Ding zu denken, das Vertraute sein?« (Heidegger 1977, 9)

Die philosophischen Bedenken, dem Wesen des Dings beizukommen, einmal außer acht gelassen – es erzeugt sicher zunächst Befremden, wenn man aufgefordert ist, etwa nach der Devise Flussers, ein banales Ding anzusehen, als sähe man es zum ersten Mal. Was ist dann eine Büroklammer, dieses gewundene Stück Draht, dessen Zweck wir alle kennen?

Da liegt das kleine Ding, im Dutzend auf dem Schreibtisch verstreut, vor etwa 100 Jahren erfunden, genauer: aus einer Reihe von Erprobungsvarianten gleichzeitig an verschiedenen Orten von verschiedenen Leuten entwickelt. Es werden heute (nach Petroski 1994) zwanzig Milliarden Stück pro Jahr von Fertigungsautomaten ausgespuckt, denen lediglich der geeignete Draht endlos zugeführt werden muß.

Einst wurden Papiere lose zusammengesteckt, das Instrument dafür war zur Hand – die vielseitig verwendbare Nadel. Wissen wir noch um die Verwandtschaft mit der Nadel, wenn wir beim Telefonieren mit einer Büroklammer spielen? Im Kaufmannskontor wurden einst Papiere mit rostanfälligen eisernen Nadeln zusammengesteckt. Manchmal sieht man heute noch die Papiernadel im Großformat: einen langen Nagel, durch ein Stück Brett getrieben, um darauf Zettel aufzuspießen.

Die Rationalisierungsgeschichte hat zwei Abkömmlinge der Nadel erzeugt – die Heftklammer, die das Papier gewaltsam durchbohrt, und ihre weniger aggressive Schwester, die aufzusteckende Klammer. Beide entstehen wie die Nadel aus Stahldraht von bestimmter Härte. Beide verdanken sich der Notwendigkeit, die Bürokratisierung der Produktion und Zirkulation zu effektivieren, das heißt alle Arbeit zu rationalisieren, die im Zuge der industriellen Planung, Organisation, Kalkulation, Überwachung und Buchführung vermehrt anfällt. Die neuen Klammerhilfen wurden dabei unentbehrlich. Disketten hingegen kann man weder heften noch klammern. Da sie Vorgänge effektiver zusammenfassen als beschriebene Seiten Papier, geht das Jahrhundert des Heftens und Klammerns zu Ende. Der Tod der Büroklammer ist beschlossen.

Doch werden wir um das kleine Ding zwischen Daumen und Zeigefinger trauern, das sich so gut zweckentfremden läßt. Ob Zahnstocher, Schmuck, Spielzeug oder expressiv verbogenes Kunstwerk – man wird der Büroklammer, dem Nullwertwegwerfding, nach dem man sich dennoch gebückt hat, um es aufzuheben, nur noch als Abbild im digitalisierten Museum der Büroarbeit wiederbegegnen.

Was tun wir mit dem Ding, was tut es mit uns? Es ist eine der unauffälligsten und geduldigsten Kleinigkeiten im Haushalt der Zwecke. Jeder weiß damit umzugehen, aber wer kann schon tiefere Beziehungen zur Büroklammer entwickeln, zu diesem geklonten Ding, das jeder Individualisierung trotzt? Sie hat weder Aura noch ist sie ein technologisches Wunderwerk. Aber die Nähe zur Hand hinterläßt eine verdächtige Spur des Geruchs von oxydiertem Eisen auf der Fingerkuppe. Wir sind mit den ältesten Sinnen bei der Sache, mit dem Tast- und dem Riechorgan, jenseits des bewußten Umgangs mit dem einfachen, kleinen Instrument. Es teilt sich im Training des blinden Gebrauchs der Hand mit. Zunächst beweist es sich als noch körperhaft-greifbare, begreifbare Sache, die eine Funktion des industrialisierten Alltags in die Dreidimensionalität eines technischen Materials und in eine Bewegungsfigur seines Gebrauchs transformiert. Zwischen den Fingern markiert das Ding in aller Stille eine historische Position der Werkzeugkulturen am Ende des mechanischen Zeitalters, vor dem Übergang in ein neues, das der Bürocomputer anzeigt.

Das Ding verkörpert eine schon alte Verrichtungsgeste; es tritt als Signifikant einer bestimmten Auffassung von Arbeitseffektivität und Ordnungsliebe sowohl im bloßen Daliegen als auch in der Benutzung auf. Es bezieht sich auf eine allgemeine industrielle Verhaltensnorm, indem es eine exakte Bewegungsfigur in den mikrokulturellen Raum des täglichen Verhaltens einschreibt, die mit der Funktion des Papierklammerns und Ordnunghaltens verbunden ist.

Der praktische Vollzug ist bekannt: Man richtet übereinandergelegte Papiere durch mehrfach lockeres Aufstoßen auf der Tischplatte ordentlich auf Kante aus, hält sie mit der linken Hand oben zusammen und steckt die Klammer, gleichzeitig ihre Federbügel aufbiegend, mit der rechten Hand auf, um anschließend den fixierten Stapel abzulegen. Das Fließband läßt grüßen. Deutlicher könnte die mechanisch regulierte, von Werkzeug und Zweck diktierte, regelmäßige, fast »automatische« Abfolge der Handgriffe nicht in Erscheinung treten. Wir produzieren und reproduzieren uns mit Hilfe eines lächerlichen Stückes Draht als industrieller Verhaltenstypus, indem wir die Bewegungs- und Greiffähigkeit der Hände an einem Gegenstand disziplinieren, den wir für so selbstverständlich halten wie unser Dasein am Schreibtisch im Büro.

Dabei steht die Büroklammer im Verbund mit den ihr genetisch verschwisterten Objekten des mechanischen Zeitalters, die der gleichen Epoche der Rationalisierung angehören wie zum Beispiel die Schreibmaschine. (Das »Klammern« und Ordnunghalten mittels PC bildet mit dem Stillsitzen und dem Kontrollblick auf den Bildschirm andere Trainingssituationen der Verinnerlichung und andere Gesten aus.) Materialität, Ablesbarkeit ihres Gemachtseins und Gebrauchsweise stempeln die Büroklammer zu einem Bindungsobjekt des Arbeitslebens an eine bestimmte Phase der Produktionsgeschichte.

Wenn später massenhaft Büroklammern ausgegraben werden, wird man von einer Büroklammerkultur sprechen wie einst von Mikrolithkulturen, um Mutmaßungen über die Gestaltungstiefe dieses typischen Kleinwerkzeugs am Menschen anzustellen. Das langweilige Ding dringt scheinbar nicht in unser Leben und Bewußtsein ein. Aber es ist ein stets präsentes Zeugnis sinnlich-körperhafter Anwesenheit einer bestimmten Form von Kultur, so unsinnig uns der Büroalltag und so nebensächlich uns die Klammer erscheinen mögen.

Gerade die Selbstverständlichkeit der Sache ist der Trick, durch den die Verallgemeinerung der Geste und die Übertragung einer industriellen Norm auf den Menschen gelingen. Die Klammer ist Bestandteil einer Struktur, die nicht allein aus Gegenständen, sondern auch aus Ritualen, Gesten, Erfahrungsinterpretationen täglicher Wahrnehmung besteht. In diesem Ganzen spielt sie – bescheiden und unbemerkt – ihre vermittelnde Rolle.

Das Selbstverständlich-Werden einer dermaßen brauchbaren Sache ist ein komplizierter gesellschaftlicher Vorgang. Die Psychologie des Prozesses ist nicht erforscht, allenfalls ist sein ökonomisch-technologischer Hintergrund in Einzelfällen bekannt. Sobald Dinge als selbstverständlich gelten, vertreten sie eine kollektive Gebrauchserfarung, eine Tradition, die anhält, solange der massenhaft-billigen Verfügbarkeit eine entsprechende Nachfrage nach dem Nützlichen gegenübersteht. Ihre Allgegenwart macht sie fast unsichtbar, aber sie sind zur Hand. Dieses Stadium dauert länger oder kürzer – siehe die Büroklammer mit ihrer hundertjährigen Geschichte im Vergleich zur Nadel, die seit unvordenklichen Zeiten in Gebrauch ist. Noch rascher sind Fernsehgerät, Camcorder und PC Allgemeingut geworden, sozusagen im kulturellen Handumdrehen.

Manchmal wundert man sich, wie schnell die Gewöhnung eingetreten ist, oder vergißt das Wundern, weil eine Sache sofort alltäglich erscheint. Was hat man eigentlich früher ohne diese gelben Klebezettel gemacht? Wie konnte man Ordnung halten und nichts vergessen ohne ihre Hilfe? »Post-it« ist angesagt, schon geht das Geklebe los wie in einem Alzheimer-Kollektiv. Die gelbe Flut der privaten Memoranden scheint sich als erkennbare Form von Nachricht gegen jede noch so fortgeschrittene Informations- und Memo-Technologie zu behaupten. Schreiben wir uns diese Kurzbriefe selbst, um gegen das Verschwinden der Fakten in digitalen Speichern zu protestieren – als Flaschenpost an das überholte, fehlsam-menschliche Gedächtnis?

Bezeichnenderweise sind diese Zettel handgeschrieben. Und die Geste ihrer vorsichtigen Ablösung vom Untergrund, ihres Zerknüllens und der schwungvolle Wurf in den Papierkorb bekräftigen, daß eine Arbeit erledigt ist. Die kleinen gelben Blöcke auf dem Schreibtisch bezeugen die Gewißheit, daß wir uns auf uns selbst verlassen können und nichts versäumen. Materiell fast ein Nichts wie die Büroklammer, hat das neue Produkt offenbar ins Schwarze eines vorbereiteten Bedürfnisses getroffen. Zettelwirtschaft war schon Gewohnheit. Aber nun macht sie Laune, und nichts geht mehr ohne die selbsthaftende Markierung, als habe ein allgemeines Pflichtbewußtsein seinen passenden symbolischen Gegenstand gefunden oder ein Gefühl, der Technik mißtrauen zu müssen, seinen kulturellen Ausdruck. Denn dem PC könnte man ja alle Erinnerungswünsche anvertrauen, er würde sie jederzeit auf dem Bildschirm erscheinen lassen. Nein, es muß ein Klebezettel sein.

So erscheint die Rückkehr zur Geste der Vergewisserung durch Aufschreiben einzige Gewähr der Zuverlässigkeit. Es ist zugleich ein kultureller Orientierungsversuch jenseits aller bewußten Absicht, sich vom zeitgenössischen Gerät fernzuhalten oder eine alte Methode nostalgisch wiederzubeleben. Der Rück-Schritt mag einen Halt in der älteren Kultur garantieren, während die wichtigen Datensammlungen längst auf Diskette abgespeichert werden.

So lange wir noch Papiere mit der Büroklammer zusammenstecken, stehen wir mit einem Bein fest in der Vergangenheit, mit dem anderen in der Zukunft, und üben den Spagat, während der Drucker die Blätter ausspuckt. Die beiden Gesten schließen sich nicht aus, was man als Indiz dafür werten kann, wie wir unsere eigene Arbeitskultur zwischen den Epochen realisieren und uns damit interkulturell-historisch definieren.

Spielen wir mit der Büroklammer in unserem Taschenmuseum, wird in einem Moment der Verunsicherung offenbar, daß wir uns als historisch-kulturelle Wesen an solchen Winzigkeiten auf bestimmte Weise selber reproduzieren, ohne Bewußtsein unseres Handelns. Die Büroklammer, das kleine, dumme Stück gebogener Draht, verankert das Leben in der Industriekultur auf eigene, stille Weise so gut, wie ein Jumbo-Jet es laut und mit einer etwas anderen historischen Bestimmtheit und Bestimmung tut. Das öde, unaufwendige Ding, der Pfeilspitze noch verwandt, belebt unsere kleine Lehrmittelsammlung zu Recht als Stellvertreter aller mechanischen Banalitäten, die sich zwischen den Eckpfeilern der Sachkulturen, dem Mikrolith und dem Mikrochip massenweise unauffällig tummeln. Diskret fixiert die Klammer (die ihren Namen verdient) uns in ihrer Bedienung auf Vollzugsfiguren der Produktions- und Reproduktionsgeschichte des industriell tätigen Menschen und markiert ein Zwischenstadium des Gerade-noch. Genau das ist ihre Funktion und Bedeutung im höheren Sinne, nicht das Papierklammern als einfacher Zweck. Offenbar gewinnen und verteidigen wir unsere Geschichte als produzierend-gebrauchende, kulturelle Gattungswesen an solchen Kleinigkeiten.

Manche Dinge führen, ja binden noch weiter zurück oder kommen, unverhofft, aus ferner Vergangenheit in die Gegenwart, um begierig wiederentdeckt zu werden, ohne daß dies zu Bewußtsein kommen müßte. So gibt es im Sommer jene offenen Zelte, die seit einigen Jahren die Gärten der Bausparer-Eigenheime beleben. Einst empfingen höfische Damen in solchen luftigen Architekturen. Im Hochmittelalter der Turniere und des Minnesangs war dieses Leichtbauwerk, die paveluône, ein Symbol des kultivierten Müßiggangs der feudalen Klasse. Plötzlich ist die längst vergessene Ding-Metapher als reales Bild wieder da – als Sonnendach über der Freizeitgesellschaft auf kurzgeschorenem Rasen. Alles Nebensachen. Aber ihr Netzwerk ist dicht gewebt. Wie man sieht, ist es über Geschichte und Gegenwart geworfen.

2
Nähe und Ferne
Ein Versichern der Erfahrung

Nichts liegt näher, als zu behaupten, man werde vor allem im Museum oder als Sammler in Sachen Gegenstand wissend und kompetent. Gleichwohl wäre nichts irreführender als dieser Befund, weil das Sammeln als Aneignungsakt und der Museumsbesuch als Bildungsakt von Widersprüchen durchzogen sind. Die Raffgier des Sammelns und das Horten der Dinge im Museum zeigen auch pathologische Züge. Während das Museum seinen Leichenhallengeruch nur schwer mit werbewirksamer Publikumsfreundlichkeit kompensieren kann und der klassische Sammler ein Borderline-Syndrom zur psychischen Störung zeigt, können die Grundzüge der Nützlichkeit des Museums und die Liebenswürdigkeit der Obsession des Sammelns erst nach einer kritischen Betrachtung freigelegt werden. Die Besinnung auf den eigenen Umgang mit Dingen tut not. Daß wir, auch ohne es zu wollen, selber zu Sammlerinnen und Sammlern werden und unsere eigenen kleinen Museen und Mausoleen der persönlichen Geschichte gründen, in denen Dinge ihr abseitiges Leben fristen, mag als ironischer Hinweis auf die Unfreiheit gelten, die andere beim leidenschaftlichen Sammeln oder zwanghaft-wissenschaftlichen Archivieren, von der öffentlichen Meinung gedeckt, schamlos ausagieren dürfen.

Das Museum

Um in die Geschichte der Dinge zurückzufinden, gibt es das Museum. Der Trugschluß ist so alt wie die Erfindung der Institution. Denn von der einstigen Nähe oder Ferne von Mensch und Ding ist im Museum wenig wahrzunehmen, auch nicht, wie sich das Verhältnis zwischen Personen und Sachen im Lauf der Jahrhunderte gewandelt hat, mit welchen Blicken und Gesten die Dinge gemessen wurden. Die Zusammenhänge unter den Sachen und der Beziehungen zu ihnen im historischen Alltag sind zerrissen, das Ding steht im Museum von seiner ursprünglichen Wirklichkeit verlassen, auch wenn es in Haufen seinesgleichen präsentiert oder mit Objekten aus anderen Epochen konfrontiert wird: Es ist mit seiner Aura für sich allein.

Denn etwas ins Museum verbringen heißt, »etwas aus dem Kontext nehmen, in einen neuen Zusammenhang bringen und dadurch den Realitätsgrad eines Objektes entscheidend verändern« (Sturm 1990, 111). Damit ist eine künstliche Isolierung von der Geschichte als Prozeß komplexer Gleichzeitigkeiten verbunden: »Abwesend ist auch die Zeit, die den Gegenstand einst umhüllte. An ihre Stelle tritt die Vitrine, sie umhüllt den Gegenstand mit alter Luft.« (Pazzini 1990, 96)

Irgendwie spürt man diese Enge in jedem sachkundlichen Museum, so modern oder liebenswürdig verstaubt es sich geben mag: Da stehen Hunderte von Alabaster-Urnen wie kleine Häuser nach der Motivwahl ihres Reliefschmucks zu Gruppen geordnet, übereinandergestapelt. Zu einigen paßt der Deckel nicht, sie wurden entweder zu wiederholter Bestattung benutzt, oder es hat die Ausgräber nicht sonderlich gekümmert, welches Dach auf welchen Gebeinkasten zu setzen war. Ein Kleriker, vom Forschungsdrang beseelt, hat diese Dokumente etruskischen Totenkultes gesammelt, den Grundstock des Museums geschaffen. Er wird mit Hobby-Archäologen oder Grabräubern verhandelt haben. Daneben sieht man irdene Ossuare, mancherlei Gerät aus Grabbeigaben. Ganze Haushalte wurden da den Toten als Ausrüstung für ein anderes Leben überlassen. Nun liegen die leeren Behältnisse und die Dinge vor allen Blicken ausgebreitet.

Eine andere, scheinbar weniger verfängliche Situation: Das Heimatmuseum zeigt bäuerlichen Hausrat, vorsichtshalber gesichert hinter Glas, vor dem die Feriengäste bei Regenwetter mit einem Lächeln zwischen Herablassung, Neugier und Vergnügen paradieren. Auch hier konnte, wer immer diese Geräte herstellte und gebrauchte, nicht ahnen, welchen Eindruck sie einmal auf spätere, völlig unbeteiligte Betrachter machen würden. Die Sachen stehen, liegen, hängen, verwahrt, restauriert, gepflegt, datiert und bezeichnet, katalogisiert, diebstahlgesichert im Halbdunkel oder einigermaßen ausgeleuchtet im Abseits einer Betrachtungsweise, die sich jenseits des historischen Gebrauchszusammenhangs bewegt. Die Dinge wirken würdig und gewürdigt, halten auf Distanz, zehren von der Aura ihres Alters und Nichtmehrverstandenseins, vom Geheimnis ihrer Herkunft und einstigen Handhabungsweise. Zugleich aber sind sie den voyeuristischen Blicken einer Betrachtermenge ausgesetzt, die, gierig im Schauen, den Dingen jene ästhetischen Reize abschmeckt, von denen niemand weiß, ob sie ihren ehemaligen Nutzern jemals wichtig waren. Sie hatten andere Augen als wir und andere Erfahrungen mit den Dingen. Dieses Anderssein müssen wir respektieren. Es sind grundsätzlich andere Dinge als jene außerhalb des Museums, die wir benutzen.

Was berechtigt Nachkommende, Grabkammern zu plündern, die erbeuteten Schätze zur Schau zu stellen oder irgendein Ding von seinem geschichtlichen Umfeld zu trennen und als ein Einzelwesen auszustellen? Im ersten Fall hat die imperiale Kolonialisierung alter Kulturen für entsprechende Streueffekte gesorgt – Ägypten in London, Pergamon in Berlin. Im zweiten Fall hat die industrielle Kolonialisierung jüngerer Kulturen für den raschen Verfall und die Entfremdung von Dingen gesorgt, die sich plötzlich im Abseits des Veralteten und Überflüssigen wiederfanden und nun, Schönheit vor Nutzen stellend, im Museum überleben. Dazu später ein aktuelles Beispiel.

Man darf Museen als kulturell sanktionierte Beute-Tresore geschichtlicher Zeugenschaft, aber auch stillgelegter Erfahrung betrachten, in denen fremde, vergangene Sachkulturen zu Anschauungszwecken gehortet werden. Nach dem Aneignungs-Coup gibt keiner mehr etwas freiwillig heraus. Das Beispiel deutscher Kunst in russischer Hand bewegt die nationalen Gemüter, zumal sich hier das Vorurteil vom Barbarentum der ursprünglichen Eigner und das tiefsitzende Propagandabild vom barbarischen Feind ergänzen. Ob es dabei um Kunstdinge geht, ist fraglich. Das nationale Prestige »rechtmäßigen« kulturellen Besitzes steht im Vordergrund. So verhalten sich auch Individuen in ihrer Sammelwut und Eigentumsbehauptung des Erworbenen oder Geraubten, denn das private Sammeln ist ein Akt der Beraubung der Allgemeinheit (privare heißt berauben).

Der egoistische Akt wird gesellschaftsfähig in dem Augenblick, da der Sammler sein Gut einem Museum oder einer Stiftung vermacht, sobald es einen beträchtlichen Wert verkörpert. Damit wird es wieder quasi-öffentlicher Besitz. Hatte der geistliche Herr, der die etruskischen Urnen und Kanopen wie besessen sammelte, ein besonderes Verhältnis zu den ursprünglichen Nutzern, zu deren Totenkult oder zum Tode überhaupt oder zur Landesgeschichte? Vielleicht kam alles in einer unstillbaren Liebe zu dieser Sorte von Dingen und ihrer subjektiv empfundenen Schönheit zusammen, so daß heute niemand mehr das einmalige Motivgeflecht dieser Sammelleidenschaft entwirren kann. Ein Bewußtsein, etwas Unerlaubtes oder Unschickliches zu tun, wird der Mann nicht gehabt haben; seine Gründe erscheinen ehrenhaft um so mehr, als er der Stifter dieses vollgestopften kleinen Museums ist, das uns heute zur eigenen Entdeckerfreude dienen mag. Die Gräber haben andere für uns geöffnet und entweiht. Die Knochen sind verstreut, die Asche verweht, das Andenken gelöscht – im Namen der Wissenschaft. Ihr würde es nie in den Sinn kommen, daß etwas besser im Verborgenen bliebe, um ein Geheimnis zu bewahren. In dieser Welt ist den Dingen kein Entkommen gegönnt. Auch an unseren Müllhaufen, unserer Asche mögen dereinst Öko-Archäologen die Substanzen erschnüffeln, an denen wir zugrundegegangen sein werden. Freilich versenken wir nicht mehr ganze Haushalte und allen Schmuck im Sarg und bauen auch keine Grabkammern ins Felsgestein.

Es gibt in den Verwahranstalten des Alten und Schönen keine Abnutzung des Bestandes durch Blicke, aber Störungen durch die Anwesenheit der touristischen Massen am Ort. Florenz oder Venedig sind offene Museen, der scharfen Chemie der modernen Luft ebenso wie der körperlichen Anwesenheit der Besuchermassen schutzlos ausgeliefert, so daß über eine Kontingentierung des Zustroms von Neugierigen nachgedacht wird. Nicht nur die auratische, auch die materielle Substanz ist gefährdet. So führt die zunehmende Wertschätzung des Vergangenen zur Beschleunigung seines Untergangs. Der symbolische Akt des massenhaften Augenverzehrs geht ihm voraus. Nichts Wertvolles erweist sich als beständig, alles zerfällt rascher als gedacht. So erscheint es wie eine blinde, verzweifelte Wut, der Dinge im begierigen Anschauen habhaft zu werden – »Goldhelm, Schwert und Silberschätze«, »Die Kelten«, »Das Gold der Skythen«, Kunst aus dem alten China oder Bauernmöbel in der Rhön – dem Hunger nach dem Authentischen in seiner touristischen Befriedigung des daran Vorübergeschleustwerdens entspricht ein Objekt-Tourismus rund um die Welt: Wo die Leute nicht hinkommen, kommen die Dinge zu den Leuten, absolvieren sie ihre Gastspiele in den Museen.

Da potenzieren sich die Werte des Alters und der von der Versicherungspolice bestätigten immensen Summen toten Kapitals zu symbolischer Einzigartigkeit. Wenn noch der Mythos der Herrschaft (z. B. in Gestalt einer Zarenkrone) hinzukommt, ist kein Halten mehr. Man darf auf die Besuchermassen gespannt sein, die Schliemanns Schatz des Priamos sehen wollen, wenn er dereinst seine Runde machen wird.

Die weniger spektakulären Bestände in den Depots der Museen sind unermeßlich. Aber nur attraktive Stücke aus den »Verehrungsdeponien« (Marquardt) werden auf Wanderschaft geschickt. Museen, die sich vorübergehend damit schmücken können, machen Kasse und Publizität. Noch nie gab es eine derartige Öffentlichkeitspräsenz sachkultureller Objekte wie heute; sie kann sich mit den inszenierten großen Kunstereignissen messen. Als ob das Verschwinden des Authentischen aus dem Alltag gerade dieses Bedürfnis nach dem Erleben von Alter und Echtheit, Zeugenschaft und Geheimnis anheizen würde, drücken wir uns am Panzerglas vor den gezeigten Schätzen die Nase platt.

Doch je näher wir den Dingen kommen, um so mehr gehen sie auf Distanz – Ferne ist ja nach Walter Benjamin eine Voraussetzung der Aura. Die Brücke zum Verstehen ist schmal und trägt nie zuverlässig: ein Etikett, angelesenes Bildungswissen, eine »Führung«, und es bleibt die Ratlosigkeit vor dem Unbegriffenen und Unbegreiflichen, vor der Entfernung des Angeschauten.

Auch diese Dinge waren einmal ihren Gebrauchern zugewandt, von deren psychischer, sozialer und kultureller Verfassung wir kaum etwas wissen, so wenig wir von der Seele wissen, die sie den Dingen mitgaben oder in ihnen erkannten. Es sind eben nicht die gleichen Sachen, die die Etrusker ihren Toten schenkten und die wir in der Museumsvitrine anschauen, weil wir, die Anschauenden, aus einer anderen Welt kommen, die Dinge anders wahrnehmen und deuten. Welche Beziehungen, welche Zwänge, welche Gunstversicherungen sprachen einst in solchen reichen Gegenstandsspenden mit? Niemand weiß es.

Wir schauen auf die Dinge wie Fremde im Vorübergehen. Der indiskrete Blick prallt an ihnen ab. Es ist nicht der Blick der Bestatter und Trauernden von damals, so wenig unser Blick täuschungsfrei auf viel jüngeren Formen aus der eigenen Kultur ruhen kann – auf den handwerklichen und frühindustriellen Zeugen bereits abgeschlossener Epochen der Werkzeuglichkeit. Allerdings gelingen dabei noch eingeschränkte Vergegenwärtigungsleistungen. Wer mit Sichel oder Sense auch nur zum Spaß zu hantieren versucht und seinen Rücken spürt, kommt der alten Arbeitserfahrung noch ein Stück nahe.

Die Dinge wirken wie tote Organe, körperhafte Fragmente mit dunklem Zwecksinn, so lange wir sie nicht mit der Hand, dem im Museum selten aktivierten Erfahrungsorgan, greifen dürfen. So äußert sich heute eine der naivsten Formen der Gleichgültigkeit gegenüber der Sammlung aller Dinge in dem Bemühen, ihr allgegenwärtige Präsenz zu verschaffen: Wer sich ins Internet klinkt, kann sich den Anblick der gehorteten Dinge durch Abruf einer Sammlung abstrakter Daten und Bilder verschaffen. Oder man bestellt eine CD-ROM, auf der alle Kunstwerke eines großen Museums oder alle Mikrolithfunde der Welt oder alle Sorten von Gefäßen oder von Fahrzeugen im Bild gespeichert lieferbar sind. Der Louvre auf dem Bildschirm erspart den Anblick der originalen Mona Lisa und das störende Gedränge vor dem Bild; außerdem ist die Platte billiger als eine Reise.

Es gibt derzeit nicht nur ein unerschöpfliches Angebot realer Museumsschätze – »Der museale Versorgungsstand ist total« (Korff 1990, 60) –, so daß es möglich ist, nahezu an jedem Ort zu den normalen Öffnungszeiten in das Universum der Dingvergangenheit abzutauchen. Es gibt auch die Möglichkeit, an allen musealen Aufbewahrungsorten der Welt zu sein, ohne hinfahren zu müssen. Freilich muß man dann mit der Krücke einer Simulation des Ganges durch die Räume des Museums auf dem Bildschirm vorliebnehmen.

Es handelt sich jedoch nicht nur um eine banale Antwort auf ein banales Verlangen, an allem teilhaben zu wollen, sondern um eine offensichtliche Täuschung. Mit unbegreiflicher Einfalt wird die Erfahrung realer Sachen als Erlebnisversprechen auf Bilder dieser Sachen übertragen und werden diese Bilder den Sachen, die sie bloß bezeichnen, gleichgesetzt. Alle Museen der Welt auf einem Datenträger – die Entwicklung von Speicherchips macht es möglich. Die Folge wird sein: Immer mehr ziehen sich die realen Dinge in ihre schweigende Präsenz am Aufbewahrungsort zurück. Sie werden immer fremder, je bekannter sie erscheinen, immer ferner, je näher sie herangeholt werden und als Bild auf die Netzhaut fallen.

Das digitalisierte Museum setzt dem realen noch eins drauf, indem es in aller Offenheit zeigt, daß es auf ein Erkennen und Begreifen der Dinge nicht ankommt, sondern nur auf ihre Sortierung im Magazin abstrakten Wissens. Was wir ursprünglich hinter der Scheibe der Vitrine auf Greifnähe herangebracht betrachten durften, flimmert auf der Benutzeroberfläche elektronischer Hardware als bloße Erscheinung, die sich für das Ding ausgibt. Der Witz ist, daß eine Errungenschaft, die den deutlichsten Fortschritt der Anschaulichkeit für sich in Anspruch nimmt, die Wirklichkeit verschwinden läßt. Es gibt die Dinge jederzeit abrufbar, aber bloß noch virtuell als Bild von etwas, das auch bei höchstem technischem Aufwand nicht als das Ding selbst vermittelt werden kann, obwohl Videokamera und Computersimulation jede Postkarten-Reproduktion im Effekt übertreffen. Es erscheint heute sowieso alles viel farbiger, plastischer, überzeugender als in Wirklichkeit – aber wo bleibt das Ding?

Auch außerhalb des Museums wird es der Hand entzogen, indem Supermärkte zu Museen werden. Wenn man schon im richtigen Museum die Dinge aus ihren Glaskäfigen befreien möchte, klingt dies in einer vertrauten Geste des Alltagshandelns wieder an: Nach einem Einkauf zu Hause angekommen, beginnt man unwirsch mit dem Aufschneiden, Aufbiegen und Abreißen steifer Plastikhüllen oder fester Klarsichtkästen um den Gegenstand. Im Baumarkt hat jedes kleinere Ding seine eigene Vitrine und entzieht sich der tastenden Prüfung. Früher bekam man Schrauben und Nägel per Hand in Tüten abgefüllt, heute erwirbt man sie in noch so kleinen Mengen verschlossen in einem ehrfurchtgebietenden Schrein, dessen Reste den Hausmüll belasten. Im Regal nehmen die vielen vereinzelten Sachen in ihren Minivitrinen das Museum vorweg, das sich dereinst ihrer bemächtigen wird.

Früher wollte ich ein Museum des Alltags gründen, das für einen bestimmten kulturellen Raum in kurzer zeitlicher Folge Querschnitte durch die Menge der in Gebrauch befindlichen Dinge legen sollte – in geordneter Totalübernahme privater Haushalte oder ganzer Warenhaus-Ensembles. Der Wunsch, ohnehin unrealisierbar angesichts der zu bewältigenden Fülle, doch von dem Gedanken getrieben, daß man festhalten müsse, was fließend und vergänglich ist und was gerade im Augenblick das Früher zum Heute sagt oder was Gegenwart bedeutet, ist mir abhanden gekommen. Weniger aus Resignation als aus heiterer Einsicht. Daß die Dinge vergehen, langsamer als die Menschen oder auch schneller, daß sie schön oder häßlich, brauchbar oder unbrauchbar sind, hat seine Ordnung. Mein Museum wäre einer jener zweifelhaften Hochsicherheitstrakte gewesen, um die Flüchtigen festzuhalten. Die Erfahrung wäre doch ausgesperrt geblieben, die Begreifbarkeit unter Arrest gestellt. Museen verdrängen nicht nur das Bewußtsein der Vergänglichkeit. Vom zweifelhaften Konservierungsinteresse überhaupt abgesehen, das Fetische erzeugt, gönnen sie den Dingen auch nicht ihren eigenen Tod.

Das Tempo der Musealisierung hat enorm zugenommen. Heute werden die Dinge sogar den Benutzern aus der Hand gerissen. Dies nicht nur in den Fällen, bei denen ein Museum auf das Ableben der Besitzer interessanter Stücke oder Ensembles wartet. Inzwischen gehen die Ethnologen erneut, wie schon einmal im 19. Jahrhundert, schamlos gegen ganze Bevölkerungen vor, indem sie deren Besitzstand zum Museumsgut erklären wie in der ehemaligen DDR. Dort wird eine Art Musealisierungs-Blitzkrieg gegen den praktisch-handwarmen Gebrauch geführt, wie im 1995 gegründeten Museum für die DDR-Alltagskultur in Eisenhüttenstadt. Nachdem das allgemeine Wegwerfbedürfnis nach der Wende in ein eher nostalgisches Bewahrbedürfnis umgeschlagen ist, überholt das Museum die Leute, indem es sich alles einverleibt, was noch in praktischer Verwendung ist. Die Besitzer können ins Museum gehen und staunen, daß dort ihre Schrankwand und ihre Kochtöpfe ausgestellt sind, sie also eigentlich selber ins Museum gehören.

Der Überholvorgang ist symptomatisch. Das Museum unterwirft sich die gegenwärtige Wirklichkeit, erschließt sich ihren Bestand ohne Rücksicht auf die Folgen im Bewußtsein der Enteigneten. Ziel ist die Rettung des mit der Zeit Untergehenden. Oder das Plaste- und Elaste-Zeug von einst, das Unverwüstliche, wird auf die Intensivstation (sprich Museum) verlegt, damit die Menschen, die es noch immer benutzen, sich erinnern können, während doch die Nervenstränge des kulturellen Verhaltens, der Gewohnheiten, Rituale, gesellschaftlichen Verbindlichkeiten bereits gekappt sind. Gerade um dieses Erinnern des Immateriellen kann sich ein Sammlungs-Museum, das lediglich Dinge hortet und zeigt, schon aus Gründen seiner Konzeption nicht kümmern. Dinge existieren im Kontext des gesellschaftlichen Gebrauchs, in gelebten Kulturen. Sobald dieser Kontext nicht mehr existiert und man die Dinge im sterilen Raum des Museums isoliert, sind sie bereits klinisch tot. Dann beginnen die zwangsweisen museumspädagogischen Wiederbelebungsversuche. So pendelt das Museum heute zwischen zwei Extremen – der Bewahr- (und Belehrungs-)Anstalt und dem Spielhaus. Die erste Bestimmung forciert die Entfernung von den Dingen (trotz aller Wissensdidaktik), die zweite erzwingt eine falsche Nähe, die sich als unerreichbare Ferne zu erkennen gibt, sobald man dem Rummel kritisch begegnet und einem Objekt im plötzlichen Erschrecken gegenübersteht.

Im Augenblick erleben wir einen Boom populistischer Vermittlungsaktivitäten. Die Groningisierung des Museums, seine Verwandlung in eine Fun-Architektur unterhaltsam-ästhetischer Ereignisse, markiert einen vorläufigen Höhepunkt der Mißachtung der ausgestellten Dinge. Es ist angeblich die angemessene Umgangsweise mit den Beständen, entsprechend den Erwartungen einer »Erlebnisgesellschaft« (Schulze 1993), von der andere wiederum meinen, daß sie eine »Risikogesellschaft« (Beck 1986) sei.

Erlebnis hin, Risiko her, beides könnte zusammenfallen. Auch das Erschrecken oder das Staunen hätte Erlebnisqualität, eine existentiell bedeutsamere als jene des Spaßes. Noch wirkt der hektische Aktionismus wie ein wütender Wiederbelebungsversuch. Keine Museumspädagogik, die auf sich hält, verzichtet darauf, das Sichtbare zu »verlebendigen«, die Klientel in Spiele und Simulationen zu verwickeln, ihr etwas durch aktives Mittun »nahe« zu bringen. Eine untergründige Enttäuschung schwingt dennoch mit. Die Mitmach- und Kindermuseen und die Freizeit-Spielangebote mitten im Bestand seriöser Museen wirken immer irgendwie verkrampft. Gerade die vorgezeigte Lockerheit ist verdächtig. Sie überspielt die unüberwindliche Fremdheit der Objekte und den tiefen

Graben zwischen Gegenwart und vergangenen Gebrauchszusammenhängen zugunsten einer Täuschung des immer Dabeiseinkönnens. Vielleicht sollte die unausrottbare Fremdheit als produktiver Widerstand der Dinge gegen ihren nachträglichen Konsum verstanden werden. Das Ding, vor allem das alte, definiert sich ja gerade aus dem Rest an Fremdheit, der den Schmerz des Nichtverstehenkönnens auslöst. Das wäre eine realistische und einsichtige Begegnung. Wer die Befremdung nicht aushält, das Abgleiten des Blicks an der Haut der Dinge im Gegenüberstehen nicht erträgt, sollte nicht ins Museum gehen oder sich eben an den Spielen beteiligen, die die Behauptung des Fremdseins der Gegenstände zu unterlaufen versuchen.

So gesehen sind die eher stillen, konservativen Museen trotz aller Vorbehalte gegen Bewahranstalten und Verehrungsdeponien die angemesseneren Orten einer Begegnung, weil sie auf ehrliche Weise ratlos machen. Ratlosigkeit, ja der Schock sind Befindlichkeiten vor dem ausgestellten Objekt, die helfen, ihm näherzukommen, und die den Betrachter einem Bewußtsein seiner selbst näher bringen als aller Betrieb, der gerade davon im Namen einer mißverstandenen Bildung an den Sachen in guter Absicht fernhält.

Die Rettung des Bestandes um jeden Preis auf der einen und seine Preisgabe an das massenhafte Teilhabebedürfnis auf der anderen Seite sind wie Scylla und Charybdis, zwischen denen der Betrachter verzweifeln muß, weil das Ding im Abgestelltwerden wie in der Inszenierung verschwindet. Beide Strategien des Zeigens sind auch solche des Verbergens, der Erschwerung des Wahrnehmens, ohne produktive Störung. Das antike Gleichnis klingt etwas dramatisch, aber die Ausweglosigkeit ist erkennbar: Die Verwahrung nimmt die Objekte ebenso in Beschlag wie die Gier der Anschauung und die Anstrengung der Vermittlung ihnen nicht näherkommen. Fehlt auf der einen Seite Hilfe für die Erfahrungssuche, herrscht auf der anderen die Aufdringlichkeit ihres Angebots. Beide Inszenierungsformen des Museums erschweren nicht nur das Verstehen, sondern beschädigen das Objekt in seiner Substanz, weil sie entweder unauffindbar ist oder überinterpretiert wird. Und da kein Museum denkbar ist, das nicht von der einen oder anderen Konzeptvariante zehrt, schadet jede Art von Musealisierung den Dingen, zu deren Erhalt, Pflege und Vermittlung das Museum als Institution eingerichtet ist.

Das Museum – ein Ort des Scheiterns, der Mißverständnisse und der

Widersprüche? Hätten wir es nicht, es müßte dringend sofort erfunden werden. Es ist der Ort, an dem die alten Dinge ihren geschützten Platz in einer rücksichtslos zweckbestimmten Welt des Verschleißes gefunden haben, der Ort, an dem wir sie wiederfinden können, unangetastet in der Würde ihres Daseins. Daß wir sie so schwer verstehen, ist kein Hinderungsgrund, sie staunend zu betrachten.

Der Sammler

Einen Testfall für die Grenzen der modernen Dingferne stellen die leidenschaftlichen Sammler dar. Schwer zu glauben, daß sie mit Bildplatten oder Software statt mit realen Objekten zufriedenzustellen wären. Ihnen geht es um Authentizität.

Ob es sich um Kunst, um Antiquitäten, um Kuriositäten oder andere hand- und augenfeste Sachen handelt, der arme und der betuchte, der naive und der qualifizierte, der gelegentliche wie der leidenschaftsverfallene Dauer-Sammler wird nicht nur sehen, sondern haben, anfassen, besitzen wollen. Sammler würden lachen oder mit Hinauswurf drohen, wollte man ihnen Surrogate statt echter Dinge andrehen. Außer sie wären Sammler gerade solcher Produkte. In diesem Fall könnte eine CD-Sammlung durchaus reizvoll sein – als Zeitzeugnis technischer Möglichkeiten oder geistiger Verwirrung. Warum sollte es dereinst kein Museum geben, das die ersten Bildplatten zur Sachkulturgeschichte gesammelt aufbewahrt?

Das Liebenswerte an privaten Sammlern ist ihre Versessenheit auf das Original, das Pathologische ihr Vollständigkeitswahn. Vor aller analytischen Deutung ihres Verhaltens ist ein Faktum festzustellen: Das massenhafte Auftreten des Sammlers verschafft ihm eine Art von Para-Normalität, unter deren Schutz er sich die exotischsten Wünsche erfüllen kann – siehe unseren Kirchenmann, der sich mit etruskischen Totenbehältnissen quasi eingemauert haben muß. Im Grunde sind alle Besitzanhäufungswünsche bei gleichzeitig erkennbarer Stillegung, das heißt Unbrauchbarmachung des gehorteten Überflusses, fragwürdig. Das gilt in gewisser Weise auch für die Museen, die ja als fürstliche Wunderkammern, Naturalien- und Kuriositätenkabinette oder private Kunstsammlungen einmal ihre Geschichte begonnen haben. Die meisten Museen zeigen weniger, als sie besitzen. Der Sammler aber magaziniert fast alles und zeigt es in der

Regel kaum. Den Ausweg wies zu Lebzeiten der »Pralinenmeister« (so nannte der Künstler Hans Haacke den Schokoladenfabrikanten und Kunstsammler Peter Ludwig), der die angehäufte Menge seiner Delikatessen nicht zu Hause unterbringen konnte. Dafür mußten Museen in aller Welt leergeräumt werden. Aber damit wurde das privat Gehortete auch sozialisiert.

Doch auch der bescheidenere Sammler von Blechspielzeug oder alten Radios ist selten in der Lage, alle schönen Dinge aus seinem Besitz sichtbar aufzustellen, geschweige denn mit ihnen praktisch umzugehen. Wer sich mehrere Hunde hält, muß sie alle ausführen. Das gilt nicht für sachlichen Besitz; er kann gestapelt, eingelagert, thesauriert werden. Dann ist er nicht nur den Blicken einer Öffentlichkeit entzogen, sondern auch dem täglichen Umgang des Besitzers mit seinem Bestand. Entweder werden die Sachen ab und zu hervorgeholt, liebevoll betrachtet (und damit in gewisser Weise vorübergehend reanimiert), vielleicht werden sie sogar kurz gezeigt. Die meiste Zeit aber bleiben sie jedem Blick oder gar Zugriff entzogen und sind lediglich im Bewußtsein des Habens präsent, das sich mit dem schmerzlichen Gefühl vermischt, immer noch nicht alles zu haben. Die Lücken im vorgestellten Bild der Vollständigkeit einer Sammlung sind eben alles andere als optischer Natur, weil die freie Stelle im Album oder an der Wand an das noch Fehlende erinnert. Das Fehlen von etwas (das der Nicht-Sammler vielleicht gar nicht bemerken würde) tut permanent weh und ist eine narzißtische Kränkung für den Sammler, der es noch nicht geschafft hat, die erhoffte Trouvaille zu machen.

Freilich gibt es auch den Sammlertyp, der befriedigt auf sein fragmentarisches Werk schaut und aus dem Anschauen und Anfassen der Dinge hohen Genuß zieht. Wie einer mit der Pinzette die Briefmarke faßt und an die für sie vorgesehene Stelle rückt, die Lupe ansetzt – solche Gesten entfalten ihre eigene Überzeugungskraft. Sie wirken auf den Beobachter ähnlich wie die feinfühlige Mikromotorik der Hand des Chirurgen oder des Uhrmachers und sind das Ergebnis einer lebenslangen Sensibilisierung für den Körper des Gegenstands. Auch das gelegentliche Anfassen von Werkzeug oder von plastisch-ereignishaften Dingen erotisiert die Hand. Das geht weit über die Augenlust der Anschauung hinaus, über die Wertschätzung des Dekorativen allemal. Der Tastsinn ist im Vergleich zum Sehen der ältere Sinn der Nähe, deutlich körpergebunden; ein »kühles« Betasten entsprechend dem unbeteiligten Blick gibt es eigentlich nicht, es schwingt immer etwas von der Begegnung zweier Körper mit, obwohl der Gegenstand, den man anfaßt, nicht lebendig ist. Im Begreifen lebt etwas vom sexuellen Begehren und Erkennen mit, auch gegenüber den Dingen.

Das fällt heute besonders dort auf, wo die körperliche Nähe sich verflüchtigt. So ist der Joystick, mit dem die digital gesteigerten Wonnen der Geschicklichkeit in programmierten Spielen gesteuert werden, ein Phallus von noch lustvoller Faßlichkeit – aber die Aufmerksamkeit des Spielenden ist auf das damit beeinflußbare Bildschirmgeschehen gerichtet. Der Griff könnte in seiner realen Plastizität durchaus als Symbol handfest-autoerotischer Freuden oder als von sexuellen Phantasien begleitet gelten. Nur schrumpft der Orgasmus auf das kleine Siegergefühl, das vom Explosionssignal für einen »Treffer« auf dem Bildschirm ausgelöst wird.

Sammler hingegen sind sinnliche Wesen, wenn auch mit einem Hang zum Verstecken ihrer Beute und zum alleinigen Verzehr der Liebesobjekte. Man fragt sich, ob sie ihrer Lust immer so recht froh sind. Denn sie halten zurück, verprassen nichts, verzärteln aber die Dinge oft in abgöttischer Liebe und treiben einen manchmal ihre Verhältnisse übersteigenden Aufwand, wie man sich früher mit einer teuren Geliebten ruinieren konnte. Der Vorteil – sie leben und wohnen meist mit dem Gesammelten in einem Haushalt, auf Tuchfühlung mit den Objekten.

Das Zurückhalten der Dinge und das Geizen mit ihnen macht die Sammler zu Kustoden ihrer eigenen Museen, obwohl nur wenige musealen Reichtum anhäufen können. Museen sind öffentliche Aufbewahrungsorte sachkultureller Werte. Das vergißt man heute leicht angesichts der Erlebnislandschaften und Animationen, die aus Museen Disneyland-Einrichtungen machen, die den gezeigten Dingen große Anteile ihrer sinnlichen und geistigen Anmutungsqualität entziehen. Solchen Aufwand des Fremdmachens treiben Sammler nicht. Sie schaffen Dinge beiseite, freuen sich einsam an ihnen oder auch am geheimen Akt des Beiseiteschaffens.

Irgendwie sind wir alle noch Sammlerinnen und Sammler wie vor Zeiten, als das Jagen und Sammeln zum Leben gehörte. Niemand ist von den Resten archaischer Vorsorge frei; wir alle legen etwas beiseite, horten etwas, halten damit zurück, schützen es vor dem neugierigen oder begehrlichen fremden Blick oder verstecken es mitten im Haufen der Banalitäten, die wir im Leben um uns schichten. Manchmal ist es die Not, die dazu anhält – wie jene vorgestellte, die zur sagenhaften »Aktion Eichhörnchen« in der frühen Bundesrepublik führte, von der das eingelagerte Klopapier brauchbar überdauerte, während die Konserven im Keller über die Jahre verdarben. Oder wie bei der Jagd in der ehemaligen DDR auf alles Brauchbare, das irgendwo als Ware auftauchte. Da wurden Badewannen und Trabbi-Ersatzteile für jeden denkbaren Fall gesammelt, auch wenn im Augenblick nichts kaputt war. Solche Daseinsvorsorge ist jedem verständlich, der je Not oder Knappheit erlebt hat.

Aber dieses habituelle Sammeln von Ramsch mitten im Überfluß? Man mache die Probe: Irgendetwas im persönlichen Besitz ist »Sammlung«. Meist sind es gleich mehrere – die Urlaubsfotos in der Schachtel, die alten Schuhe, die nie mehr getragenen Krawatten. Und was ist die Bücherwand oder das Türmchen mit den Musik-Konserven? Auf pfiffige Art betrügen wir uns selbst um die Gewißheit, einer analen Tugend zu frönen, indem wir den Erhalt solcher Sammlungen aus der Vorstellung erklären, daß irgendwann die Stunde des Brauchens wiederkehren wird. So wird die Liebe zum Kram rationalisiert. Einst reichte eine Hosentasche, die Sammlung der Woche zu bergen: Kieselsteine, rostige Schrauben, Bindfaden, Maikäfer-Reste. Heute bringen Umzüge oder Haushaltsauflösungen an den Tag, was da in Gestalt von Sammlungen auf Halde liegt. Der Reichtum an armen Dingen, die – zu Familien vereint oder in seltsamer Promiskuität lebend – in Kellern und Schubladen ihr unbemerktes Dasein fristen, ist enorm. Obwohl sie ihren Besitzern schon fremd geworden sind, lassen sie die räumende Hand einen Moment zögern, weil Bilder der Erinnerung in das Dunkel des hastigen Augenblicks fallen, die eine seltsame Macht über uns gewinnen: Haben die Dinge einmal uns gehört, steht unweigerlich die eigene Vergangenheit wieder auf. Haben sie nahestehenden Personen gehört, wird deren Bild bis zu Tränen der verspäteten Liebe lebendig.

Was da im Kellerdunkel oder vor der auf dem Tisch ausgekippten Schublade in Eile erlebt wird, ist ein momentaner Schock des Innehaltens. Da wird nicht nur eine Sammlung entdeckt, sondern ein ganzes Leben. Dessen Zeugen kommen ans Tageslicht, als hätten sie darauf gewartet. Plötzlich ist das Ding ein Wesen, das ins Auge springt und die Vergangenheit anmahnt. Mitten im Chaos schafft es um sich eine Aura des Respekts, ehe die Hand für den Moment zögert, um es einzupacken oder wegzuwerfen. Aber jedes einzelne Ding in diesem Ramsch verdient die kurze, würdigende und abwägende Betrachtung. Deshalb dauern Umzugsvorbereitungen oder Nachlaßsichtungen so lange. Ist, was da als das Fremde auftaucht, das Naheliegende? Oder wird das plötzlich Wiedervertraute im nächsten Augenblick ganz fremd?

Auch bei den »richtigen« Sammlern sind die heiligen und die profanen, die kunstvollen und banalen Dinge aus ihrem Gebrauchszusammenhang gerissene Vereinsamte inmitten der Menge ihresgleichen. Doch ist der Sammler ihr persönlicher Leibwächter, Besitzer und Herr. Er ist auch ihr Aneigner durch Handgreiflichkeit, in einigen Punkten vorbildlich um das Überleben der Dinge besorgt, in anderen gestört, wenn man sich eine wiedererkennend-verstehende und zugleich gelassen verzichtende Attitüde im Verhältnis zum Sachbesitz als Ideal vorstellt. Geiz ist zu allen Zeiten eine negativ interpretierte Eigenschaft Besitzender gewesen, Freizügigkeit, Teilen-Können ihr Gegenentwurf. Man muß Dinge auch nicht besitzen wollen oder sollte zum Verschenken neigen. Man muß ja auch ihre Fremdheit aushalten, die daran erinnert, wie zwecklos das Habenwollen ist. Der Sammler überwindet diese Fremdheit ein Stück weit durch seine persönliche Nähe zum Objekt. Wer ein altes Objekt, wann immer er möchte, in die Hand nehmen darf, hält sich nicht nur für den vorzeitigen Verschleiß moderner Dinge schadlos, sondern »versteht« sie auch in liebevoller Aneignung besser.

Das Nicht-hergeben-Wollen freilich kommt nach Baudrillard aus der Angst eines narzißtischen Ich, dem der drohende Verlust mit Kastration gleichbedeutend sei – daher der Unwille, Füllfederhalter oder Auto zu verleihen. Offensichtlich gibt es auch die Vorstellung vom Fremdgehen der persönlichen Dinge. Sie würde erklären, daß man als Beifahrer im eigenen Wagen leidet, während man ihn als Fahrer bedenkenlos mißhandeln darf. Gewalt gegen Sachen erscheint statthaft. Beziehungen zu Dingen sind wie richtige Beziehungskisten gekennzeichnet von Eifersucht, Aggressivität, Irrationalität, Gleichgültigkeit, Tätlichkeiten usw. Manche können sich nie von ihren Sachen trennen und stopfen ihr Leben damit voll. Andere ärgern sich nur kurz, wenn sie etwas verloren haben oder wünschen dem Dieb Hals- und Beinbruch mit einer Sache, weil sie im Grunde froh sind, sie los zu sein. Das würde ein Typ, der sammelt, nie verstehen. Es gibt viele Übergangsstufen zum ausgeprägten, systematischen, leidenschaftlichen Sammeln, die alles andere als harmlos sind. Irgendetwas scheint immer zu fehlen, und es fragt sich, ob es wirklich nur der gesuchte Gegenstand oder etwas Unausgesprochenes ist, das den Mangel erzeugt. Oder ist es gar die Lebensangst vor dem Tode, die das Raffen und Festhalten bewirkt?

Sammeln sei ein »Schutz gegen das Nichts«, behauptet der Proband in einem psychoanalytischen Gespräch (bei Münsterberger 1995, 78). Das würde auch erklären, weshalb der Verzicht auf einen ersehnten, am Ende doch nicht erwerbbaren Gegenstand so schwerfällt oder die Herausgabe einer Sache schmerzt, die jemand sich in seiner Leidenschaft vielleicht unrechtmäßig angeeignet hat. Als Sammler auf etwas zu verzichten oder sich von etwas zu trennen, wäre ja, nüchtern besehen, kein Drama. Könnte man eine Sache je »besitzen«? Man kann sich doch auf andere Weise schadlos halten.

Vorbildliche Sammler stiften, ohne ihren Besitz dabei aus den Augen zu verlieren. Das Geteilte, anderen zugänglich Gemachte mehrt das Ansehen des Sammlers, was sich Museen seit je zunutze gemacht haben. Auch im Alltag ist die Trennung, der Verzicht möglich. Nichts Schöneres, als einen Menschen, der sich in eine Sache, die man besitzt, verliebt hat, damit zu beschenken. Auch oder gerade weil man weiß, daß die Enge des Verhältnisses eine Einbildung ist. Es ist eine Fiktion, daß man den Sachen wirklich nahe kommt. Weder im Museum noch beim Sammeln noch im alltäglichen Umgang mit den Dingen hebt sich die Fremdheit von Subjekt und Objekt wirklich vollständig auf. Es bleibt ein Rest der Beklemmung erhalten, die im Angesicht der Dinge aus ihrer Fremdheit resultiert – um so stärker, je älter und entfernter sie sind. Die Dinge sehen ja, stumm wie sie bleiben, auch uns in unserer ratlosen Gegenwart an. Mit ungeheurer Geduld erwidern sie unseren neugierigen oder gleichgültigen Blick. Erst im Zugriff geben sie der fühlenden Hand etwas von ihrer Substanz preis. Die Hand hat die Dinge in der Geschichte der Gattung geformt und benutzt und ist selber daran das geworden, was sie ist. Die Hand des Sammlers ist ohne Zweifel eine liebende.

Der Sammler – ein mit der Macke der Fixiertheit auf Gegenstände behafteter, reduzierter Sozialtyp? Mitnichten. Zeigt er sich doch von der verständnisvollen Sorge um die Dinge beseelt, die er stellvertretend für uns alle in seine exemplarische Pflege nimmt.

Die Geste

Da ist ein Blatt Papier, DIN A 4, neutral weiß, eines der alltäglichsten Dinge in unserer Hand. Es gibt kaum einen so anonymen Gegenstand wie ein »unbeschriebenes Blatt«. Aber für die Hände, für die Augen, für das Gehör ist dieses weiße Blatt ein Ereignis, sobald man sich entscheidet, es als Ding wahrzunehmen. Was bedeutet es, ein Blatt Papier in Händen zu halten? Es zu fühlen, zu wägen, zu verbiegen, zu glätten, die scharfe Schnittkante zu spüren, seine Oberflächenbeschaffenheit, sein Korn zu ertasten, die Bruchteilmillimeterstärke zwischen Daumen und Zeigefinger zu messen? Das Blatt hat viele Eigenschaften, die wir blind und blitzschnell im Zugriff realisieren, ohne daß sie zu Bewußtsein kommen. Im langsamen, bewußten Erschließen entdecken wir das eigene sinnliche Vermögen und den weiteren Sinn der Handhabungsqualitäten des Objekts. Nicht nur das Erfahrungswissen um seine Verwendung oder das Wissen um seine Herkunft aus der Papierfabrik stellen sich ein, vielleicht kommt auch die Einsicht, daß es sich bei diesem lächerlichen Stück Material, das gleich im Papierkorb landen wird, um ein Eckprodukt unserer Kulturgeschichte handelt, deren mediale Präsenz in der Schriftlichkeit einmal mit Zeichen, auf Stein gemeißelt, oder mit Ritzungen in Tontafeln und mit dem Beschreiben von präparierten Tierhäuten begann. Das bedruckte Papier hat die Welt verändert, das weiße Blatt kann als Träger jeder Nachricht, Botschaft, Formel, jedes Vertrags gelten. Dieses normierte rechteckige Stück erwartungsvoller Leere nimmt in der geduldigen Betrachtung und Befassung den Charakter von etwas Schönem, behutsam zu Behandelndem an.

Ich erinnere mich noch daran, daß ich meine Schulhefte einmal aus Resten von Zementsäcken selbst zusammenbinden mußte. Es gab kein Schreibpapier. Die Fingerkuppen wurden vom Staub stumpf, das Papier war lappig und doch störrisch, sah immer schmutzig aus. Welcher Luxus ist ein leichtes, weißes, reines Stück Papier, exakt geschnitten, unendlich erscheint der Vorrat! Es steht nichts drauf, dennoch macht es nachdenklich, nur indem man es anfaßt und für einen Moment die Wahrnehmungssperre der Alltagsbewußtlosigkeit aufhebt. Daß Künstler oder Literaten Ängste vor dem leeren weißen Papier entwickeln können, die eine Zeichenhemmung oder Schreibverhaltung zur Folge haben, beweist nur, welche magischen Kräfte in dem banalen Material verborgen sind. Der kluge Zeichner beschmutzt es willkürlich, der Schreiber haut die erste Zeile auf das Papier, um den Bann zu brechen. Vielleicht entsteht er, weil man das Ding, das die Gesten oder Gedanken fixieren soll, als etwas Wesenhaftes betrachtet, mit dem man erst einmal besitzergreifend handgemein werden muß, um sich seiner Dienste zu versichern. Man könnte es aber auch rein weiß für sich belassen. Es ist ja bereits in diesem Zustand ein Ereignis an Geschichtsdichte und Kunstfertigkeit. Niemand verbietet, es anzufassen und uns seiner Existenz zu versichern. Tun wir es, üben wir uns in der Geste.

Gesten verweisen auf die akkumulierte Erfahrung an den Dingen im Gebrauch, eine individuelle und kollektive »Sammlung« aus der Geschichte des Brauchens, Hantierens und Deutens der Gegenstandswelten, die an den Dingen selbst kaum in Erscheinung tritt. Gesten reichen nicht nur weit in einzelne Lebensgeschichten zurück, sondern verbinden, ohne daß man sich dessen bewußt ist, mit den sozialgeschichtlich verankerten Formen des Gebrauchs und allgemein mit dem praktischen und symbolischen Handeln im Bestand der Kulturgeschichte. Diese Summe der Erfahrung führt die Hand mit, wenn sie nach einem Werkzeug greift. Der Paläo-Anthropologe Leroi-Gourhan behauptet, daß die »operative Synergie von Werkzeug und Geste« ein Gedächtnis voraussetze, in dem das Verhaltensprogramm gespeichert sei. Das Werkzeug existiere »real nur in der Geste, in der es technisch wirksam wird« (Leroi-Gourhan 1984, 296). So manifestiert sich in der Geste eine geschichtliche Einschreibung von Erfahrung, ein unbewußtes Wissen, das im Umgang mit den Dingen abrufbar ist: Die Geste realisiert das Werkzeug, auch in der bloßen Vorstellung.

Das heißt aber auch, daß der Bestand abrufbarer Gesten ein Schlüssel zu allen wahrgenommenen Dingen sein kann, zu denen sich eine operative Beziehung noch herstellen läßt, erst recht zu solchen, bei denen die alte Beziehung noch lebt und täglich neu verwirklicht werden kann.

Soeben war vom Blatt Papier die Rede. Es ist nicht nur im Stapel, sondern auch in der Geste des Schreibens präsent, die wiederum nicht nur aus dem augenblicklichen Zweck einer Niederschrift oder Mitteilung entsteht, sondern schon in einer geschichtlichen Möglichkeit begründet ist, mit der sich Menschen dereinst reflektierend und abstrahierend ein Bewußtsein verschafften. Die Erfindung der Schrift kommt einer Neuerfindung der Welt und ihrer dauerhaften Konstruktion in Sprache gleich und ist zugleich eine unverkennbare Geste zur Beherrschung dieser Welt. Das schwingt noch im Ansatz unseres Schreibens mit – sei es mit der Hand oder der Maschine. Vilém Flusser hat der Geste des Schreibens eine eigene Betrachtung gewidmet. Hier sei ohne philosophischen Anspruch nur an die Tätigkeitsformen erinnert, die sich durch die Geschichte bis heute ziehen: Der Griff zum Papierbogen, das Einspannen und Justieren, das Sichaufrichten für den ersten Anschlag entspricht den rituellen Vorbereitungen zum Schreiben in früheren Zeiten. Der Federkiel mußte geschnitten, das Papier geglättet oder die Tusche angerieben, das Pergament gespannt, der Griffel für die Tontafel gespitzt sein, ehe das Schreiben beginnen konnte. Schiefertafel oder edles Bütten, unbeholfene Gravur erster Wörter mit entnervendem Quietschen oder elegant von einer charaktervollen Hand flüssig aufs Papier gebrachte Zeichen für Gedankenfolgen – in beidem ist ein Ausdruck von Wunsch und Können auf das Werkzeug und ein Material gerichtet.

Die latente Gerichtetheit ist ein Produkt der kulturellen Erfahrung, im Augenblick des zielgerichteten Handelns in der Geste realisiert sich ein Verhältnis von Mensch und Gegenstand. Das Ereignis der »Bedingung« wird augenblicklich erkennbar. Nicht wir führen das Werkzeug, das Werkzeug führt uns: »Wir machen keine Gesten, wir sind Gesten« (Rötzer 1993, 144); denn das Handeln mit den Dingen ist internalisiert, als Erfahrungsfigur in den Leib und das Gedächtnis eingeschrieben.

Eine Geste kann behutsam, zart, bestimmt, ungeduldig, gewalttätig sein – die Grundbeziehung zur Erfahrung des Handelns bleibt immer erhalten. Sie wird in dem Augenblick wörtlichen Anhebens neu geknüpft: Beide Hände nähern sich der Tastatur in Bereitschaftshaltung, die Hand mit dem Federhalter verharrte früher für einen Augenblick nach dem Eintauchen in das Tintenfaß, gedankensammelnd, über dem Papier. Das ist eine Geste der Verzögerung: »Durch Schreiben kann man das Denken verlangsamen.« (Walser 1985) Solche Gesten wirken, als wollten wir uns auf das Tun, das gleich beginnen wird, besinnen. Eine kurze Pause ist zwischen Vorbereitung und Ausführung geschaltet. Jeder Schauspieler auf der Bühne weiß es, wenn er in seiner Rolle ein Papier ausfertigt oder zu unterschreiben hat. Auch nach dem Schreiben gab es einst im Abstreuen der feuchten Tinte mit Sand und dessen Wegblasen eine rituelle Bekräftigung der Geste des Schreibens. Die moderne Form des Schreibens am PC hat das Ritual verändert. Das Einspannen des Papiers entfällt, dafür kultivieren sich der Kontrollblick auf die hinter der Scheibe erscheinenden Wörter und das Warten auf den Ausdruck des Geschriebenen nach Korrektur. Erst dann ist der Brief fertig zur Unterschrift mit der Hand. Der neue Modus des Schreibens erzeugt neue Gesten und neue Zwischenräume.

Gesten verbinden sich im Alltag mit dem pragmatischen Handeln. Die Muster haben wir verinnerlicht, sie treten im Moment des Handelns zutage, aber sie sind schon lange vorher da. Das Ding würde sich nie in seinem Zweck verwirklichen, käme ihm nicht die Geste seiner Ingebrauchnahme entgegen. Das ist auch eine Grundlage dafür, daß wir Objekte im Museum noch »verstehen«, weil wir an ihnen virtuelle Gesten des Gebrauchs vollziehen können, statt die Dinge bloß in ihrer Form und fremden Schönheit wahrzunehmen.

Ding und Geste sind miteinander untrennbar verbunden. Der amerikanische Romanautor Nicholson Baker beschreibt, was folgt, wenn beispielsweise ein Schnürsenkel reißt, so daß man ihn knoten oder einen neuen einziehen muß, oder was wir mit einem Trinkhalm tun, der »aufschwimmt«. Er beschreibt auch, wie die Leihflasche für Milch ein ganzes ökonomisch-soziales System der Belieferung und des Empfangs in Gang hielt, als es den Tetrapack noch nicht gab, und wie erschreckend rasch die an das Öffnen dieser Flaschen, das Hinstellen für den nächsten Tag usw. gebundenen Gesten zugunsten neuer alltäglicher Ausübungsformen veralteten. Das ganze Buch (Baker 1993) ist den banalen Verrichtungsgeschicklichkeiten gewidmet, die wir kulturell erwerben und in unbewußte Gesten des Handelns übersetzen. Ob beim Bleistiftanspitzen oder beim Glattstreichen von Einkaufstüten, die man nicht wegwirft – immer wird eine Geste reproduziert. Sie ist durchaus ohne Ding vorstellbar: »Machen Sie eine typische Handbewegung!« forderte ein bekannter Quizmaster seine Gäste für das Ratespiel auf. Wir wissen, was wie zu tun ist, und greifen blind nach dem Gegenstand. Im Normalfall garantiert das eingeprägte Handlungsmuster den Erfolg. Um so größer der Schreck, die Enttäuschung, wenn der Griff danebengeht, wenn etwas umgestoßen wird, der Senkel beim Zubinden reißt. Nach kurzer Verblüffung rasten die Ersatzgesten ein, zum Beispiel die sorgsame Wiederholung des Versuchs oder die Verwendung einer anderen Methode.

Der Sammlung der Dinge steht mit der Fülle der Gebrauchserfahrung im Alltag ein Schatz gegenüber – unser gesammeltes Umgangswissen in Gestalt von Gesten. Im Unsichtbaren akkumulieren sich nicht nur die gegenwärtigen Umgangserfahrungen, sondern auch die aller Zeiten, die als gestisches Potential im Typus des Objekts angelegt sind.

Nehmen wir den Schlüssel, der in sein Schloß paßt. Das Objektpaar bildet eine Konstante, die horizontal und vertikal durch nahezu alle Kulturen geht. Seine Herkunft liegt in der Idee des Hauses und seiner Abschließung. Das ist eine Grundgestalt. Bei den Hethitern ist das Paar sachkundlich nachgewiesen, bei den Babyloniern lassen Ergebnisse der Sprachforschung darauf schließen, daß Schloß und Schlüssel entwickelt waren (vgl. Mandel 1993, 9). Im alten Ägypten berührte der Priester erst den Leib, dann den Mund des Toten mit einem Schlüssel, ehe er bestattet wurde. Beim Alter des Objektpaars ist es kein Wunder, daß es mit magisch-symbolischer Bedeutung randvoll aufgefüllt ist. Der männliche Schlüssel mehr als das weibliche Schloß – es handelt sich auch um ein Stellvertreterpaar sexueller Metaphorik nicht erst seit Erfindung der Psychoanalyse (vgl. Eberspächer/Glass 1992) – zeigen an, daß Mysterien seit je verschlossen waren und das Öffnen als Wunschtraum sehr alt ist. Schlüssel und Schloß und damit die Geste des Schließens galten lange als allegorische Zeichen für die Wahrnehmung und Entdeckung oder Verwahrung aller Geheimnisse dieser Welt.

Der Schlüssel, das durch und durch männliche Ding, verkörpert die Macht des Zugangs. Im Eroberungsfall vollzog sich die Übergabe einer Stadt einst mit der unterwürfigen Geste einer Darreichung des Schlüssels im Hoffen auf Schonung. Die Hausfrau alter Zeit hatte die Schlüsselgewalt über alle Lebensmittel im Haushalt. Beim Panzerschrank unterstützen Zahlencodes den mechanischen Schlüssel. Wer das Paßwort zur Datei hat, um an verborgenen Geheimnissen teilzunehmen, verfügt über einen unsichtbaren Schlüssel, der das Sesam-öffne-Dich darstellt, aber nicht mehr verkörpert.

Trotzdem wissen wir alle noch, was ein richtiger Schlüssel ist – ein

Werkzeug, das seinen Besitzer zum Verwahrer oder Beschränker macht. Oder eben seine Besitzerin zur Verwahrerin oder Beschränkerin. Jeder kann das Schließen handhaben. Wir haben es mit einer Sache zu tun, die an die archaischen Wurzeln der Identität von Gebrauch und Ritus führt. Das banale Gegenstandspaar kommt in allen Kulturen, die etwas zu bewahren haben, als Verdichtungssymbol von Haltungen und Bedürfnissen vor; sein Typus bleibt konstant im Verwendungszweck, der kulturelle Ausdruck, der darin angelegt ist, wird von technologischen Weiterentwicklungen oder ästhetischen Überformungen kaum berührt. So ist das moderne Sicherheitsschloß lediglich eine Fortentwicklung des Instrumentariums und einer Geste aller Kulturen der Seßhaftigkeit. Die Mechanik der aufeinander abgestimmten Hohlform und Paßform ist noch in den allerneuesten elektronischen Schließmechanismen erhalten. Wenn man das auf einem Magnetstreifen codierte Plastikkärtchen in den Schlitz steckt, öffnet sich die Hotelzimmertür durch einen Freigabe-Impuls wie von Zauberhand. Das bewirkte einst der Schlüssel, dem ein Schloß gehorchte, oder ein Dietrich, der es überlisten konnte. Schlüssel und Schloß führen durch ihre Existenz im Alltag das Alter der Kultur vor Augen. In der Geste des Schließens begegnen wir einem Grundmuster alltäglichen Handelns von höchster Beständigkeit, wie mit der Geste des Trinkens unendlich viele Variationen der Form des Geräts verbunden sind, die auf irgendeine Urform des irdenen Gefäßes zurückgeht, schließlich auf die Hohlform der schöpfenden Hand. Das heißt, daß wir in den täglichen Verrichtungen mit den Gegenständen uns auch mit der Geschichte aller Erfahrungen verbinden, die es zum Gegenstandstyp und seinem Gebrauch gibt. Wie alt ein Typus ist, erfährt man gelegentlich und ist dann sehr erstaunt – wie man in Chiusi oder Volterra mit eigenen Augen sehen kann, daß die Etrusker schon richtige Sicherheitsnadeln mit Öse und Federspannung hatten.

Wo im ehrwürdigen alten Ding der Typus einer Konstante entdeckt wird, läuft der Film einer bewußten Rekonstruktion der Herkunftsgeschichte nicht nur des Gegenstandes, sondern auch der Gesten seines Gebrauchs, die sich auf ihn und einen kulturellen Hintergrund beziehen, in der Vorstellung ab. So ichbesessen und modernitätsbewußt wir sind, haben wir doch weniger individuelle und moderne Gebrauchsweisen ausgeprägt, als wir vermuten. Wir bewegen uns in einem breiten Strom der kollektiven Erfahrungsgeschichte, dessen Quelle oft irgendwo in frühen

Kulturen zu suchen ist. Wer das Glas im Kreis von Freunden hebt, ist mitten im antiken Symposion oder empfängt den Willkommenstrunk wie zu einer Zeit, die daraus ein Ritual der friedlichen Begrüßung machte.

Es sind die Gesten des Umgangs auch miteinander, nicht nur die Formen des Geräts, die einen kulturellen Entwicklungsstand abbilden und Traditionen vermitteln. Man kann feines Gerät barbarisch mißbrauchen oder grobes Gerät zivilisiert handhaben. Im glücklichen Fall vereint sich die Form des Geräts mit der im Kulturprozeß ausgeformten Geste zu einer überzeugenden Einheit: Die Hand weiß, wie sie ein edles Glas zu halten hat. Man hat das oft genug gesehen – auf alten Bildern oder im Film. Aber die Geste ist dem Ding auch als unsichtbares Bild aufgeprägt.

So erfüllt sich die Behauptung, die Menschen seien den Dingen, die Dinge den Menschen zugewandt, in der schlüssigen Form der Geste. Sie vollzieht sich spontan im Augenblick des zweckgerichteten Handelns. In diesem Moment der Geste, in dem sich unbewußt alle Erfahrung des Handhabens der Sache versammelt, oder während eines symbolischen Verharrens zwischen Vorbereitungsakt und dem ebenso ästhetisch wahrnehmbaren Akt der Erfüllung des praktischen Zwecks, vermittelt sich die Kultur des Gegenstandes und die Kultur des Umgangs mit dem Gegenstand bis zu den Ursprüngen der Vertrautheit mit der Sache zurück. Ob dieses »Wissen« uns im Ausführen der banalen Tätigkeiten des Alltagslebens so sicher macht?

Der Alltag

Der Alltag ist die Vollzugsbühne aller gelingenden oder problematischen Gegenstandsbeziehungen. Ein weites Feld? Räumliche und ökonomische Begrenzung, kulturelle Bestimmung und soziale Besonderheit verengen die individuelle Praxis des Alltags so stark, daß man darunter leiden kann. Vom Aufstehen, zur Arbeit Fahren, Einkaufen, Kochen, Fernsehen, Zubettgehen sind die Abläufe fixiert; ein Ausbrechen ist kaum möglich, so wenig wir den Dingen entkommen, die den Alltag instrumentieren.

Die Regel hat ihr Gutes, sie garantiert ein Gleichmaß der Lebensführung, die Stabilität der Gewohnheit und schützt vor plötzlicher Verwirrung. So kann man sich im privaten Alltag keinen Kehraus im Sinne einer radikalen Modernisierung vorstellen. Hier geht alles seinen gemächlichen Gang. Obwohl Neues einsickert, bleibt das Alltägliche konservativ – ein übersichtliches Handlungsfeld voller Erfahrungsbestände, Rituale unbestimmten Alters und vorsichtiger Annäherungen an das zunächst Ungewohnte, auch ein mit Dingen vollgestopfter, überfüllter Raum, der viel Unbrauchbares, Ungenutztes und die wirklich wichtigen Sachen enthält.

Das Neue dringt in die verschiedenen Auslegungen des Alltags unterschiedlich tief ein. Game Boy und anderes elektronisches Spielzeug haben das Kinderzimmer erobert, während der PC im Zuge der technischen Aufrüstung der Erwachsenenwelt noch immer wie ein futuristisches Objekt im unverändert altmodischen Interieur steht, obwohl Homebanking, Teleshopping und dezentralisierte Computerarbeit den Einbruch der Rationalisierung in die private Idylle anzeigen. Der gesellschaftliche Modernisierungsdruck nimmt zu, ohne daß der private Alltagsaufbau aus Gewohnheit und Unbeweglichkeit auf einen Schlag zusammenstürzen könnte. Er findet immer noch in einer archaischen Höhle statt, in einem Museum der Dinge und Rituale. Was zwischen Menschen und Dingen geschieht, vollzieht sich vor allem in dieser Sphäre kollektiver Individualität.

Darin hält sich ein eigenartiger Widerstand gegen jeden Außendruck. Selbst Diktaturen haben es schwer, ihr Regime auf die Kontrolle privater Innenwelten auszudehnen. In der ehemaligen DDR gab es starke Privatisierungstendenzen, unterstützt durch eine Schattenwirtschaft der Gebrauchswertbeschaffung, die Eigentum ermöglichte. Auch Überflüssiges in Form von Kunsthandwerk war im realsozialistischen Biedermeier sehr beliebt. Alle Dinge hatten ihren durch die gesellschaftlichen Verhältnisse gesteigerten Wert. Verdeckt durch die Vielfalt der Lebensstile und die Warenfülle gab und gibt es diese Privatisierungstendenz auch im Westen – ein Bollwerk gegen die Zumutungen des Wandels in der Arbeitswelt und der gesellschaftlichen Öffentlichkeit.

Das Festhalten am Gewohnten bedeutet nicht, daß man sich nichts Neues gönnt. Doch ist es dann meist wieder das Alte: die Sitzgarnitur, nach altem Muster gruppiert, der Fernsehapparat mit dem Kästchen zum Zappen und dem Großbildformat am gleichen Ort wie der alte, ergänzt durch einen Videorecorder. Ein schnurloses Telefon wäre schon das Äußerste. Übungsbühne für avantgardistische Lebens-Kunststücke ist das Wohnzimmer nicht, die gesellschaftliche Umstrukturierung erzeugt innen nur ein schwaches Echo. Dennoch sind die privaten Haushalte Indikatoren der kulturellen Entwicklung, wenn auch mit deutlichem Rückstand. Unsere Alltagsorganisation hat mit Verzögerung bis heute jede technische Innovation integriert – von der Kerze über die Petroleumlampe, das Gaslicht bis zu den Energiesparbirnen. Jeder durchschnittliche Haushalt könnte zum Museum des gegenwärtigen Alltags werden. Man stelle sich das vor: Verlassen von allen Bewohnern würde eines der Walmdach-Schlößchen aus dem Fertigbau-Katalog oder ein größeres Modell gleicher Bauart aus der Hand jener Architekten, die Dorf- und Stadtränder uniformieren, im momentanen Zustand des Gebrauchs als Beispiel für kommende Generationen eingemottet. Man würde später als erstes feststellen, daß der Besitz an Sachen mehr Stell- und Unterbringungsfläche benötigt hat, als den Bewohnern des Hauses zum Leben zur Verfügung stand. Nach wie vor sind alle Räume, in denen Bewegung stattfinden soll, die engsten und kleinsten. Das Extra-Haus für die beiden Autos, die Garage, ist in der Regel größer als das Kinderzimmer. Die Küche ist zu klein und der unvermeidliche Fitness-Raum mit Foltergestellen zur Energievernichtung vollgestellt, in denen man wie die Maus in der Trommel auf der Stelle treten muß.

Im Hause scheinen die zahlreichen Dinge nach einem idealtypischen Muster ringförmig um ihren Besitzer geordnet – manche zeigen das an, indem sie an den Wänden stehen; andere bleiben in einem Raum der unsichtbaren Nähe oder Ferne um die Personen gruppiert, so daß ihre Position durch psychoarchäologische Analysen bestimmt werden muß. Dingferne und Dingnähe sind vor allem unsichtbaren Ordnungsmustern unterworfen. Bleiben wir daher beim visuellen Eindruck: Es gibt Stockwerk-Schichten des gegenständlichen Besitzes, die nach ihrer Zweckbestimmung Kategorien bilden. Da gibt es im Keller die Dinge für die Hobby-, Fitness- und Gartenkultur, im Parterre solche für die Wohn-, Koch- und Eßkultur, im Obergeschoß alles, was zur Körper-, Schlaf- und Bekleidungskultur gehört, auf dem Dachboden sind die vergessenen Dinge und die Ski-Ausrüstung abgestellt. Manche Häuser haben eine Kellerbar, die anzeigt, wie ungemütlich die Geselligkeit im Wohnzimmer ist, oder einen Extra-Raum für die elektrische Eisenbahn oder eine Bastelwerkstatt.

Egal wie groß Haus oder Besitzstand sind, es sind in jedem Fall alle Räume und Gegenstände der kollektiven Erfahrung und der persönlichen Gebrauchsgeschichte versammelt. Sie organisiert sich auf der Zeitachse eines nur langsam veränderten Bestandes an Räumen und Dingen. Aber es ist den wenigsten Gebrauchern bewußt, daß sie ihre eigene Geschichte mit den Dingen im Rahmen einer allgemeinen Produktgeschichte leben. Die Überraschung ist groß, wenn sie überhaupt zur Kenntnis nehmen, was ihnen gehört: Anläßlich einer Studie wurde ein fotografischer Inventarisierungsversuch bei einigen Ehepaaren mittleren Alters unternommen (vgl. Selle/Boehe 1986). Auch Küchenschubladen und Kleiderschränke öffneten sich der Kamera, so daß aller Kleinbesitz an den Tag kam. Als die Leute das Album mit den Fotos in die Hand bekamen, fielen sie fast vom Stuhl: »Was, das alles sind unsere Sachen?« Wir hatten die Mühen der Totalinventur nicht gescheut, um Anhaltspunkte für Gespräche über die Position naher und ferner Dinge in den Gebraucherbiographien zu gewinnen. Das Material spiegelte aber auch den Durchschnitt der Habe an Kulturgütern: Das etwa besaßen Angehörige der Mittelschichten zu diesem Zeitpunkt. Damit lebten sie ihr eigenes, zugleich gesellschaftlich bestimmtes, gegenstandsorientiertes Leben. Man könnte die Studie heute wiederholen, um festzustellen, ob sich etwas verändert hat. Ein Eindruck würde vermutlich bleiben: Es gibt eine Reihe auffälliger Kategorien. Zum Beispiel Unmengen Schrott, Abgelegtes, nie Benutztes (mit einigen Einsprengseln des persönlich noch Wertvollen). Eine zweite Kategorie bildet das Geschonte, für unersetzlich Gehaltene – Kunstgegenstände, Antiquitäten, teure Möbelstücke. Eine dritte Kategorie besteht aus dem Alltäglichsten. Es ist das blind gebrauchte Lebenswerkzeug im Ablauf der Tage – die Teekanne, der Schuhlöffel, die Spülbürste, die Briefwaage, der Hausschlüssel, das Telefon, der Kochtopf usw.

Schwierig zu entscheiden, was nun wichtiger ist – der versteckte Sondermüll erinnerter Bezüge, das teuer Erworbene oder das Selbstverständliche. Wer das Ensemble als Sammlung betrachtet, muß vereinfachen: Die unsichtbaren Werte des Persönlichen bleiben ihm verschlossen. Das Wertvolle sieht er wie in einer Ausstellung präsentiert. Das Banale zeigt sich in seiner neutralen Zweckhaftigkeit. Die aber hat es in sich. Denn alles bewußtlos Gebrauchte gebraucht uns zu einem höheren Zweck. Die Antwort der stummen Objekte auf das Verlangen, sich ihrer zu bedienen, besteht nicht allein im Gewährenlassen. Darüber hinaus wird die Gewohnheit bestätigt, das Ritual durch Wiederholung erneuert und die Form der Geste übend nachgeschliffen.

Jede Hantierung mit einer Sache hinterläßt ihre feine Spur im Körpergedächtnis und bekräftigt das Vertrauen zum Ding. Wir wissen genau, wie sich die eigene Haustür aufschließt – jedes Hakeln des Schlosses macht mißtrauisch: Hat es da jemand mit Gewalt versucht? Die Kanne, nach der wir im Regal greifen, schmiegt sich in die Hand, die den oft wiederholten Griff am Körper des Gegenstandes rasch, aber präzise reproduziert. Man kann dem sinnlichen Gegebenen trauen, auch dem Abstrakten. Beim Knipsen und Schalten erwarten wir eine bestimmte Wirkung, die wir mit den Sinnen kontrollieren. Wir hören, ob der Mixer arbeitet, sehen, ob das Licht angegangen ist, prüfen die Erwärmung der Kochplatte kurz mit dem Finger.

Sind wir eben noch der alten Kultur des Hand-Werkzeugs verpflichtet gewesen, treten wir im nächsten Moment in den Raum der mechanischen Hilfen ein. Wir verjüngen uns gleichsam mit den Dingen. Denn sie sind unbemerkt als Erzieher im Sinne ihrer Herkunft am Werk.

Die Küche ist ein solcher Ort der Mischung historischer Kulturen, eine Schule des bewußtlosen Bewußtseins. Archaische Verrichtungen, Maschinenarbeit, Automatisierung vollziehen sich parallel auf kleinstem Raum. Während die Kräuter mit dem Wiegemesser feingehackt werden, wird die Soße vom Elektroquirl traktiert und kommt das Tiefkühl-Fertigmenue in der Mikrowelle von selbst auf den Garpunkt. Alles Gewohnheit. Daß die Dinge etwas festhalten oder befördern, daß sie kulturelle Trainingsinstrumente sind, die Vergangenheit und Zukunft in der Gegenwart des Handhabens verbinden, daß sie beharrlich auf einen Status kultureller Teilhabe verpflichten, fällt gar nicht auf – es ist ja normal. Dennoch sorgen sie dafür, daß wir kulturell Bedingte bleiben. Sie tun es nachhaltig als diskrete Pädagogen. Insofern ist der Ort des Unauffälligen, der Alltag, wichtigster Lernort des Lebens – lebenslang.

Er ist auch sein eigenes Museum, gewinnen die Dinge darin doch von selbst eine unser Bewußtsein der Historizität berührende Funktion. In jedem Haushalt existieren Sachen unterschiedlichen Alters, die im doppelten Sinne eine Sammlung bilden, eine, die als verallgemeinerbare mit dem richtigen Museum konkurriert, und eine, in der sich ganz private Bindungsgeschichten verkörpert haben, die also das Persönliche der Vergangenheit enthält. Die eine Sammlung repräsentiert Kulturgeschichte, die andere spiegelt Ich-Geschichte. Beiden bewußt oder unbewußt täglich zu begegnen bedeutet, daß wir uns andauernd in einem Erinnerungs- und Lernraum bewegen, den wir uns mehr oder weniger selber eingerichtet haben.

3
Sinnkontext im Ding
Individuelles, Sozialität, Kultur

Es gibt Dinge, die wir als nahe Verwandte bezeichnen könnten, weil sie im alltäglichen Umgang mit uns persönlich verwachsen sind. Gleichzeitig werden wir durch sie in eine Sozialgeschichte des Gebrauchs eingebunden und stellen sie uns an den kulturellen Platz, den wir in der Geschichtsgegenwart, diese wie uns selbst verwirklichend, auszufüllen haben. Grundthese ist, daß individuelle, soziale und kulturelle Gegenstands-Gebrauchsgeschichten sich durchdringen und der einzelne mit seiner Erfahrungsbiographie Schnittpunkt aller drei Erfahrungslinien ist – daß also persönliche Gegenstandsbeziehung, sozial differenzierende Umgangsweise und kulturelle Gewohnheit oder Ritual zusammenfallen. Daraus ergibt sich ein komplexer Begriff der Aneignung, der bezeichnet, was mit uns im scheinbar zufälligen Akt des Gebrauchs irgendwelcher Dinge tatsächlich in einem kulturgeschichtlichen, soziologischen und psychologischen Sinne geschieht – was am Gegenstandsgebrauch individuell bestimmbar ist und was uns schicksalhaft widerfährt. Man sitzt in privaten Beziehungskisten mit Dingen fest, man folgt strengen Vorschriften sozialer Zugehörigkeit und ist zum Vollzug kultureller Normen und ihres Wechsels verdammt. Merkwürdigerweise hindert das nicht, sich unter den eigenen Dingen wohl zu fühlen.

Die Kelle des Maurers

Aus einer Zeit, in der ich gezwungen war, mein Geld als Hilfsarbeiter auf dem Bau zu verdienen, erinnere ich, daß es manchmal aus scheinbar nichtigem Anlaß Streit gab. Kaum hatte einer aus Versehen morgens oder nach der Pause das Werkzeug des anderen gegriffen – eine Schaufel, eine Kelle –, flogen grobe Worte, sogar Fäuste. Der Grund wurde mir einsichtig, als ich begriff, was das bedeutet: eigenes Werkzeug. Ein Maurer braucht seine Kelle und keine andere. Die Handhabung eines Werkzeugs vom gleichen Typ und verwechselbarer, ja identischer Form ist keineswegs gleich. Von den unbewußten, emotionalen Besetzungen eines in der eigenen Hand im langen Gebrauch bewährten Instruments abgesehen, gibt es physische Merkmale des Unterschieds, die zu respektieren sind: der Schluß der Faust um den glattgearbeiteten Griff der Kelle, die unverwechselbare Kerbe am Holz, der harte Zementrest der Kröpfung. Und da ist der eigenartige Kantenschliff des Metalls, in unzähligen individuellen Gesten der Glättung von Mörtelschichten entstanden. Das Gewicht des schweren, feuchten Materials, das an die richtige Stelle geklatscht sein will, fordert ein fein austariertes Werkzeug, das zu einer einzigen zielsicheren Schleuderkippung aus dem Handgelenk taugt. Mit einer anderen Kelle – das ist, wie wenn Tenniscracks mitten im Match ihre Schläger tauschen müßten. Ein Maurer weiß sofort, ob er eigenes oder fremdes Werkzeug in der Hand hat.

Als Bastler bevorzugen wir den einen Hammer, liegt uns die eine Zange besser in der Hand als die andere. Die Batterie der Töpfe im Schrank hat keine Chance, von Koch oder Köchin gleichmäßig genutzt zu werden – nicht nur, weil es selteneres Kochgut und eben selten benutzte Spezialtöpfe gibt, sondern weil im Stapel bevorzugte und vernachlässigte Kochtöpfe stehen. Unter den Dingen des täglichen Gebrauchs gibt es Lieblinge und Parias, angesehene, durch häufigen Gebrauch Geadelte und Verschmähte. Da liegt der neue Kartoffelschäler obenauf, aber wir kramen nach dem alten Küchenmesser mit dünngewetzter Klinge und rissigem Holzgriff.

Das Verwachsensein einer Person mit meist unauffälligen kleinen Beständen ihres Besitztums ist ein auffälliger Befund. Daß da irrationale Motive ihr Machtwort sprechen, führt zu keiner befriedigenden Erklärung. Verstehen kann man das enge Verhältnis nur, wenn man genau hinsieht – wie beim Maurer mit seiner Kelle.

Wie beim Arbeitswerkzeug kann täglicher Gebrauch (auch die unbewußte Spielerei mit einem Ding) eine Beziehung stiften, die das Objekt vor anderen auszeichnet. Wir fühlen uns den häufig in die Hand genommenen Werkzeug- oder Spielzeugformen durch Vertrauen und Kenntnis verbunden. So entstehen aus Objekt-Typen Ding-Individualitäten. Der persönliche Gebrauch individualisiert das Ding, haucht ihm eine Seele ein wie in einem Animationsritus.

Jedes Gerät, das in diese Position vorrückt, spiegelt ein Stück persönliche Arbeitsgeschichte, so wie jedes oft gebrauchte Spielzeug eine Biographie des Spielens, der zweckfreien sinnlichen Annäherung verbürgt. Das Leben vergegenständlicht sich im Ding. Irgendwann merken wir das einer Sache an, fortan brauchen wir sie und halten sie in unserer Nähe. Die Abnutzung wird zur Patina persönlicher Geschichte am Ding, wir schwanken zwischen Schonung und sorglosem, weil selbstverständlichem Gebrauch. Man möchte, daß das Ding nie »alle« wird – eine Übertragungsleistung des eigenen Unsterblichkeitswunsches auf das geliebte Objekt. Spätestens dann wissen wir, wie sehr wir daran hängen. So kann man um Dinge trauern wie um befreundete Wesen. Fast immer wird der Verlust schmerzlich empfunden, weil es angeblich gerade für dieses alte Taschenmesser mit »echtem« Perlmuttheft keinen Ersatz gibt, oder weil man niemals mehr so leichtflüssig-schwungvoll wird schreiben können wie mit jenem verlorenen Füller. Also sind – mindestens eingebildete – Produktindividualitäten abhanden gekommen. Es handelt sich in der Regel um Begleitobjekte in Körpernähe oder um Dinge in räumlicher Nachbarschaft. In Situationen der Gefährdung sorgen wir uns um sie, wie um die Brille, die verwahrt sein will, weshalb wir sie dann nicht finden, wenn sie gebraucht wird, weil sie auf der Nase sitzt. Aber weshalb kommt jemand im Zeitalter der Massenproduktion des Identischen auf die abartige Idee, eine gewöhnliche Sache für nicht ersetzbar zu halten?

Doch nur, weil wir die Dinge selbst als geschichtliche Individuen interpretieren, als Gefährten. Sie tragen die Narben der Vernutzung wie die menschliche Haut jene der Zeit. Sie werden repariert, geflickt, geklebt, und sind sie endlich ganz kaputt, fristen sie ihr Überleben im Bastelkeller. Weggeworfen wird nur Brauchbares, fast Neues. Das unbrauchbar Gewordene behält man aus Anhänglichkeit. In der Schublade überdauern drei alte Armbanduhren mit blinden Gläsern, abgebrochenen Zeigern, zerkratzten Kronen. Die beiden mechanischen Uhren gehen immer noch, wenn ich sie aufziehe. Die erste war die Uhr zur Konfirmation, von der Schweizer Großmutter mitgebracht, als es bei uns nichts gab. Die zweite habe ich als Lehrer getragen. Die dritte, auch eine billige, bezeugt meinen Eintritt in das Quarzuhrzeitalter. Da war ich Hochschullehrer. So habe ich für jeden Lebensabschnitt eine Uhren-Ruine in der Reserve. Die neue teure Jensen-Uhr, ein pures Form-Versprechen, muß sich noch bewähren. Ich trage sie mit dem Vorbehalt des Tausches gegen eine meiner alten. Wie ein Paar Schuhe will ein Ding eingebraucht werden, eingetragen in das Erfahrungsbuch täglich wiederholter Lebensgesten, in die Biographie des Gebrauchs.

Mit gewissen Dingen pflegen wir eine Komplizenschaft oder gar eine geheime, etwas lächerlich wirkende Liebesbeziehung. Um darüber bei sich oder anderen etwas herauszubekommen, kann man in die Rolle des Detektivs schlüpfen und mit sich oder mit anderen das »Katastrophenspiel« anzetteln: Jemand wird aufgefordert, spontan zu entscheiden, welche zwei oder drei Objekte er retten würde, müßte er die eigene Wohnung unverzüglich binnen einer Minute auf immer verlassen.

Da greift einer sein Tagebuch, ein Fotoalbum, ein Fußbänkchen, die alte Handtasche, ein Bild usw. Nicht etwa in Panik (die Situation ist ja fiktiv) werden bei solchen Experimenten keine lebenswichtigen Güter mitgenommen, sondern meist aus unerfindlichen Gründen das in praktischer Sicht Unbrauchbare. Geld, Ausweispapiere, Dokumente spielen kaum eine Rolle. Offenbar sind sie ersetzbar, nur der persönliche Gegenstand ist es nicht, in dem sich ein Potential an inneren Werten versammelt, das für Außenstehende nicht erkennbar ist. Das Experiment muß daher weitergehen: Die Beteiligten sind aufgefordert, die Geschichte des Gegenstandes zu erzählen, genauer, sie müssen wie Archäologen verborgene Ereignisse und Beziehungen aus ihrer Lebensgeschichte ausgraben, um an die Quellen der Wertschätzung für das objektiv meist wertlose Ding zu gelangen (vgl. Selle/Boehe 1986).

Da entpuppt sich etwa das Fußbänkchen als Erinnerungsstück für eine im Leben bestandene Prüfung: Der strenge Großvater hatte den Enkel das erste Mal überhaupt für etwas gelobt, als der das in aller Mühe exakt verarbeitete Probestück aus der Lehrwerkstatt mit nach Hause brachte. Dem Enkel war das ein Lob fürs Leben. Materialisiert steht es noch heute unbenutzt in der Wohnung, vielleicht als das wichtigste Erinnerungsstück, das zugleich an den Menschen bindet, von dem das Lob kam.

Dinge können im persönlichen Bereich solche Stellvertreterschaft übernehmen; als Liebesobjekte des Anstatt werden sie zu Reliquien, was jedoch nur für ihren Eigentümer gilt, der das Geheimnis kennt. In der Regel steht die Weite der in diesen kleinen Bindungsobjekten verkörperten Seelenräume im umgekehrten Verhältnis zu ihrer Ansehnlichkeit, ihrem objektiven Sachwert und ihrer praktischen Verwendungsfähigkeit. Sie kann gegen Null schrumpfen, was der persönlichen Bedeutungsfülle, die das Ding verkörpert, keinen Abbruch tut. Manchmal hängen ganze Lebensgeschichten an so einem unscheinbaren Ding, und die Leute geraten ins Erzählen, wenn man sie dazu ermutigt.

Für die Erzählung (Biographie ist immer eine »Erzählung«, ein Konstrukt der eigenen Erinnerung und Lebensdeutung) erweisen sich die Objektbestände im persönlichen Besitz als willkommener Anreiz. Dabei tritt die unterschiedliche individuelle Bedeutungsschwere der Sachen ins Bewußtsein und wird eine Parallele zum allgemeinen kulturellen Bestand sichtbar. Es gibt ja Objekte mit besonderem Beziehungs- oder Erinnerungsreiz für das kollektive Bewußtsein wie den VW-Käfer, so wie es im Raum der Sozialgeschichte bestimmte Gegenstandstypen gibt, die sofort ein Zugehörigkeits- oder Fremdheitsgefühl auslösen können, je nach Herkunft des Betrachters, zum Beispiel eine Schrankwand.

Im eigenen Haushalt der unveröffentlichten Privatgefühle aber spielen vor allem die kleinen, unauffälligen Dinge, die in der Masse unterzugehen drohen, eine entscheidende Sonderrolle. Die Handtasche aus dem Katastrophenspiel erweist sich als geliebtes Schmuseding, weil sie von ihrer Besitzerin als unter der Hand plastisch formbar, körpernah, weich, anschmiegsam und samt ihrem Inhalt an persönlichen Utensilien (Lippenstift, Spiegel, Schlüssel etc.) als das intimste, vertrauteste Objekt überhaupt bezeichnet wird, das ihr gehört. Sie spricht davon wie von einem treu begleitenden Lebewesen und gibt sie nicht aus der Hand. So steht diese Tasche für ein Objekt der Selbstvergegenwärtigung der Person. Die Fingerabdrücke auf der Lederhaut sind in der Zeit des Gebrauchs dem Ding aufgeprägte Identitätsausweise und Markierungen handwarmen Eigentums.

Beide Beispiele, das Fußbänkchen und die Tasche, zeigen bei verschiedenartig intimer Funktion das tiefe Eindringen banaler Gegenstände in den Haushalt individueller Psychobiographien. Es sind singuläre, aus der Masse herausgehobene, auf denkbar intensive Weise angeeignete Objekte. Aber sie sind eben doch noch viel mehr.

Denn auch das persönlichste und scheinbar einzigartige Objekt kommt aus dem gesellschaftlichen und kulturellen Raum in unsere Hand. Es ist aus einem von Menschen gewonnenen Material unter Einsatz von Arbeit hergestellt. Es entstammt einer Gemeinschaft von Produkten, die zu einer bestimmten Zeit in einer bestimmten Gesellschaft soziale Verbindlichkeiten bezeichnen, und es ist einem kulturellen Standard allgemeiner Güterproduktion verpflichtet.

Der »Durchgang des Sozialen durch das Individuelle« (Beck 1995) wird ebenso wie der Durchgang des Kulturellen durch das Soziale *und* das Individuelle, unter anderem von den Dingen in unserer Hand befördert. Im Gebrauch des Einzelnen laufen die Fäden zusammen, auch wenn er es nicht merkt und glaubt, zwischen ihm und dem geliebten Objekt herrsche nur eine intime Privatbeziehung. Dem Ding sind die sozialen und kulturellen Insignien eintätowiert. Es gibt keinen produzierten Gegenstand außerhalb sozialer und kultureller Kontexte. Das Fußbänkchen stammt aus kleinbürgerlichem Milieu und entspricht im Typus einer Sozialgeschichte des Wohnens so gut wie einer älteren Kulturgeschichte der Häuslichkeit und der handwerklichen Produktion, die noch in unsere Zeit hineinragt. Die Handtasche aus der Lederindustrie ist ein modisches Massenprodukt, am Ende seiner Laufbahn nur durch den persönlichen Wert vor der Mülltonne gerettet. Es entstammt dem Kreislauf von Produktion und raschem Verschleiß im fortgeschrittenen Industriezeitalter. Seine inzwischen schäbig gewordene, veraltete Eleganz bezeichnet eine Klasse von Gebraucherinnen, die es sich leisten können, so ausgestattet herumzulaufen: Die Besitzerin ist Zahnärztin und weiß sich der betonten Nachlässigkeit als Erkennungszeichen ihrer ökonomischen und geschmacklichen Unabhängigkeit zu bedienen.

So wird kein Ding jemals seinen durch die gesellschaftliche und kulturelle Dynamik geformten Charakter los, auch wenn wir es als das ureigenste und persönlichste betrachten. Aber das Ich als psychohistorisch begründeter Eigenbau, diese fragile Selbstkonstruktion des Individuums auf der Basis von genetisch-biologischem, kulturellem, sozialem und biographisch-schicksalhaftem Material im Zustand seiner Halbbewußtheit zwischen dem Dunkel eines Anfangs und der Angst vor dem Ende – es braucht die Dinge wie einen Beistand von Anverwandten oder historischen Zeugen des einen, unverwechselbaren Lebens. »Wenn ich meine Mütze aufsetze, bin ich, denkt Meßmer.« (Walser 1984)

Der Bestand der Dinge um uns herum scheint den eigenen Bestand, die momentane, immer gefährdete, eingebildete Subjekt-Identität, das Bewußtsein einmal und nur so auf der Welt zu sein, zu garantieren. Nichts ist beständiger, nichts gefährdeter als die Vorstellung vom unverwechselbaren Ich, das sein »eigenes Leben« führt, obwohl es doch von einem sozial und kulturell bestimmten Leben allgemeiner Natur gelebt wird (vgl. Beck 1994), es »eigenes Leben« im objektiven Sinne nicht gibt. Aber das ist der Blick, mit dem die Gegenstände in ihrer unmittelbaren Bedeutung gemessen, persönlich angeeignet und in die Biographie oder die Fiktion vom eigenen Leben integriert werden, um eben diese lebenswichtige Illusion aufrechtzuerhalten.

Das ist der »Mist«, von dem Walser sagt, es werde selbst Fachleuten schwerfallen, ihn zu deuten. Das kann in diesem Fall immer nur der je einzelne, der sein Ding bedeutend gemacht hat. Das gilt für den Maurer mit seiner Kelle. Das gilt für die verwechselbaren Wohnungen, Ich-Museen des gelebten Lebens voller Kram, wertvoll nur für ihre Inhaber, für andere wertlos. Und das gilt für einzelnes Zeug in unserer Hand

Vermutlich bedarf es in unserer Kultur einer Anzahl von Dingen, die das Ich wie Spiegelobjekte umgeben oder es in seiner Vorstellung und in seinem Befinden wie Planeten umkreisen. So gibt es Sacheigentum jenseits jeder juristischen Definition: Da steht der »eigene« Sessel, in den sich kein anderer setzen soll. Da gibt es die Tasse, aus der kein zweiter zu trinken bekommt. Da ist der Dutzend-Kugelschreiber, der in der eigenen Hand bleiben soll usw.

Darüber hinaus zielt eine Kategorie der Bindungsobjekte in seelische

Tiefendimensionen – die mit biographischer Bedeutungsmasse aufgeladenen Objekte. Zu Andenken-Altären aufgestellt oder inmitten anderer Banalitäten wie zur Tarnung verteilt, stecken sie den Erlebnisinnenraum des Subjekts als Topographie der latenten »Erzählung« ab. Es sind die echten Reliquien des profanen Lebens, die das Ich sich schafft, indem es sich an die Dinge wie an Beständigkeitsgaranten bindet, um sich seiner Unverwechselbarkeit im kulturellen Wandel der Lebensformen zu versichern.

Ob das auch mit technischen Objekten gelingt, die wir heute brauchen, um das moderne Leben zu bestehen? Eine Maurerkelle, ein Möbel könnte man sich ja als Erinnerungsstück an die Arbeitswelt oder als Bindungsobjekt an Personen vorstellen, aber die Bestandteile der neuen Apparatewelt? Weshalb sollte man sich nicht »seinem« PC und den verborgenen Schluchten der Festplatte so vertrauensvoll nähern wie einem in die Hand genommenen Instrument von einst?

Die Beobachtung lehrt, daß der eifersüchtig gehütete, von einer individuellen Chaostheorie oder Ordnungsliebe unverwechselbar gestaltete Schreibtisch zwar in den meisten Fällen vom PC als Installation im Arbeitsraum abgelöst worden ist. Doch das Merkmal der individuellen Strukturierung scheint nur auf die Ebene der Unsichtbarkeit verlagert, so daß das Ich sich nun statt in Papieren in persönlichen Datenstapeln, durchsetzt mit Spielchen und Pornos, widerspiegeln kann. Das sieht ganz nach dem alten Schreibtisch aus; sein Muster wird nur in die neue Technologie übersetzt. Vielleicht wird das beliebte Schreibtischfoto mit Frau, Kindern und Hund im Speicher bereitgehalten, um zu Beginn des Arbeitstages auf dem Bildschirm zu erscheinen. Dann wäre auch das alte Fenster zur Familie hin wieder geöffnet. Das neue technische Ding erweist sich durch den Gestus des persönlichen Gebrauchs jedenfalls als angeeignet. Das Subjekt steht im intensiven Austausch mit dem elektronischen Gerät und der verborgenen Welt seiner Daten und Programme. Versonnenen Blicks wartet der Benutzer des »persönlichen« Computers auf das Erscheinen der Zeichen aus den Abgründen des Speichers, während die Hände in entspannter Bereitschaftshaltung mitwarten oder ein Finger ab und zu eine Taste zart berührt, um den Apparat an etwas zu erinnern, eine Funktion zu animieren. Die Indizien der Verwachsenheit von Mensch und neuem Ding könnten nicht deutlicher sein. Das Büro ist auf eine durch Haltung, Gestik und Atmosphäre sich vermittelnde Eremitage, auf eine

Zelle geschrumpft, zumal sich um den am PC Tätigen ein unsichtbarer Respektraum bildet. Man möchte ihn bei seinem einsamen, geheimnisvollen Tun nicht stören.

Selbst im Großraumbüro umzirkelt ein unsichtbarer Raum der Stille den mit sich selber und dem Computer Beschäftigten. Der Klausner hat nun nicht mehr die heiligen Schriften auf dem Lesepult, sondern profane Informationen über das Diesseits auf dem Bildschirm. Egal vor welchem System da gebrütet wird, es entsteht eine atmosphärische Verdichtung im Raum, um den Menschen und sein neues Ding. Dessen verborgenes Innenleben genießt gesetzlichen Schutz wie jedes Privateigentum. Nur Hacker brechen gelegentlich in die Daten-Idylle ein oder das Virus – was nichts anderes bedeutet, als daß der entmaterialisierten Sache als Sammlung persönlicher oder firmeneigener Geheimnisse ebensolche Fürsorge zuteil wird wie einst dem eigenen Handwerkszeug. Wir übertragen das Bild der Unversehrtheit des Eigentums und der Immunität eigener Gedanken auf das Werkzeug der Informationsgesellschaft, das sich äußerlich als austauschbare black box einer konstruierten Identität erweist, mit einem Fenster zur Welt der Daten, auf das wir gebannt starren, als hinge das Leben von dort versammelten magischen Kräften ab.

So hat das Wort Computer-Animation einen seltsamen Nebenklang. Animation als schamanistische Belebung einer toten Sache steht plötzlich wieder zur Debatte. Daß da ein Liebeszauber im Spiel ist und eine Bindungsgeschichte des Nutzers an »seinen« PC sich abzeichnet, steht außer Zweifel. Nur sind aus Dingen abstrakte Daten geworden. Umsorgt wird ja nicht die Hülle, die Hardware. Verborgen, intim, behütet bleiben soll nur, was darin ist, das latente Potential an Persönlichkeit, deren Profil darin gespeichert erscheint.

So läßt sich vielleicht eine noch ungesicherte These formulieren: Der Modernisierungsprozeß mit seinen derart neuen Dingen wie dem Auto und dem PC verhindert nicht die Aufnahme oder Reanimation von Beziehungen zu Sachen. Es scheint keine Rolle zu spielen, welcher technologischen Generation ein Ding angehört. Autos tragen Kosenamen, der Computer wird von manchen Nutzern wie eine Person behandelt. Schließlich kann er sprechen.

Die Tätigkeit am Bildschirm schaut wie ein selbstversunkenes Liebesspiel aus, das jemand nächtelang in Interaktion mit einem Programm oder einem virtuellen Partner oder sich selbst treiben kann. Die handfesten Dinge werden dabei eine Weile vergessen, bis man sich auf sie besinnt, weil etwas fehlt. Zum Beispiel, wenn eine Büroklammer zum Spielen zwischen Daumen und Zeigefinger genommen wird. Dann hält man sich wieder im Raum des Materiellen auf und reanimiert eine alte Intimbeziehung, die über das Persönliche schon hinausgeht.

Buffet und Schrankwand

Ob wir etwas mögen oder ablehnen, lieben oder verachten, ist nicht nur eine Entscheidung aus individuellem Antrieb, verbunden mit einer persönlichen Geschichte der Erfahrung, sondern vor allem das Ergebnis einer sozialen und ästhetischen Lerngeschichte. Wenn Dinge in der Konstruktion der eigenen Kindheitserinnerung klar hervortreten, mag der Gegenstand noch so tief in die Geschichte der persönlichen Objektbeziehungen reichen, er ist doch immer auch in einem soziokulturellen Hintergrund verankert und spiegelt dessen Farbe der Gegenstandsbewertung unablässig in die Erzählung hinein. Auch die spätere Biographie kann sich von der dreifachen Belegung der Dingerfahrung mit individueller, sozialer und kultureller Bedeutung nicht befreien.

Das führt zu komplizierten Überlagerungen; jedes Leben geht ja unter sich verändernden sozialen und kulturellen Bedingungen weiter. Die Lerngeschichte des Subjekts ist mit der Kindheit nicht zu Ende, es treten neue Ausdrucksverbindlichkeiten hinzu, die sich über die alten schieben usw. So kann das Bild des Elternhauses positiv oder negativ besetzt sein, vergessen, verdrängt oder wieder hervorgeholt werden, je nach aktueller Lebenssituation und sozialer Lage. Es kann zu einer ambivalenten Haltung kommen – einerseits mag das erinnerte Ambiente einen Ort der sozialen Wärme bezeichnen, andererseits kann die Enge aus der Sicht einer späteren Orientierung als unerträglich oder peinlich empfunden werden. Dann waren andere (Zwischen-)Sozialisationsinstanzen am Werk und haben Ritual, Habitus und Geschmack verändert. Nicht jeder tut, was seiner augenblicklichen Positionierung im soziologisch bestimmten Feld genau entspräche. Die ästhetischen Vorlieben sind ja doppelt verankert und nicht voll berechenbar – sie entspringen der Psychobiographie *und* der Sozialbiographie des Subjekts. Da wird die kleinbürgerliche Herkunft als »warm« erinnert und zugleich für den aktuellen Lebensstil abgelehnt, was dazu führen kann, daß es im Hause keine Wohnküche gibt. Aber es gibt einen Raum zwischen Küche und Wohnzimmer, der eindeutig kein Speisezimmer, sondern eine verdeckte Wohnküche ist. Dort kommt die Familie täglich nach fast dem gleichen Ritual zusammen wie einst in der Elterngeneration alle in der Küche zusammenhockten. Auch das gegenständliche Ambiente ist rekonstruiert: Tisch, Stühle, Hängelampe; der Blick ist durch die offene Küchentür auf den Herd gerichtet (vgl. Selle/Boehe 1986, 142 ff.).

Walter Benjamin (1983, 124) spricht in seiner »Berliner Kindheit« ausführlich vom Buffet der Eltern und beschreibt das in seiner Massigkeit bis zur Decke des Speisezimmers aufragende Stück liebevoll. Das Monstrum muß die Neugier des Kindes vor allem bei der Vorbereitung von Geselligkeiten geweckt haben, wenn Türen und Schubladen offenstanden, so daß der Blick ins Innere der Zimmerburg auf das im Halbdunkel blitzende Silber fiel.

Benjamin entwirft ein scheinbar rein persönliches Erinnerungsbild. Seine biographische Erzählung führt aber gerade mit diesem Bild in ein ästhetisches Zentrum bürgerlicher Sozialgeschichte am Ende des 19. Jahrhunderts. Solche Möbelstücke hatte »man«, es ging nicht ohne sie, weil sie ein Ritual verbürgten, in dem sich das Klassenbewußtsein ästhetisch-praktisch reproduzieren konnte. Dem Autor, dem das erinnerte Objekt die Kindheit als den Ort des Einübens seiner Wahrnehmung der Dinge bezeugt, gerät es zum Ausweis sozialer Herkunft, obwohl er darüber gar nicht spricht.

Nicht zuletzt aus Gründen dieses Bestandes an früher sozialästhetischer Erfahrung wird Benjamin zeitlebens kein Proletarier, sondern ein linksbürgerlicher Intellektueller sein. Nicht nur das Bild des Buffets, sondern das komplexe Panorama des gegenständlichen Ensembles und seiner Handhabung im Hause der bürgerlichen Eltern wird seinen Schatten über das nachfolgende Leben werfen. Das Wahrnehmen und Empfinden, die ästhetisch-kulturelle Orientierung, der persönliche »Geschmack« werden zeitlebens davon beeinflußt bleiben.

So lassen sich frühe Sozialbindungen an den Gegenstand mit späteren sozialästhetischen Erfordernissen versöhnen, oder die Sicht auf die Dinge bleibt ambivalent wie im Fall der Familie mit der verdeckten Wohnküche. In diesem Hause war das Stück, an dem die inneren Kämpfe ihren Austragungsort fanden, eine Schrankwand, die – in »altdeutscher Eiche«

rustikal ausgeführt – als Schau-Objekt wuchtig an der Wand des Wohnzimmers stand. Das jungverheiratete, noch vor dem beruflichen Aufstieg des Mannes stehende Paar, aus einer Sozialtradition kommend, die den Erwerb eines solchen Stückes unverzichtbar machte, hatte es bereits in einer viel kleineren früheren Wohnung stehen. Als die Besitzer merkten, daß dieses Relikt in der neuen Umgebung zuviel über ihre Herkunft ausplauderte, begannen sie es abzulehnen. Eine Art Haßliebe über Jahre verhinderte, daß es beseitigt wurde. Nach der beruflichen und sozialen Konsolidierung konnte sich das Paar erneut zu dem Objekt bekennen, weil darin so viel persönliche Geschichte verkörpert war, daß der symbolische Wert der Sache die ästhetisch-kulturelle Irritation ausgleichen konnte, die von dem Ding ausging. Die neu gewonnene Souveränität machte die Scham erträglich, daß die Schrankwand von einer Herkunft erzählte, die man zeitweise verschweigen wollte (vgl. Selle/Boehe 1986, 138 ff.).

Dinge haben ihre individuellen und ihre sozialen »Ansichten«. Was für Benjamin im sanften Licht seiner Kindheitsgeschichte Bedeutung gewann, war nicht nur der private Schrein individueller Geborgenheit, sondern die Trutzburg einer in den Alltag des Wohnens gestellten Klassenbehauptung. Die eindeutige Zeichenfunktion des Objekts im sozialen System schwächt sich später historisch ab, bis das Modell seine skulpturale Eindrücklichkeit als im Raum aufragende Burg an das flachere Relief der Schrankwand abgetreten hat. Denn das Buffet verliert seine architektonischen Konturen in dem Maße, in dem die Klassengesellschaft sich auflöst, so daß nur noch Degenerationsformen des ursprünglich charaktervollen Möbelstücks auftreten. Nur als »echte« Antiquität kann es heute wiederum in den Unterscheidungskonsum kulturbewußter Gebraucher rücküberführt werden, nachdem es lange Zeit als bombastisch oder kitschig gebrandmarkt war.

Die Schrankwand dagegen wirkt heute multikulturell vernutzt. Sie steht im Rentnerhaushalt, an die Gute Stube erinnernd, oder bei kinderreichen Türken, in der Wohnung des Postbeamten oder des arbeitslosen Dispatchers in der ehemaligen DDR – in den Eigenheimen aller Schichten, die sich um ihren Lebensstil keine besonderen Gedanken machen müssen und auch nicht zum Ausweis höherer soziokultureller Standards verpflichtet sind. Offenbar bedienen sich viele Leute dieses Auslaufmodells der Sozialgeschichte modernen Wohnens aus Gewohnheit und Gründen geregelter Praktikabilität – es geht eine Menge rein in das unverrückbare

Ding. Zudem bildet das Dekor vor der zu verbergenden Unordnung eine Schutzwand gegen den Einblick ins Private.

Aber noch in dieser Schrankwand ist das Ursprungsmodell Buffet zu ahnen. Es hat sich in seiner Geschichte des sozialen Gebrauchs als ebenso stabil wie differenzierungsfähig erwiesen. Besitz ist Voraussetzung für derart aufwendige Möbelstücke, die man sich ja nicht leer in die Wohnung stellt.

Beim Buffet handelte es sich augenscheinlich um eine Miniaturisierung der bürgerlichen Villa oder des Stadtpalais, um ein Haus im Haus. Die Schrankwand wirkt hingegen wie eine Verdopplung der Mauer. Schutzfunktion und Abwehrhaltung sind in beiden Typen zu erkennen. Das ältere Modell ist die beherrschende Skulptur des bürgerlichen Interieurs, die auch stilistische Überformungen aushält. Das bürgerliche Anspruchsdenken, die repräsentative Attitüde, der mit eigenen Darstellungswünschen besetzte Kulturraum des Hauses (in dem das Buffet auch wie ein geschlossener Altar steht), das Erlebnis erhabener Schönheit am kunstvoll gearbeiteten Objekt, das Gefühl, dem Besitz an schönen und wertvollen Dingen einen würdigen und sicheren Rahmen zu geben, eine Umhüllung, die das im Innern vielfach noch einmal durch Schatullen, Etuis, Einwickeltücher geschützte und geschönte Gut für alle Zeiten sichert (wehe das Dienstmädchen zerbrach einen Teller!) – alle diese von unserer heutigen Position belächelbaren, zum Teil das Pathologische streifenden Formen des Sicherheitsdenkens und der verhohlenen Zurschaustellung sind von der Reformästhetik des Jugendstils nur in ein modern wirkendes, ebensolches Möbelmonstrum übersetzt worden, wozu Avantgardekünstler die phantasievolle Entwurfshand anlegen mußten.

Die Erscheinungsform, nicht die Sache selbst, wurde verändert, modernisiert. Der Vorgang spiegelt eine strukturelle Veränderung innerhalb der Klasse: Das Bildungsbürgertum gewann neu beschreibbare Funktionen im Kaiserreich, so daß eine Ausdifferenzierung auf der ästhetischen Ebene des Objekt-Typs erforderlich wurde.

Doch der bürgerlich Gebildete oder adlige Mäzen der Jugendstil-Reformära mochte sich noch so frei vom historisierenden Dekorationszwang fühlen, er wiederholte doch bloß eine Grunderwartung der Abgeschiedenheit des Besitzes bei gleichzeitiger Demonstration kultureller Kompetenz im Zeigen dessen, was man hatte. Dem Rückzug in die Innerlichkeit ein Jahrzehnt vor dem Krieg entsprach die gesteigerte Höhlenartigkeit des Organischen, der die großen Möbelstücke in ihrer Form folgten.

Als Kind hätte man in allen Varianten dieses Möbels wohnen, schlafen, träumen können. Meine Großeltern hatten ein solches Stück, Eiche massiv, mit Schnitzornamenten, dunkel gebeizt, wie ein Flügelaltar mit zwei hohen Seitenschränken und einem sich hervorwölbenden Mittelteil mit Türen, Schubladen und Anrichte mit Marmorplatte, darüber ein Schrankaufsatz, hinter dessen geschliffenen Scheiben die »Römer« farbig funkelten, wenn die Sonne ins Zimmer schien. Das gute Stück dürfte um die Jahrhundertwende in einem besseren Möbelgeschäft gekauft worden sein; meine Eltern hatten es in Gebrauch, mein Bruder hat es geerbt. Ein Familienstück. Ein Sozialstück. Ein Beweisstück kollektiver Ästhetik-Geschichte.

Seine ersten Besitzer haben es gepflegt und gefüllt, als der Anspruch auf bürgerliche Reputierlichkeit schon gefährdet war. Denn die Unterwanderung des exklusiven Klassenmusters durch kleinbürgerliche Konsumenten hatte in der wilhelminischen Ära schon begonnen. Das Vertiko in Weichholz mit aufgeklebtem Maschinendekor auf vorgefertigten, nach Schablone maschinell gedrehten Füßen – ähnlich jenen Fertigteilen aus dem Baumarkt von heute – war bereits Ausweis einer aufsteigenden Klasse von Benutzern. »Muschelmöbeldreckzeug der Ramschbasare« nannte der zum bürgerlichen Geschmack erzogene junge Theodor Heuss diese Objekte. Da war etwas vom Standpunkt der »legitimen Kultur« (Bourdieu) Verachtenswertes in Konkurrenz zu den Formen der soignierten bürgerlichen Besitzanzeige getreten. Gewerbetreibende, Beamte, Werkmeister, besser verdienende Facharbeiter (die Vertreter der Sozialdemokratie) hatten sich einer Sache bemächtigt, die ihren eigenen Wert behaupten konnte. Ein neues, nun einer anderen Klasse gehörendes Schlüsselobjekt taucht auf und markiert sozioökonomische und kulturelle Veränderungen im gesellschaftlichen Haushalt. So handelt es sich beim Phänotyp des Vertikos um eine Abmagerungsvariante des üppigen Buffets, dem bescheideneren Reichtum der neuen Besitzklasse angemessen. Aber es wird wiederum zum Sozialausweis.

Unverhoffte Urständ feiert das Buffet in der zweiten Nachkriegszeit unter der ästhetischen Spitzmarke Gelsenkirchener Barock. Jetzt ist die Enteignung des ursprünglich bürgerlichen Schlüsselobjekts von unten perfekt und kann nur noch im nachhinein aus der Sicht eines modernisierten bürgerlichen Geschmacks auf billige Weise schlechtgeredet werden: Das Objekt unterliegt der Ächtung derer, die sich zu den Aneignern und Produzenten einer »legitimen« Kultur zählen. »Die im objektiven wie im subjektiven Sinn ästhetischen Positionen [...] beweisen und bekräftigen den eigenen Rang und die Distanz zu anderen im sozialen Raum«, heißt es bei Bourdieu (1982, 107).

»Demzufolge stellt der Raum der Lebensstile, d. h. das Universum der Eigenschaften, anhand deren sich – mit oder ohne Wille zur Distinktion – die Inhaber der verschiedenen Positionen im sozialen Raum unterscheiden, nichts anderes dar als eine zu einem bestimmten Zeitpunkt erstellte Bilanz der symbolischen Auseinandersetzungen, die um die Durchsetzung des legitimen Lebensstils geführt werden.« (Ebd., 388 f.)

Die Dinge bilden ein soziales System ab, weil dieses Spiel der ästhetischen Absetzungs- und Identifikationsbewegungen den ganzen Bestand der Verhaltensweisen, den Gebrauch und die Zurschaustellung von Dingen durchdringt: Zeige mir, was Du besitzt und wie Du damit umgehst, und ich sage Dir, wer Du bist oder sein möchtest. Aus diesem Spiel mit seinen hochdifferenzierten Regeln auszubrechen, ist kaum möglich; der Ausbruchsversuch selbst wäre bereits ein Spielzug von besonderer Signifikanz. Freilich können Dinge im sozialgeschichtlichen Zusammenhang auch Karriere machen, Umwertungen erfahren. So hat der ursprünglich herabsetzend gemeinte Name im Fall des Gelsenkirchener Barock zunehmend seriöses Gewicht bekommen.

Auch aus analytischer Distanz sind die wuchtigen Buffets der 50er und 60er Jahre inzwischen als etwas Besonderes anzuerkennen. Mit dieser Aneignungsleistung der Bergarbeiter und Stahlkocher, die damals vollbeschäftigt waren und gut verdienten, scheint der Objekt-Typus zu einem (vorläufigen) Ende gekommen oder erlebt er eine neue Blüte. Wiederum handelt es sich um ein Begleit- und Darstellungsobjekt sozialer Biographien. Man müßte den neuen Typ neben den alten Mustern ausgestellt sehen, um zum einen die Umverteilung der Werte, zum anderen die Vergleichbarkeit der formalen und materialen Qualitäten wahrzunehmen. Ein Umkehrschub ästhetischer Ansprüche würde ablesbar: Während die neue Bourgeoisie in der frühen Bundesrepublik nur zaghaft zu ihren Repräsentationsformen findet, gelingt es einer durch die historische Situation ökonomisch begünstigten Gruppe der einst unterprivilegierten Klasse, einen eigenen erwartungsgerechten Objekttyp im Gebrauch herauszuformen, der nahe an das bürgerliche Ursprungsmodell herankommt. Die Buffets im Gelsenkirchener Barock zu ironisieren, wäre daher ganz falsch. Sie verweisen auf eine eigentümliche Ästhetik des Stolzes später Aneignung und stehen zu Recht im Museum.

Formale Rückbezüge auf schwellende Art Deco-Formen der 30er und Zugriffe auf die üppige Konsumästhetik der 50er Jahre sind nicht zu übersehen. Was man jedoch nicht sieht, jedenfalls nicht auf den ersten Blick, sind die Rückverweise auf den bürgerlichen Urtyp und die neue Wertbesetzung des Objekts als Ausdruck einer sozialen Selbstbehauptung, die sich darin zeigt, daß die Leute diese Brocken lieben und sie sich in viel zu kleine Wohnungen stellen, um endlich zu beweisen, wer sie sind. Bekräftigter Klassenstolz verbündet sich mit Resten des bürgerlichen Anspruchs auf Nobilitierung durch demonstrativen Besitz. Im Übrigen sind die meisten dieser Buffets gediegen gearbeitete, schöne Stücke, die weder billig aussehen noch waren. Es sind Objekte von »distinkter« sozialer Ausdrücklichkeit.

Dinge eignen sich als Indikatoren gesellschaftlicher Strukturveränderungen aber nur bedingt (oder sie verlangen sehr genaue Beobachtung), weil sie zwar in Form und Ritus des Gebrauchs den gesellschaftlichen Wandel mit- oder nachvollziehen, selber aber materielle Beständigkeit besitzen, die eine Wiederverwendung in neuen sozialen Gebrauchszusammenhängen erlaubt. Heute könnte ein Yuppie-Single eines der Gelsenkirchener Modelle neben einen Sessel von Philippe Starck, eine fahrbare Küchenskulptur und eine schrille postmoderne Lampe in seine Wohnung stellen, um ein persönliches Profil der Unverwechselbarkeit zu gewinnen, nachdem er draußen mit seinem Handy und dem Aktenköfferchen unauffällig geworden ist.

Auch die bombastischen Vorläufer im wilhelminischen Geschmack sind als originale Antiquitäten in die Kategorie des Dauerhaften und Wertvollen aufgestiegen, nachdem ihre Vergänglichkeit im kulturellen Abfall besiegelt schien. Damit läßt sich eine »Theorie des Abfalls« (Thompson 1981) schlüssig belegen, nach der für jedes Ding der Aufstieg aus Wertlosigkeit und Vergessen in den Status des Wertes jederzeit möglich erscheint. Es kommt nur auf die Chance der Wiederentdeckung und Wiedereingliederung in den gesellschaftlichen Wahrnehmungskontext von Werten an. Das kulturelle Recycling einer Sache ist möglich. Plötzlich ist so ein Ding kein Abfall mehr. Die Eigenschaft des Wertlosen und die

Grenze zum Brauchbaren ist ja nicht nur aus dem Charakter des Objekts selbst, sondern auch gesellschaftlich definiert. Das Objekt hat sich nicht verändert, es wird bloß anders gesehen, genauer, es wird überhaupt *wieder* gesehen. »In der Versenkung verschwinden können die Dinge allmählich, aber sichtbar werden sie mit einem Schlag«. Dabei müssen sie zwei Grenzen überschreiten: diejenige, »die das Wertlose vom Wertvollen trennt« und diejenige »zwischen dem Verborgenen und dem Sichtbaren« (Thompson 1981, 46).

Der Aufstieg aus dem Gerümpel zu neuem Glanz ist nicht anders vorstellbar als auf der Grundlage veränderter gesellschaftlicher Wahrnehmung, der gleichen Kraft, die das Ding zuvor in den Orkus der Vergessenheit gebannt hat. Die Wiederentdeckung bereitet sich durch den Blick einzelner vor, bis deren Handeln demonstrativen Charakter annimmt und »plötzlich« alle sehen, wie schön und werthaltig das Objekt doch ist. Diese »neue« Sicht verwandelt das alte Ding in ein neues.

Im Fall des Buffets kann die ostentative Funktion, die Original und Ableitungsformen einst hatten, zu neuem Leben erwachen. Bei der Schrankwand ist das im Augenblick wenig wahrscheinlich. Mit undefinierbarem, reichem Dekor in wuchtiger Reliefierung hat dieses Möbelstück als Entsprechung zur Plattenbauweise in der ehemaligen DDR (von wo aus das gute Stück als Exportschlager seinen Siegeszug unter anderem in die Discount-Möbelmärkte der alten Bundesrepublik angetreten hat) sich die engen Wohnungen der kleinen Leute erobert – unverkennbar in der eindeutigen Absicht, etwas »darzustellen«. So hat das Objekt bis heute seinen negativen Distinktionswert nicht verloren. Gebraucher aus den nächst höheren Schichten müßten entschiedene Anhänger einer »Camp-Ästhetik« (Susan Sontag) sein, die das Nicht-Anerkannte, Kitschige, Banale (nicht etwa ein Edeldesign, das darauf Bezug nimmt) in einer ironischen Geste der demonstrativen Aneignung zum Kennzeichen der eigenen stilistischen Freiheit machen.

Diesen Aufstieg hat die Schrankwand noch nicht geschafft. Aber das ist kein Grund, sie zu verachten oder zu ächten. Die Leute stellen sich das Ding ja nicht zum Spaß an die Zimmerwand. Immer noch wird ein Muster variiert und tradiert, neu angeeignet und sozial umfunktioniert, das eine Lebensweise im Objekt verkörpert. Wieder wachsen Kinder im Schatten dieser Festungsmauern auf, wieder binden Erwachsene sich an ein so schwer transportables Ding. Wieder füllt sich sein Innenraum mit persönlichen Werten oder privatem Ramsch. Die Teilhabe an einer besonderen sozialen Erfahrung und ihrem ästhetischen Ausdruck im Besitz eines schon dimensional derart hervorgehobenen Objekts verbürgt demonstrativ ein Mitleben sozialer Verhaltensformen, Werte-Traditionen, Identitäten. Die Dinge begleiten in dieser Funktion manchmal eine ganze Biographie oder sie behaupten sich in der Erinnerung. Wenden wir uns von ihnen ablehnend oder gleichgültig ab, holt uns die Unterscheidungsfunktion dennoch ein, selbst wenn wir nicht »dazugehören« wollen. Wir gehören dann auch nicht uns, sondern zählen eben zu einer Gruppe von Verweigerern, die sich unterscheiden wollen. Damit bleiben wir im sozialkulturellen System des Spiels der Differenz-Kommunikation mit den Dingen.

In einer beschreibbaren Ausdruckswelt des Umgangs mit immer irgendwie bezeichnenden Gegenständen des täglichen Gebrauchs können wir dem sozialen Kerker unserer gesellschaftlich verfaßten Subjektivität so wenig entrinnen wie einst die in das Buffet eingesperrten schönen und weniger schönen Dinge ihrem Gefängnis im Kasten. Über spezifische Gegenstandserfahrung wird ein soziales Selbst bestätigt, entwickelt, verteidigt – auch wenn wir nicht mehr in einer Klassengesellschaft leben, deren Abgrenzungen ästhetisch eindeutig gezogen sind. Das Spiel ist offener geworden, aber es wird immer noch gespielt.

Jedes Ding, mag es in der Hand eines Gebrauchers noch so eigentümlich-persönlich angeeignet erscheinen, ist ein Signifikant und ein Signifikat des Sozialen. Signifikant, weil es auf einen Status hinweist, einen sozialen Ort innerhalb denkbarer Positionen und damit eine bestimmte Gruppe von Benutzern bezeichnet. Signifikat, weil es Produkt einer historischen Entwicklung und gegenwärtigen sozialen Struktur ist, die ein solches vorgegebenes System von Unterscheidungen bereitstellt. Wir werden in solche Ordnungssysteme alltagsästhetischer Unterscheidungs- und Erkennungsmerkmale hineingeboren und lernen, sie für unsere Zwecke zu benutzen.

Man könnte einwenden, anonyme Massenprodukte wie Fernsehapparate, Elektrorasierer usw. seien ästhetisch derart indifferent und würden von allen in gleicher Weise als gleiches Produkt gebraucht. Aber das demokratische Produkt (das allgemeine gleiche Ding an sich) ist eine Fiktion. Es sind nie die gleichen sozialen Kontexte, nie die gleichen Produktgesellschaften oder Dinggemeinschaften, nie die gleichen Augen und

Hände: das heißt Betrachtungs-, Bewertungs- und Handhabungsweisen, in die ein Ding gerät. Der Umgang mit den Sachen ist, bei allen individuellen Abweichungen, die das Bild der Differenz höherer Ordnung überlagern, sozioästhetisch fein ausdifferenziert. Das »gleiche« Objekt unterliegt ungleicher Wahrnehmung und unterschiedlicher Ausstattung mit Bedeutung, die Befreiung der Dinge aus den Fesseln des sozialen Kommunikationssystems ist also unmöglich.

Zwar gibt es Karrieren, Abstiege, Wiederentdeckungen, Umwertungen, Verallgemeinerungen und erneute Differenzierung – ein unübersichtlicher Vorgang, aber immer im soziologisch beschreibbaren Kontext. Das Fahrrad, einst wichtigstes Beförderungsmittel der arbeitenden Klasse, war gleichzeitig Vergnügungsinstrument emanzipierter bürgerlicher Damen und sportlicher Herren. Heute, nach seiner Wiederentdeckung, erscheint es vollständig demokratisiert, dazu vom ökologischen Konsens gesamtgesellschaftlich geadelt.

In Ausstattung, Design und Preis ist das Fahrradangebot so unübersichtlich wie noch nie. Mit den unterschiedlichen Erscheinungs- und Gebrauchsweisen wird ein raffiniertes Spiel nach allen Regeln der undurchsichtigen Kunst des Scheinens, Habens, Wollens und Zeigens gespielt. Es kommt in der Art, wie jemand am gesellschaftlichen Reichtum solcher Objekte teilhat, nicht nur darauf an, ob man von Billigangeboten Gebrauch macht oder etwas Teures kauft (solchen Unterschied sieht man den blitzenden Rädern kaum an), sondern darauf, wer das Gediegene schätzt, wer das Bunte, wer Mountainbike fährt, wer zum exotischen Techno-Design oder zum nostalgischen Hollandrad neigt, wer die alte Klappermühle sorglos benutzt oder das nagelneue Rad mit dicken Ketten sichert, wer sich in Rückenlage fortbewegt oder den Rennlenker montiert, wer das Ding auf dem Autodach zur Ausstellung bringt oder es diskret in den Kofferraum klappt, wer es zur Freizeitgestaltung oder für die demonstrative Fahrt zum Arbeitsplatz nutzt usw. (Wenn betuchte Manager oder bekannte Politiker, die jederzeit über Limousine mit Fahrer verfügen, mit dem Fahrrad ins Büro strampeln, ist ein Pressefotograf immer zufällig in der Nähe.)

Es ist das scheinbar einfachste, im Prinzip gleiche Ding, das aus naheliegenden Gründen von vielen gebraucht wird. Und es ist doch immer ein anderes. Die geheime ästhetische Ökonomie der sozialen Selbsteinschätzung und des Prestiges, das einer beim anderen erwirbt, definiert die

Sache im öffentlichen Gebrauch mit. Auf dem Fahrrad ist man einfach »besser« als der Herr im Porsche, neben dem man auf Grün wartet. Man kann auf ihn herabsehen, außerdem kommt man im Stadtverkehr früher an.

Freilich hindert einen das Spiel der Unterscheidung nicht daran, sich ganz individuell am Fahren zu freuen und das elegante neue oder das rostige alte Ding zu lieben. Wir san eben nicht bloß mit dem Radl do, sondern sind auch mit einem Instrument der persönlichen Bewegungslust bei uns selbst angekommen. Das aber ist immer ein soziales Selbst.

Das Handy

Walter Benjamin, Gewährsmann für soziale Historizität im Wirken der Dinge, muß in seiner Kindheit mit dem Telephon traumatische Erfahrungen gemacht haben. Es war einmal ebenso geheimnisvoll wie störend für alle, die es gebrauchten. Am Ende dunkler Flure oder bei der Garderobe mit Stiefelknecht, Spazierstock und Regenschirm ins Abseits verbannt, mußte es sich erst als ein zu jeder Zeit bedienbares Instrument in das Zentrum der Gemütlichkeit empordienen. So teilte es das Schicksal anderer technischer Errungenschaften des späten 19. Jahrhunderts, die ebenfalls den Weg verdeckten Eindringens in das Wohnzimmer nehmen mußten. Gas und Elektrizität taten noch lange ihren Dienst in altertümlichen Kronleuchtern aus dem Wachskerzenzeitalter, ehe das technische Licht, von Schirm oder Ampelglas gedämpft, dort in Erscheinung treten durfte. Das Telephon freilich machte Lärm, es läutete unpassend und erzwang damit seine Bedienung, auch wenn es entfernt postiert war.

So hat das Bürgertum jener Tage eine gewisse industrielle Funktionsverbundenheit, die schamhaft durch Verbannung der Apparatur in die Vor-Wohnung kaschiert wurde, geduldig hinnehmen müssen. Die Geschäftswelt drang mit dem Telephon in die Privatwelt ein und damit die technische Kultur der Zukunft. Somit war das Telephon ein epochales Symbol von einschneidender Bedeutung. Einen Brief konnte man ungeöffnet liegenlassen, das Läuten des Telephons war nur durch Abheben des Hörers zu beenden. Das gilt noch immer, obwohl es die trickreiche Falle des Anrufbeantworters gibt, die den eingehenden Ruf entweder in einem Speicher (oder eine Art Papierkorb) enden läßt, was die Störung zunächst beseitigt, oder Gelegenheit zum Mithören gibt, damit man sich einmischen kann.

Die Aufmerksamkeit ist gebunden, die Neugier groß, wer da wohl anruft, die Ruhe dahin. Wir erleben eine kulturelle Störung im technischen Aufgerufensein zu jeder Stunde. Das Telefon hat seinen Siegeszug als modernes Kommunikationsinstrument schlechthin angetreten. Es ist – wie Benjamin sagt – unser »Zwillingsbruder« geworden: »Und so durfte ich erleben, wie es die Erniedrigung der Frühzeit in seiner stolzen Laufbahn überwand. Denn als Kronleuchter, Ofenschirm und Zimmerpalme [...] schon längst verdorben und gestorben waren, hielt, einem sagenhaften Helden gleich, der in der Bergschlucht ausgesetzt gewesen, den dunklen Korridor im Rücken lassend, der Apparat den königlichen Einzug in die gelichteten und helleren, nun von einem jüngeren Geschlecht bewohnten Räume. Ihm wurde er der Trost der Einsamkeit.« (Benjamin 1983, 22 f.)

Bei aller Selbstverständlichkeit des Telefonierens sind zwei Phänomene aus der Frühzeit geblieben: die Störung privater Lebensvollzüge bis in die letzten Winkel akustisch irritierbarer Intimität und eine gewisse verbliebene Scheu vor dem Apparat und der Geisterstimme, die aus ihm tönt. Manche Leute telefonieren auch heute noch nicht gern, zumal man oft entweder selbst in die Abseitsfalle des Anrufbeantworters läuft oder sich über Telefonzentralen und Vorzimmerdrachen an die gewünschte Verbindung heranarbeiten und die Haltung des devot Bittenden einnehmen muß.

Als der Vater Walter Benjamins das erste Telephon installieren ließ, holte er nicht nur die technische Kultur in die Wohnung, sondern eignete sich auch einen Ausweis der Modernität und ein Stück demonstrativen Machtbesitzes an. Informationen erhalten, Befehle durch den denkbar raschesten Boten geben können – das war ein Privileg und ist es immer noch. Man sperre den Mächtigen die Telefone, und sie schrumpfen zu hilflosen Zwergen, die allenfalls ihren Bodyguards noch hörbare Befehle erteilen können.

Ohne Telefon und Faxgerät läuft nichts, in der Politik wie in der Wirtschaft. Die Machthaber der ehemaligen DDR wußten, weshalb sie das Telefonnetz im Lande verkommen ließen. Jede Zunahme von Privatanschlüssen hätte den Überwachungsstaat in Verlegenheit gebracht. Überhaupt ist ja das Telefon das Kommunikationsinstrument schlechthin – gesellschaftlich wie individuell unverzichtbar. Ob Liebeserklärung oder Geschäftsabschluß, Todesnachricht oder Verkehrslagebericht, Glückwunsch oder Verabredung – alles geht durch das Telefon. In jedem »Tatort« beschleunigt es die lahme Handlung. Nähme man den Filmkommissaren das Telefon weg, würde eine ganze Unterhaltungskunstgattung geschädigt. Jedes dramaturgische Loch in der Handlung wird durch das Klingeln des Telefons oder den Griff nach dem geisterhaften Beschleunigungswerkzeug gestopft – immer wenn dem Drehbuchautor nichts Besseres eingefallen ist. Die Macht des Telefons als Überbrückungsinstrument könnte nicht deutlicher als durch diesen requisitär-medialen Masseneinsatz bestätigt werden.

Diese Macht bezieht sich letztlich auf eine höhere Gewalt – die Aufklärung oder die Wahrheit. Sie kommt auf »Anruf« oder durch Anrufung einer Instanz außerhalb des sichtbaren Raumes der Handlung ins Spiel. Daß dem Benutzer selbst etwas in diesem umstandslosen Tun widerfährt, während er die Wählscheibe dreht, Tasten antippt, den Hörer zwischen Schulter und Backe ans Ohr geklemmt hält, um mit den Händen anderes zu tun – daß ihn der Akt mit dem Apparat kulturell formt, einem epochalen Verhaltensmuster unterwirft, ihn zum Teil der technologisch definierten Struktur des interaktiven Diskurses werden läßt, kommt kaum zu Bewußtsein. Indem wir telefonieren, sind wir, wie der Apparat und die ihn zum Mittel ihrer Wirksamkeit machende Kultur des technischen Zeitalters uns haben wollen. »Nun komm schon«, denken wir nach dem Wählen, um sogleich mit »Guten Tag, hier xy«, zu beginnen, sobald der andere aufnimmt. Schon in dieser Handlung beweisen wir uns als gegenwärtig-modern. Noch immer ist das Telefon nicht nur das allergebräuchlichste Kommunikationswerkzeug, sondern auch eines der wichtigsten Objekte im alltäglichen Austausch mit der Kultur, eine Art Heimtrainer der Anpassung an ihre Forderungen, Haltungen, Gewohnheiten und Gesten.

Man muß sich nur vergegenwärtigen, was direkte Kommunikation in einem Gespräch des körperlichen Gegenüber bedeutet, um den Unterschied als Kulturbruch zu verstehen. Es gibt keinen Blickkontakt, keine Körpersprache, keine Mimik, keinen Geruch, kein Spiel mit Entfernungen, keine räumliche Umgebung (außer in Nebengeräuschen) – die Situation ist stark reduziert. Sogar die gemeinsame Zeit der Anwesenheit im Gegenüber muß keine Rolle mehr spielen, wenn ein Anruf gespeichert und später abgehört wird. Dann kann man sich den Anrufer zur Stimme vorstellen, wie er spricht und gestikuliert. Bei einem Fremden muß man alles an der Stimme abhören, was zu besonderer Sensibilität erzieht. Erst die Verbreitung des Bildtelefons wird diesem Mangel etwas Abhilfe verschaffen, ihn aber nicht beseitigen. Die Erscheinung einer Figur auf dem Bildschirm ist eben nicht der wirkliche Mensch, wie er uns in einem realen Raum begegnen würde.

Das Telefon ist ein Instrument der Nähe, das Ferne zu überwinden scheint. In der Frühzeit des Telefonierens wurde es als Wunder bestaunt, daß man die Stimme eines Menschen, der sich Hunderte von Kilometern entfernt befand, nicht nur hören, sondern auch wiedererkennen konnte.

Es hätte noch eine zweite Verwunderung geben müssen. Jemand telefoniert: Damit wird eine kulturelle Interaktions-Situation – das dialogische Gespräch zweier Menschen von Angesicht zu Angesicht – durch einen technisch synthetisierten, ganz auf das akustische Ereignis beschränkten Austausch abgelöst. (Man stelle sich Goethe telefonierend vor!) Dabei schauen die Partner ins Leere oder auf ein technisches Gehäuse. In der Hand halten sie einen Teil des Apparats nah an Ohr und Mund – eine Verwachsungsgeste, dargestellt von der aufnehmenden Sinnlichkeit des Hörens, des Mitteilungsbedürfnisses über die angestrengte Stimme (manche reden noch heute besonders laut, wenn sie telefonieren) und der Lauschhaltung des Körpers, die eindringlicher als beispielsweise bei einer ersehnten, endlich zustandegekommenen Verbindung über Kontinente und Ozeane hinweg nicht in Erscheinung treten könnte.

Weniger das apparative Instrument als dessen Funktionsvorschriften wachsen dem Körper und der Gewohnheit ein. Manche reden nur beim Telefonieren. (Darauf basiert die Telefonseelsorge.) Es animiert die Kommunikation, freilich betont es auch die Trennung der Kommunizierenden. Den Hörer auf die Gabel werfen, das Gespräch abrupt beenden kommt dem Hinauswurf des Gegenüber aus der Privatsphäre oder dem Büro gleich. Das technische Ding erlaubt aber auch jede Frechheit. Telefonsex oder die Belästigung wahllos herausgegriffener »Partner« aus dem Telefonbuch durch anonyme Anrufer zeigen, wozu das Instrument verführt. Es ermutigt, Macht auszuüben, Störungsmöglichkeiten terroristisch auszudehnen. Daß es ein Instrument für unbemerkten kulturellen Terrorismus aller gegen alle ist, wie Walter Benjamin es in den Anfängen erlebt haben mag, verdrängen wir im täglichen Gebrauch der Sache. Das könnte überzogen klingen, hat aber einen objektiven Wahrheitskern.

Wer sich umschaut oder irgendetwas anfaßt und benutzt, bewegt sich nicht nur im Raum sozialgeschichtlich definierter Gegenständlichkeit der Lebenswerkzeuge oder im Privatarchiv seiner individuellen Gebraucherbiographie, sondern agiert simultan auf einer dritten, kulturellen Bühne der Gegenstandswahrnehmung. Denn jede Wahrnehmung hat immer zugleich auch Teil am zur Erscheinung gebrachten Stand der technischen Kultur. Den Anblick und die Benutzung von Düsenjets, Autos, Computern gewohnt wissen wir nur durch frühere Lebenserfahrung oder überlieferte Dinge oder Bilder von Dingen, wie die Welt Generationen zuvor aussah. Die Gegenwart der technisch entwickelten Objekte und ihres selbstverständlichen Gebrauchs aber »kultiviert« unsere Erfahrung generell zur Zeitgenossenschaft einer Epoche. Das einmal erschreckend oder verlockend Neue überlagert das Alte oder ist mit den älteren Beständen der technischen Kultur eine Symbiose eingegangen. Doch ganz gewiß sind wir Kinder unserer Zeit, mitgewachsen, mitgeformt durch die bis in unsere Körperlichkeit hinein wirksamen technischen Installationen der Gegenwart.

So ist das Handy nur die konsequente Fortentwicklung der einst stationären Apparatur. Nicht nur weil fortgeschrittene Technologien heute die Trennung von Basisstation und Funktionsteil erlauben und damit den Gebrauch des Telefons ortsunabhängig machen. Sondern auch und vor allem, indem die so gewonnene Mobilität eine zwangsläufige Entwicklung auf der kommunikationskulturellen Ebene verdeutlicht. Weltumspannendes Telefonieren reicht der Informationsgesellschaft nicht aus, es muß auch noch jederzeit für jedermann möglich sein, von jedem Ort aus jeden »ansprechen« zu können. Das Warten am Telefon auf einen Anruf ist abgeschafft. Man trägt den »Anschluß« in der Jackentasche oder am Gürtel. Man führt ihn mit sich wie ein Organ, das bloß noch nicht implantiert worden ist.

Auf den ersten Blick erscheint das Handy als soziales Ding; nicht nur, weil es Menschen miteinander verbindet, sondern weil es seinen Besitzer in den Adelsstand besonderer Funktionswürden erhebt. Da ist ein Mensch, der öffentlich demonstriert, daß er immer erreichbar sein muß oder andere ihn immer erreichen können. Heute begegnet man dieser Auszeichnung freilich schon mit Skepsis: Ist der junge Mann auf dem Bahnsteig wirklich bedeutend oder macht er sich bloß wichtig?

Indem das Telefonieren mobil und öffentlich wird, kann es für kurze Zeit zum Distinktionsmerkmal für eine bestimmte Klasse von Benutzern aufsteigen, die in der Wahrnehmung der anderen als kommunikationstechnologisch fortgeschritten und offensichtlich, manchmal offenhörlich in Entscheidungsprozesse von Gewicht verwickelt sind. Bestimmte männliche Exemplare aus der Business Class nutzen jeden öffentlichen Ort, ihr Handy zu zücken und sehr dringende Gespräche zu führen. Es wird ein zunächst bestechender Gestus produziert, ein Lebensstil demonstriert. Dabei wissen die öffentlichen Handy-Gebraucher nicht, daß sie vom Ding in ihrer Hand öffentlich mißbraucht werden. Es wird nämlich an ihnen ein kultureller Dressurakt vorgeführt, während sie sich im Besitz einer sozial auszeichnenden Insignie wähnen. Der Inhalt der Gespräche ist vermutlich in den meisten Fällen banal: »Komme um sieben, Schätzchen. Was gibt's zum Abendbrot?« Indessen denkt das Publikum an die Abwicklung wichtiger Geschäfte.

Will sagen, der vorübergehend gültige Distinktionswert der Sache ist verblaßt. Wer sich heute mit einem Handy in der Öffentlichkeit blicken läßt, demonstriert unbewußt seine subalterne soziale Stellung. Der muß entweder tatsächlich im Außendienst allzeit dirigierbar sein oder er hat es nötig, sich mit dem Ding zu schmücken oder er ist ein Dealer. Wer wirklich etwas ist, telefoniert weder in der Öffentlichkeit, noch muß er ständig präsent sein. Tagelang unerreichbar sein dürfen ist wahrer Luxus der Lebensführung. Erst dieser Zustand signalisiert souveräne Unabhängigkeit im Ökonomischen wie im Sozialen.

Doch nicht die soziale Auszeichnung durch das neue Ding und sein Umkippen vom Trendprodukt in die Nivellierung, die ein auf die Zwänge der Unterscheidbarkeit fixiertes soziales Subjekt gerade vermeiden will, sind das Bemerkenswerte am Handy. Es ist vielmehr die Konsequenz, mit der das kulturelle Muster hinter der Sache zur Vollendung drängt.

Zwischen dem alten Telephon mit Handkurbel und Kopfhörer für den mühsam aufrechterhaltenen Kontakt zum Amt oder dem vermittelten Partner und dem leichten, mobilen Handy, das beliebig viele Verbindungen gespeichert hat und auf Antippen herstellt, liegt eine technologische Entwicklungsstrecke des Kommunikationsinstruments. Parallel dazu verläuft eine kulturelle Entwicklungsstrecke der Modernisierung von Erwartungshaltungen, Gesten und Gebrauchserfahrung. Technologische und kulturelle Schübe ergänzen sich im Prozeß wie Frage und Antwort nach Gesetzen einer ineinander verschränkten Dynamik, die Sigfried Giedion in seiner Geschichte der Mechanisierung bereits für die frühe und mittlere Phase der Industrialisierung belegt hat. Die Entwicklung der Dinge und

Funktionen geht Hand in Hand mit der Entwicklung kultureller Haltungen und Gesten oder umgekehrt.

Beim Telefonieren lassen sich Schritte dieser parallelen Modernisierung nachvollziehen: Am Anfang ängstlich-umständliche Benutzung und verwunderte Gewöhnung; allmähliches Selbstverständlich-Werden der Errungenschaft im technisch verbesserten Gebrauch; Aufhebung der Grenzen zwischen Geschäfts- und Privatbereich, Anerkennung der Geste als Ausweis kultureller Modernität; Demokratisierung des Instruments; Ausklinken dazwischengeschalteter Vermittlungsinstanzen, Einführung des Vorwahlziffercodes; Teilautomatisierung und Mobilisierung der Funktionen; Erhebung zum sozialen Distinktionsmerkmal, erneute Nivellierung; Auflösung der Privatheit des kommunikativen Akts (Konferenzschaltung, Abhörpraktiken); öffentliches Telefonieren; Miniaturisierung der Technik, Hinzufügen des Bildes usw.

Die skizzenhafte Reihe zeigt, wie technologische Entwicklung und kultureller Wandel ein ineinandergreifendes Muster des Alltäglich-Werdens einer Kommunikationstechnik und eines Kommunikationsbedürfnisses bedingen. Die zunächst vereinzelte Einrichtung ist ubiquitär und selbstverständlich geworden, Teil der Kultur der Moderne, die sich darüber auch den Menschen vermittelt. Nichts ist frustrierender als die Auskunft: »Kein Anschluß unter dieser Nummer.« Selbst im Fehlversuch funktioniert die Struktur des kommunikativen Systems. Ein Telefon finden wir an jeder Ecke, oder das Handy steht zur Verfügung. Es verbindet mit jedem Partner in der weiten Welt so gut wie mit der Gattin, der Geliebten und den Kegelbrüdern. Darüber vergessen wir, daß dieses Instrument, obwohl es schwächlich piept oder gern versagt, Gewalt über uns hat und es sich den Gebraucher nach seinen Bedingungen erzieht.

Ein Verzicht würde uns nicht vom kulturellen Zwang befreien, der sich in seinem Gebrauch verdichtet, weil es genügend andere Dinge in unvermeidlicher Nähe gibt, die seine Rolle in Varianten der kulturellen Anpassung übernehmen und die parallel verstärkend wirksam sind. Es gibt Gegenstände, von deren kultureller Harmlosigkeit man überzeugt ist, weil sie im Gebrauch niemanden wehtun. Dabei wird gern übersehen, was sie dem Benutzer unauffällig zufügen.

Jedes Werkzeug schlägt auf die Erfahrung durch, hinterläßt seine Spuren nicht nur am Produkt, sondern auch am Menschen. So wird die Verlagerung von Arbeitsplätzen aus dem Großraumbüro an den PC daheim sowohl die »Bedingung« technischer Präsenz als auch das Moment der sozialen Vereinsamung deutlicher hervortreten lassen – trotz der vielbeschworenen neuen sozialen Interaktivität über das Gerät. Selbst im Spiel wird die Situation problematisch, wenn Kids mit den Symptomen von Computerwaisen sich für den Rest der Umgebung nicht mehr interessieren. Sie tauen im Gespräch erst auf, wenn es um den Austausch technischer Finessen geht.

Es sind nie nur einzelne Objekte, die diese Aufgabe der kulturellen Vereinnahmung erfüllen. Einige freilich ragen exemplarisch aus der Vielzahl heraus, weil sie die Strategie der Modernisierung rein verkörpern. So ist es das Ineinandergreifen verschiedener Erfahrungen an verschiedenen Orten mit gleicher technogener Tendenz, das uns in Wahrnehmung und Gebrauch im Sinne einer zeitgenössischen Ästhetik des Alltags prägt. Die Strategie wirkt ungeplant, aber sie ist wirksam. Wo immer wir auf Installationen technologisch definierter Wirklichkeit treffen, betreten wir einen Lernort, ein Übungsfeld der Eingewöhnung und Einverleibung des Kulturellen.

Die geliebte Person, mit der ich telefoniere, wirkt augenblicklich ganz nah und ist doch fern und unerreichbar. Freilich ist mir die Emotion noch gewährt. Liebesgeflüster oder Wutgeschrei kommen fast so an, wie es klingt, wenn das Handy nicht gerade seinen Geist aufgibt. Trotzdem erliegt man einer Illusion, ähnlich jener, in der man sich Orchester, Dirigent und sich selbst in den Konzertsaal träumen muß, wenn der lupenreine CD-Klang aus der HiFi-Anlage erklingt. Nicht dort sein, wo etwas geschieht, aber dabei sein und alles mitbekommen, wie es die Bildreportage live verspricht, obwohl man doch daheim auf dem Sofa sitzt – alle diese funktional selbstverständlichen Illusionsprodukte der High-Tech-Kultur zeigen an, wie wir von Kindheit an eingeübt werden, auf synthetische Reize so zu reagieren als wären sie Wirklichkeit. Auf die Schattenspiele der Filmleinwand lernen wir gehorsam mit Lachen oder Weinen zu reagieren, obwohl wir wissen, daß da Schauspieler nach bestimmten Regeln agieren, die regelhaft sich wiederholend, nach bestimmten Regeln synthetisiert und reproduziert worden sind.

Unsere ästhetische (das heißt aus der Summe aller Wahrnehmungen produzierte) Erfahrung ist vom kulturellen Klima, vom Entwicklungsstand und Komplexitätsgrad der Technokulturen, vom Stand der Dinge nicht ablösbar; ja sie ist das Ergebnis langwieriger, aber unvermeidlicher

Lern- und Anpassungsprozesse, in denen die Dinge und ihre Funktionen unsere täglichen Lehrmeister sind.

Die Kultur ist ein Gefängnis, aus dem niemand ausbrechen kann. Jeder Befreiungsversuch liefe auf eine Selbsttäuschung hinaus. Der Urlaubsflug auf die Seychellen scheint in einem müden Blinzeln des Vergessens am Palmenstrand zu enden. Schon kommt der Hotelboy mit dem Handy. So sieht man es in Filmen, die mehr vom Zwangscharakter der Kultur verraten, als ihren Regisseuren bewußt sein mag. Oder wir wissen selbst, daß es kein Entrinnen gibt und tun nur so, als glaubten wir daran. Wir teilen dem Anrufer mit, wie viel einsame Natur am fremden Strand anzutreffen ist. Schon durch die Art ihrer Mitteilung wird die Einbildung denunziert.

Dinge zivilisieren uns durch die Allgegenwart ihrer Gebrauchsfunktionen, deren je einzelne die technische Kultur als Ganzes repräsentiert, wie eine stille Macht. Aus dieser bewußtseinsbildenden Einflußsphäre gibt es kein Entkommen, keine Flucht zu irgendeinem geträumten älteren Ich. Denn das gegenwärtige ist nicht nur ein sozial bestimmtes, sondern immer auch ein kulturell definiertes Ich, das in seinen Wahrnehmungen von der allgegenwärtigen Gewalt des Systems der Funktionen und Rituale dirigiert wird, die unseren Alltag beherrschen, während wir der Illusion erliegen, in der Wahl der Dinge und Lebensstile frei zu sein. Die Dinge liegen anders. Sie spiegeln in das einzelne Leben zurück, was in der Gesamtheit aller zivilisatorischen Errungenschaften zum verbindlichen Standard einer Epoche zählt.

Dimensionen der Gegenstandserfahrung

Was bedeutet Zeitgenossenschaft mit den Dingen? Was geschieht im Umgang, in der Beziehung zu ihnen? Die unterschiedlichen Erfahrungsebenen und Zeitleisten des interaktiven Prozesses lassen sich am Beispiel jeder Biographie nachvollziehen. Ich muß mich nur erinnern, wie ich als Vierjähriger in mein Tretkurbelauto aus rotlackiertem Blech stieg, um damit in rasch erworbener Sicherheit um all die zu schonenden Ecken des Mobiliars und um die Pfützen im Hof in Einübung meiner Geschicklichkeit zu kurven. Was hat meine schlafwandlerische Fahrtüchtigkeit heute mit dieser frühen Übung zu tun? Das wäre zugleich die Frage nach dem Ausgeliefertsein der individuellen Erfahrungsgeschichte an allgemeine kulturelle Vorgaben, an einen Lernprozeß, der unvermeidlich ist. Doch war das Tretkurbelauto nicht nur industriell-symbolisches Trainingsinstrument, sondern auch Objekt mit sozial unterscheidender Funktion: Kein anderes Kind im Dorf besaß ein solches Auto. Meine soziale Zugehörigkeit wurde damit signifikant, wobei mir damals nur die Vorteile bewußt waren, die ich aus dem Verleih ziehen konnte oder aus der Demonstration jenes Könnens, das an meine Verfügung über das Gerät gebunden war.

Verlasse ich die Spielzeugwelt, stellen sich andere, fast mythische Bilder ein. Ich sehe die qualmende Lokomobile vor der Feldscheune stehen, jenen rußigen Elefanten auf Eisenrädern mit Feuer im Bauch, der die rhythmisch stampfende Dreschmaschine antrieb, oder das Bild mit zwei Dampfmaschinen dieser Art, klein am Horizont, den Pflug an einem Seil quer herüber und hinüber ziehend.

Die Bilder stehen für Arbeitsbeobachtungen während einer Kindheit und sind zugleich exemplarische Ausschnitte der Produktionsgeschichte, noch ganz Ende 19. Jahrhundert, obwohl um 1938 wahrgenommen, und damit Exempel für die Gleichzeitigkeit des Ungleichzeitigen in dieser Kultur. Ein oder zwei Jahre später stand ein kleiner grauer Elektromotor an der Stelle der Lokomobile, ein höchst langweiliges, verschlossenes Ding. Und auch das Dreschen hatte sich verändert. Als das pfleglich fast wie ein Tier zu behandelnde schwarze Ungetüm verschwunden war, fehlte der Maschinist. Kraft kam, gleichmäßig und anonym gespendet, aus dem neuen, wartungsfreien Aggregat. Der Maschinist war Traktorist geworden; er fuhr mit dem Lanz-Bulldog Zuckerrüben zur Fabrik, während die Drescherinnen und Drescher auf der staubigen Maschinenbühne mit weniger Pausen und ohne an der Lokomobile gewärmtes Essen weiterarbeiten mußten.

Ich, das teilnehmend-beobachtende Kind, erlebte eine Entzauberung, die objektiv als verspäteter Vollzug der zweiten industriellen Revolution in der Landwirtschaft zu bezeichnen ist. Bald gab es noch einen Dieseltraktor neben dem Glühkopf-Bulldog, aber immer weniger Pferdegespanne. Ich kann mir daher auch das Fahren in der Kabine moderner Ackerzugmaschinen mit Heizung, Disco-Sound aus dem dritten UKW-Programm und automatischer Pflugwende per Knopfdruck vorstellen.

Indem ich das Gutshaus mit der Einrichtung meiner Eltern erinnere, sehe ich mich in ein städtisch-angestelltenkulturmäßig auftretendes Ensemble schöner, unnützer und nützlicher Dinge zurückversetzt, das durch einen Touch von Wohlhabenheit und technisch-ästhetischer Modernität in allem eher konservativen Gehabe der Mischung geadelt wurde. In der Küche stand ein elektrischer Backofen neben dem Trumm von Kohleherd, Vater fuhr einen schwarzen BMW und filmte die Kinder mit der Kodak-Kamera; das Rattern des Projektors im Wohnzimmerdunkel ist eine spätere Erinnerung des Familienlebens.

So ist mir durch Anschauung früh der Unterschied zu den bäuerlichen Einrichtungen im Dorf, zu den Interieurs benachbarter Rittergutsbesitzer und zu den abgewohnten Unterkünften der Hofarbeiterfamilien vorgeführt worden. In die Arbeiterhäuser sollte ich nicht gehen, aber das machte sie ja so interessant. Dort wimmelte es von schmutzigen Kindern, Hühnern und Gänsen; Dinge waren kaum zu sehen.

Schließlich gibt es eine dritte Sorte von Bildern. Solche, die meine persönliche Erfahrungsgeschichte als unter anderem über Gegenstände und Räume vermittelte Beziehungsgeschichte in der Konstruktion meiner Biographie ausweisen: Ich sehe mich im Sessel meines Vaters sitzen, der schon im Krieg war, unter einer Stehlampe mit geschwungenem Schaft und imitiertem Pergamentschirm. Sie hatte ein angebautes, furniertes Tischchen, aus dem eine elektrische Wärmeplatte herausgezogen werden konnte. Auf dem Tischchen stand das Radio, dessen Gehäuse ebenfalls furniert war, darauf eine Eule aus Industriekeramik, ein sogenannter Rauchverzehrer; wenn man sie anknipste, leuchteten ihre roten Augen. Im Halbdunkel auf dem Bücherschrank stand eine Kopfbüste des Führers in Gips, die mein Vater bei einer Schafzüchterprämierung gewonnen hatte. Meine Mutter und ich pflegten vom Gipskopf zu sprechen – in einer hinterhältig-unbewußten Form des Widerstands. Alles Hinweise darauf, welche ichgeschichtliche Rolle gegenständliche Ensembles der privaten Umwelt vermutlich spielen, auch wenn niemand ihnen das ansehen kann, weil sie als Massenprodukte austauschbar sind. Denn ich könnte an dem Bild meines Sitzens in diesem Wohnraum der späten, teils noch behüteten, teils schon selbstverantwortlich-bewußten Kindheit meinen Habitus von heute einer Selbstanalyse unterziehen, wobei vermutlich herauskommen würde, daß sich im Grunde meines Verhaltens wenig geändert hat, obwohl ich zwischenzeitlich die miefige Kleinbürgerlichkeit des erinnerten Bildes verabscheut habe. Unter dieser Ablehnung gibt es Schichten, von denen nichts zu wissen vielleicht gut ist.

Alle persönlichen Erinnerungsbilder zusammen lehren, daß die Wissenschaftsförmigkeit von Aussagen zur Kulturgeschichte nur eine besondere, oft nicht einmal zuverlässige Art des Erzählens darstellt, sofern es nicht gelingt, sich auf reale Hintergründe zu beziehen und dabei das Auge zwischen den drei Entfernungen spielerisch hin- und herschweifen zu lassen – von den Epochen-Indizien über die sozialen Ingebrauchnahme-Weisen zu den lebensgeschichtlichen Verwicklungen hin und zurück.

»Jedes Objekt wird in Konstellationen eingebettet, es gehört einem System an.« (Boesch 1983, 40) Die Welt der Gegenstände ist also nicht bloß eine Ansammlung, ein Haufen. Sie gliedert und ordnet sich, von verschiedenen Wahrnehmungsstandpunkten und vor verschiedenen Erfahrungshintergründen gesehen bei scheinbarer Stabilität der Verhältnisse immer wieder neu, wird von der Wahrnehmung in ihrer kulturellen, sozialen und individuell interpretierten Zeichenhaftigkeit aufgenommen. Gegenstandserfahrung entsteht in einer historischen Konfiguration verschiedener Bedeutungs- und Beziehungskategorien, die man nur vorübergehend in der theoretischen Betrachtung getrennt behandeln kann: Es gibt Beziehungen zum Bestand der Dinge auf der Ebene gesellschaftlichallgemeiner, epochaler Aneignungsprozesse, auf der Ebene der sozialen Deutungs- und Umgangsmuster darin und auf der Ebene individueller Auslegungen innerhalb teilhabender Gebraucherbiographien. Erst in diesen realisiert sich der Aneignungsprozeß; denn Kultur geht durch ihr einzelnes Subjekt; nur so wird sie reproduziert, das heißt wahrgenommen, verarbeitet und in den sozialen und gesellschaftlichen Raum reflektiert. Ohne eine Summe von Einzelgeschichten der individuell gelebten Interpretation würden weder die sozialen Gebrauchsmuster noch die grundlegenden gesellschaftlichen Erfahrungen einer Epoche konkret verwirklicht. Das Individuum ist die Schnittstelle und das Realisationsmedium aller Gegenstandserfahrung. Erst im Bewußtsein und Verhalten des einzelnen stapeln sich die epochal-strukturellen, die sozial-normativen und die biographisch-persönlichen Ereignisse an den Dingen und ihr kommunikativer Kontext zu jenem dicht geschichteten Produkt, das wir Gegenstandserfahrung im allgemeinen Sinn nennen.

Die epochale Sammlung der Werkzeuge und Dinge (wobei der Unterschied entfallen könnte: jedes Ding ist ein Werkzeug, und sei es zur Produktion symbolischer Werte) bindet die Zeitgenossenschaft aller Aneigner und Gebraucher, schwört sie auf einen Gesamtentwurf, eine Tendenz zur Entwicklung von Lebensformen, einen Grundtypus der industriellen Welt- und Selbstwahrnehmung ein. Dieser Prozeß der kulturellen Gestaltung allgemeiner Verhaltensmuster und Befindlichkeitsfiguren bis in das Körperbewußtsein hinein wird an sozialen Ingebrauchnahmeweisen der Dinge sichtbar und zugleich gebrochen. Auf dieser zweiten Ebene finden sich differenzierte Bilder der Auslegung kultureller Epochen-Standards oder der Reaktionsweisen auf sie. Es sind gleichzeitig Zeugnisse einer Sozialgeschichte von Aneignung und Gebrauch. Hier siedeln auch die ästhetischen »Lebensstile« als Mittel der Unterscheidung.

Auch das »postmoderne« Subjekt wird in solchen Überlagerungen und Durchgängen geformt. Die kulturellen und sozialen Bedingungen, die unsere Umwelt konstituieren, prägen uns zu jenen Subjekten, die wir geschichtlich sind, ohne daß wir alle Individualität in der Gleichförmigkeit oder Vielfalt verlieren. Im Gegenteil, Identitätsfindung am Gegenstand gelingt immer nur unter den Bedingungen der Differenz-Kulturen und der sozialen Felder, in denen gelebt wird. Damit sind unterschiedliche Zeitmaße des Prozesses vorgegeben: Die subjektiv erlebte Zeit einer Biographie, der Wandel oder die Beständigkeit sozialer Wahrnehmungsmuster und die Abfolge ökonomisch-technologischer Entwicklungsschübe bilden eine dynamische, von Spannungen und Verwerfungen gekennzeichnete Einheit der Erfahrungsproduktion. Fernand Braudel spricht von »Etagen der Geschichte«, von einer »longue dureé« der Entwicklungen und von den kurzen Zeitabschnitten einzelner Ereignisverläufe (vgl. Braudel 1977). So ist etwa ein gegenwärtiges Leben in der Moderne, die zweifellos einen längeren Atem hat, als ihre postmodernen Bestatter meinen, ein Ereignis, in dem kurzfristige Veränderungen der Gegenstandswelt eine prägende Rolle spielen können. Es ist aber auch ein Ereignis, das, eingebettet in eine längerwährende Geschichte, an einem übergreifenden Prozeß des Veraltens und der Modernisierung teilhat. Die Erfahrungsbiographie des Subjekts kann also uneinheitlich, ja zerrissen sein, sie ist nicht unmittelbar deckungsgleich mit Erfordernissen des Modernisierungsprozesses. Das sieht man schon bei Beginn der Industriekulturgeschichte im Aufkommen einer neuen Klasse von Subjekten.

Der frühindustrielle gesellschaftliche Typus des 19. Jahrhunderts, der dem neuen kulturellen Grundmuster angemessen erscheint, vorbereitet in einer langen Geschichte der bürgerlichen Neuzeit, ist der Unternehmensgründer, Erfinder oder Ingenieur in Personalunion. An ihm gewinnt die technisch-ökonomische Rationalität des neuen Zeitalters ihren Ausdruck in bestimmten Formen des Wahrnehmens, Denkens und Handelns. Aber dieser neue Typus des ökonomisch modernisierten Verhaltens bleibt Traditionen verhaftet, die eher in Spätromantik und Biedermeier stillgestellt erscheinen, als daß sie sich der beginnenden Moderne öffnen. Familienleben und Wohnen des »Herrn der Fabrik« um 1830 stehen für wenigstens ein Generation im Widerspruch zur Dynamik der Industrialisierung. Auch die Symbolisierung der Technik an den Gegenständen des neuen Zeitalters erfolgt über historisierende Formen, die im Gegensatz zu den rational-technischen Vorgängen in der Produktionsgeschichte stehen. Es gibt auch hier eine Verzögerungstradition.

Woran würde man heute einen neuen kulturellen Subjekttyp erkennen? Jenen Typus zum Beispiel, der auf die dritte industrielle Revolution sichtbar angemessen, sozusagen vorbildhaft-gesamtgesellschaftlich reagiert? Computerfreaks erkennt man nicht daran, daß sie in Outfit, Auftreten und Verhalten technisch durchrationalisierte Menschen wären. Wollte man das Profil des modernen Gebrauchers beschreiben, dann doch wohl so, daß er mitten im Modernisierungsschub des digitalen Zeitalters in

Relikten überholter Sozialtraditionen aufwachsend, an veralteten Familienstrukturen festhaltend, in symbolisch anti-industriellen Interieurs nach obsoleten Vorstellungen eines ehedem bürgerlichen Ich lebend, mit seinem PC spielt und sich in eine moderne Zukunft träumt.

Das Ungleichzeitige wird in der Gegenwart alter und neuer Dinge und Funktionen gleichzeitig. Wir machen unsere Gegenstandserfahrungen nicht nur auf unterschiedlichen Wahrnehmungsebenen, sondern auch in einer Vermischung der historischen Wahrnehmungsstandpunkte, was die Sache noch kompliziert. Auch das kollektive Gedächtnis spricht im Prozeß der Gegenstandserfahrung mit. Das heißt: In jedem Augenblick des gesamtgesellschaftlichen Aneignungsprozesses kumuliert alle historische Erfahrung am Werkzeug und Ding unter leicht veränderten Bedingungen, schließen sich spezifische Auslegungen des Grundmusters zu sozialen Handlungsformen, Gebrauchsweisen und symbolischen Ausdrucksbedürfnissen neu zusammen, um ein momentanes, auch traditionsstiftendes Beziehungsgeflecht zu bilden, und wird an unzähligen persönlichen Erfahrungsgeschichten der intimen Gegenstandsvertrautheit weitergearbeitet. Diese gehen über die Gegenstandsfunktionen weit hinaus: in Richtung einer Unterwerfung der Wahrnehmung unter gültige kulturelle Standards und soziale Verhaltensmuster einerseits, zugleich – ohne daß diese Prozesse davon gestört würden – in Richtung einer Ausgestaltung persönlicher Beziehungen zum Gegenstand andererseits. Dahinter scheinen die Funktionen aus den genannten Bereichen oft zu verschwinden, obwohl sie natürlich weiter formgebend am Werk sind.

Daß Gegenstände aus der materiellen Kultur in ihren Bedeutungen und Funktionen bis in das individuelle Unbewußte reichen können, legt die Vermutung nahe, daß es auch ein kollektives Unbewußtes gibt, in dem die Sammlung der Werkzeuge und Dinge ihr verlorenes Gedächtnis hat und ihre verhaltensprägende Kraft sich abstützt. Mindestens dürfte die industriekulturelle Prägung durch die Produktionsgeschichte mit ihrem dynamischen Formverlauf einen zeitlich bestimmbaren Rahmen bilden. Er besteht aus der techno-ökonomischen Materialität dieser Welt, aus den Mentalitätsfiguren ihrer Verarbeitung und einer daraus resultierenden Ästhetik des modernen Lebens schlechthin, der sich keine soziale Gruppierung, auch kein Individuum je entziehen könnte.

Ein immer noch mehrere Generationen umfassendes Kontinuum kultureller Einübung bilden die sozialgeschichtlich identifizierbaren Bilder oder Muster der Ingebrauchnahme von Dingen. Sie stellen zu jedem Zeitpunkt und in jeder Gesellschaft ein in Bewegung befindliches System dar. Jeder einzelne Lebenslauf als die kürzeste Spanne der konkreten kulturellen Realisation und Reproduktion ist aneignungsgeschichtlich an die beiden Vorgänge höherer Ordnung gekettet: Er muß einverleiben, mitleben, was dort an kulturellen und sozialen Bildern vorgegeben wird, er muß diese Bilder »darstellen«, aber er kann Gegenstandsbeziehungen auch individuell interpretieren. Das weist auf einen noch näher zu definierenden Spielraum des persönlichen Verhaltens hin, ähnlich wie schon die sozialen Gebrauchsdifferenzierungen ihren Spielraum gegenüber dem allgemeinen kulturellen Formverlauf der Moderne behaupten. So können individuelle Aneignungsgeschichten sich partiell dem Druck allgemeiner industriegeschichtlicher Zumutungen entziehen oder sich ihnen bereitwillig öffnen. Sie können gegen ein soziales Ausdrucksinteresse opponieren oder sich ihm unterordnen. Sie können mit einer entwickelten Ich-Geschichte verbunden oder von dunklen psychischen Zwängen gesteuert sein. Was immer sichtbar wird, ist nur Teil eines komplexen Gesamtprozesses mit Unberechenbarkeiten und Stör-Variablen. Wenn wir nur die harten Phänomene der Gegenstandswelt sehen, sehen wir eigentlich nichts außer einer Summe von Formen. Wie sie im Einzelfall interpretiert werden, bleibt das Geheimnis unentdeckter Biographien. Und die Vielfalt täuscht. In Wahrheit hat auch die Lifestyle-Liberalität von heute ihren Grundzug von Uniformität und ist nur eine Art Freigang aus dem kulturellen Gefängnis.

Ein erweiterter Aneignungsbegriff

Sich eines Gegenstandes bemächtigen hat etwas mit seiner Aneignung im Nutzen, aber auch mit seinem Tode durch Abnutzung zu tun. Das Einbrauchen einer neuen Sache ist ein ritueller Akt, eine Inbesitznahme und eine Formung. Das Ding wird in die persönliche Verwendung scheinbar umstandslos überführt, aber es wird im Akt des Erstgebrauchs auch rituell markiert: Das neue Auto wird durch den Dreck gefahren, die Jacke zerknittert, ein neues Buch bekommt das erste Eselsohr als Lesezeichen usw. Mit der Aneignung einer Sache beginnt deren innere und äußere Überformung nach dem primären Formungsakt der Produktion und dem Eintausch als Ware, die ihr eigenes Gestaltbild mitbringt. Der makellose Zustand des Neuen wird gestört; die Erscheinungsform des Gegenstands verändert sich zunächst kaum merklich, später, im weiteren Gebrauch immer mehr. Materielle Abnutzung auf der einen und Auffüllung mit Gebrauchsgeschichte auf der anderen Seite gestalten das Objekt in der Aneignung um. Dabei überformt die Hand des Gebrauchers den Gegenstand noch einmal, fügt ihm Eigenschaften hinzu, vernachlässigt einige, nutzt andere Funktionen und den Körper der Sache ab.

Der Gegenstand reagiert in seiner Materialität, Funktionalität und Gestalt auf den Gebrauchsprozeß. Eine Lederjacke ist erst im Bestzustand ihrer Brauchbarkeit, wenn sie »weich« geworden ist, Schrunden, Kratzer, Flecken und Verfärbungen aus der Geschichte des Tragens aufweisen kann. Die stonewashed Jeans sind der kommerzielle Ausdruck für die Wertschätzung des Gebrauchten. Da wird ein fiktives Dingschicksal suggeriert, das der Benutzer mit ihm teilen darf. Der Sessel ist erst dann der eigene, wenn er eine Körpermulde bildet, die mit der unverwechselbar eigenen Anatomie korrespondiert usw.

Freilich ist der Glanz des Neuen immer reizvoll. Er wird oft so lange wie möglich erhalten, aber die Patina des Gebrauchs steht mit ihm in starker Konkurrenz. Es ist ein nicht auflösbarer Widerspruch: Ein Ding in seiner reinen Schönheit des Anfangs erhalten und es doch durch Gebrauch in Besitz nehmen und adeln zu wollen, wodurch es unweigerlich aufgezehrt wird. Nichts hält ewig. Gebrauch geht nie ohne Abnutzung vonstatten. Sich ein Eigentum am Ding bilden heißt also immer auch, es seinem Ende näherzubringen.

Das wissen alle aus lebenslanger Erfahrung, weshalb es so viele Arten der Schonung gibt, die nichts anderes als Versuche zur Lebensverlängerung der Gegenstände und zur Erhaltung des Genusses an ihnen bedeuten. Die Tugend der Schonung verdeckt aber die Einsicht, daß jedes Ding durch den Aneignungsakt in der Zeit tendenziell verbraucht wird, obwohl ihm auch etwas hinzugefügt wird – seine Geschichte in der Hand des Gebrauchers. Aber Aneignung ist immer auch eine verschleierte und verzögerte Gewalttätigkeit gegenüber dem Objekt, ein Akt des Verzehrs, der Zerstörung. Diese aggressive Komponente steht der Schonung gegenüber und ist auch durch deren Übertreibung nicht aus der Welt zu schaffen.

Der Vernutzungstod einer Sache wäre als ihr natürliches (oder kultürliches) Schwinden anzusehen. Heute ist dieses würdige Ende nur wenigen Dingen beschieden. So formen alle historischen Kulturen ihren eigenen Standard der individuellen und kollektiven Aneignungsweise aus. Ein Horizontalschnitt durch die Gegenwart würde stark kontrastierende Verhaltensweisen zeigen, je nach Armut oder Reichtum einer Gesellschaft. Man braucht nur das Spielzeug von Kindern in West-Europa mit dem in der Dritten Welt zu vergleichen, um zu sehen, wie etwas, das nie neu war, sondern aus Schrott gebastelt, länger hält als alles, was glänzend neu daherkommt, um in der nächsten Saison verschwunden zu sein. Aneignung ist also kein nur persönlicher, sondern immer auch ein gesellschaftlicher, ja kultureller Akt, der an den Dingen nicht spurlos vorübergeht. Der Begriff muß theoretisch entfaltet werden, damit man den eigenen Umgang mit den Dingen besser versteht.

Kommen wir zurück auf das Modell der drei Ebenen der Gegenstandserfahrung, die individuelle, die soziale und die kulturelle. Wenn die Vorstellung eines wie die Puppe in der Puppe in der Puppe ineinander verschachtelten Zusammenhangs von Prozessen gegenstandsbezogener Wahrnehmung im Gebrauch zutreffend ist, muß auf dieser Grundlage bestimmt werden, was Aneignung der Dinge heißt. Die Ausgangsfigur ist dabei, daß jeder

Aneignungs- oder Gebrauchsakt sich auf allen drei Ebenen, also mehrdimensional, vollzieht und daß es sich bei jedem persönlichen Einzelfall nicht um ein isoliertes Erleben, sondern um ein Erfahrungsmaterial handelt, das, obwohl es aus einer Ich-Geschichte der Ingebrauchnahme stammt, doch auch wie der Wassertropfen eine Substanz darstellt, die dem Meer eines übergeordneten, in Bewegung befindlichen großen Ganzen nur sozusagen probeweise entnommen ist.

Wann immer man von Aneignung spricht (und in der Perspektive auf den Gegenstandsnutzen von Gebrauchswert), wird man die Definition des Begriffs vom Standort der Betrachtung abhängig machen müssen. Das inhaltliche Spektrum des Aneignungsbegriffs umfaßt in einem sehr allgemeinen Verstehen zwar alle drei Standortmöglichkeiten zugleich. Aber diese Simultaneität wird in der Praxis kaum bewußt, vielmehr sind nur drei verschiedene Blickwinkel aus verschiedenen Entfernungen nacheinander oder im Wechsel möglich: der Blick auf das allgemeine industriekulturelle Gesamt-Subjekt, der Blick auf das in besonderer Weise sozial aktive Gruppen-Subjekt und der Blick auf das seine undeutliche Ich-Identität wahrende Einzel-Subjekt der Aneignung.

Aneignungsprozeß und Gebrauchswertbestimmung sind daher Interpretationsleistungen, die aus dem jeweils gewählten Blickwinkel denkbar werden: Auf der Ebene der Epochen-Kultur heißt Aneignung gesellschaftliche Einverleibung aller Gegenstände im Sinne von Verkörperung und Anerkennung des historischen Standes der Werkzeugentwicklung. Dabei wird gleichsam der Gesamtgebrauchswert aller zur Zeit entwickelten Instrumente der Naturbeherrschung vergegenwärtigt und internalisiert.

Auf der Ebene der sozialen Ingebrauchnahme-Weisen bedeutet Aneignung den kollektiven Zugriff auf erreichbare Werkzeuge zur Reproduktion des Lebens und die Ausprägung besonderer sozialer Ausdrucksformen ihres Gebrauchs. Dabei wird eine Art Standort- oder Interessen-Gebrauchswert aus der Sicht konkurrierender Klassen, Schichten oder Gruppierungen des gesellschaftlichen Feldes auf der Ebene unterscheidbarer Lebensstile realisiert.

In den einzelnen Akten individueller Ingebrauchnahme heißt Aneignung eines Gegenstands sein Einfügen in den Kontext der unverwechselbar einmaligen Erfahrungsbiographie des eigenen Alltags, so daß unter Gebrauchswert hier die individuelle Interpretation einer Sache als persönliches Lebensmittel in jeder Beziehung verstanden werden kann. Aus der Selbstbeobachtung und aus der Anschauung des Verhaltens anderer läßt sich nun ein differenzierter Aneignungsbegriff zur Bezeichnung unserer dynamischen Beziehung zur Welt der Dinge gewinnen.

Gegenstände vermitteln die Gesamtheit ihrer Produzenten und Gebraucher sinnlich und symbolisch mit dem Entwicklungsstand der gesellschaftlichen Produktionsgeschichte. Sie sind aber nicht bloß allgemeine, historische Lebenswerkzeuge, sondern werden durch die Art ihrer Verteilung, Zugänglichkeit, Verbreitung, Wahrnehmung und Handhabung in den sozialen Feldern ihres Gebrauchs unterschiedlich interpretiert. In der gesamtgesellschaftlich-historischen Aneignung vollziehen sich daher ausdifferenzierende, soziale Aneignungsschichten. Die sozialen Gebrauchskulturen wiederum brechen sich in den je individuellen Aneignungsbiographien. Auf dieser persönlichen Ebene wird gegenständliche Aneignung gelebte Wirklichkeit, erfüllen sich alle Bestimmungen der Produktionsgeschichte, der Sozialgeschichte und der Lebensgeschichte in ein und demselben Akt. Keine der drei Beziehungsebenen existiert unabhängig von den anderen, auf keiner gibt es einen Stillstand; denn die geschichtliche Bewegung geht durch alle gleichermaßen hindurch. So entsteht ein Kontext allgemeiner und besonderer Gegenstandserfahrung als Prozeß. In der *gesellschaftlichen* Aneignung kumuliert die Gesamtheit aller historischen Erfahrung am Gegenstand – von den ersten menschlichen Werkzeugentwürfen bis zur hochentwickelten Industriekultur. In der *sozialen* Aneignung treffen die gegenständlichen Gebrauchserinnerungen und -erfahrungen aus der Sozialgeschichte mit den aktuellen sozial differenzierten und sozial differenzierenden Gebrauchsweisen zusammen. In der *individuellen* Aneignung handelt es sich um die Gesamtheit der lebenslang aufgebauten gegenständlichen Beziehungen und intimen Erfahrungen.

Sobald man also von unserer in der Gegenwart sich vollziehenden Aneignungsgeschichte spricht, sind drei Schauplätze der Beziehungsarbeit in drei Zeitdimensionen gleichzeitig im Blick zu behalten. Die gesamte Produktionsgeschichte der technischen Kultur mit ihren tendenziellen Ausweitungen und Einschränkungen menschlicher Erfahrung bildet das eine (und alles andere umgreifende) Kontinuum. Es spannt sich zwischen dem Londoner Kristallpalast von 1851 und den Warenpalästen von heute bis zu den neuesten Teleshopping-Katalogen aus. Das zweite große Kontinuum bilden die im Laufe der Geschichte der Industriekultur ausdifferenzierten sozialen Interpretationen der Gegenstandsbeziehung bis in die Lifestyle-Formen der Gegenwart. Das dritte Kontinuum ist die individuelle, gleichsam als Ausschnitt und Exempel des Ganzen gelebte, biographisch verankerte Aneignungs- und Beziehungsgeschichte im Einzelfall. Hier finden sich die detaillierten und konkreten Miniaturen zu den großen Bildern und Bilderwechseln der Sozialgeschichte und der Gesellschaftsgeschichte des Gegenstandsgebrauchs. In der individuellen Aneignung spiegeln sich nicht nur die zivilisatorischen und sozialen Muster, sondern entsteht eine Beziehungsstruktur zwischen Ich und Gegenstand, die nicht im Allgemeinen aufgeht, obwohl sie Teil des Ganzen bleibt. Freilich gewinnt das Ding in diesem Akt womöglich neue, noch unauflöslichere Gewalt über das Subjekt in Form einer »Beziehungskiste«.

Der Gebrauchswert einer Sache ist daher als Interpretationsleistung des Aneigners zu verstehen. Er kann an einem Gegenstand nicht vollständig vorausgeplant werden, auch wenn sich das moderne Warendesign große Mühe gibt, dem Wünschen und Phantasieren vieler zuvorzukommen. Dieser Versuch findet seine Begrenzung an den Rändern der individuellen Lebensgeschichte, in die er gleichwohl eindringt. Doch beginnt hier eine Zone des Wahrnehmens und Handelns, in der das gestaltende Bewußtsein und das Unbewußte als Teil des Individuellen eigene Wirksamkeiten entfalten. Es ist zwar unmöglich, diese von den historischen und gesellschaftlichen Bedingungen zu trennen, aber es tritt ein Unberechenbares hinzu: die individuelle Reaktions- und Deutungsweise. So kann ein Ding zu ganz anderen Zwecken gebraucht werden, als wofür es geplant und gestaltet wurde. Der Produzent vermag den Gegenstand nur mit sehr allgemeinen Anmutungseigenschaften auszustatten; der Gebraucher nimmt ihm das Heft aus der Hand und gestaltet selbst weiter, indem er sich das Ding aneignet. Das anonyme Massenprodukt wird durch Aktivität, Erfahrung und Phantasie des Subjekts in einen Lebenszusammenhang integriert. Erst wenn man diesen Akt in seiner Vielschichtigkeit zu begreifen beginnt, wenn man nicht nur in die sozialisationsgeschichtlich objektiven Bestimmtheiten, sondern auch in die biographisch-intimen Bindungen an Objekte Einblick gewinnt, wenn man gleichsam die existentielle Ästhetik von Gegenstandsbeziehungen in ihren individuellen Grundmustern entdeckt, weiß man, was Gebrauchswert im Einzelfall heißen kann. Auch eine Kritik der Brauchbarkeit der Dinge muß sich auf dieser Ebene der lebensgeschichtlich-psychologischen Einfühlung bewähren.

Im Begriff der Aneignung ist die ganze Beziehungsarbeit eines Lebens verdichtet, die sich keineswegs auf das Verhältnis zu den Dingen als Waren beschränkt (vgl. Haug 1971), sondern die vielfach hinter diesem Verhältnis die Erfahrung des handelnden Subjekts mit sich selbst und seiner engeren und weiteren sozialen Umwelt ahnen läßt. Individuelle Aneignungsgeschichte ist immer auch die Geschichte von Kontexten, die durch die Gegenstände hindurchgehen, sei es im Rahmen von Gesellschaft, Gruppe, Klasse, Arbeit und Freizeit usw., sei es im Rahmen enger zwischenmenschlicher Beziehungen. Aber individuelle Aneignungsbiographien sind nicht nur zwangsläufig Reflexe auf gesellschaftliche Bestimmtheiten. Die psychohistorische Problematik spiegelt sich oft in Gegenstandsbeziehungen, ja, diese können womöglich erst ihre Rätselhaftigkeit verlieren, wenn es gelingt, die Grundlinien einer individuellen Beziehungsgeschichte aufzudecken, die zur spezifischen Färbung der Gegenstandsdeutungen führen. Es werden nicht nur die historischen und sozialen Wahrnehmungsweisen, sondern auch die im Unbewußten verankerten (oft vielleicht bloß auf die Gegenstände verlagerten) individuellen Beschädigungen, Bedürfnisse, Sehnsüchte und Neigungen mitgeschleppt. Die Dinge sind nicht zu trennen vom inneren und äußeren Lebensschicksal ihrer Aneigner. Die Biographie *aller* Erfahrung berührt die der Gegenstandserfahrungen und umgekehrt (vgl. Selle/Boehe 1986).

Auch wenn die Gegenstände einen Einfluß ausüben, wenn sie unbemerkt über ihre Gebraucher kommen und das Verhalten mitregieren, so tun sie das nur in Lebenszusammenhängen und wirken niemals für sich allein. Im Aneignungsprozeß gegenständlicher Erfahrungen und im Aufbau gegenständlicher Beziehungen sehen wir daher *alle* Funktionen und Bedeutungen versammelt, die Einzelgegenstände oder Ensembles im Laufe einer individuellen (zugleich sozialen und kulturellen Biographie) zuerkannt bekommen. Nach dieser Definition umfaßt die individuelle Aneignungsgeschichte *alle* im Laufe der Zeit realisierten, aber auch die bloß vorgestellten, gewünschten oder erinnerten Eigenschaften des Objekts und deren Wirkungen auf den Aneigner. Aneignung ist daher immer ein mehrschichtiger Prozeß, eine Geschichte in der Geschichte.

Bazon Brock hat einmal von vier Grundfunktionen gesprochen, die im Gebrauch realisiert werden. Er unterscheidet den persönlichen Ordnungsentwurf in der Sammlung der Dinge; die Aneignung als Akt der Verfügungsgewalt über sie; die Integrationsmöglichkeiten in soziale Zusammenhänge durch ihren Besitz; schließlich die Vergegenständlichung von Bedeutungen und Erinnerungen (vgl. Brock 1979).

Damit sind Grund-Funktionsebenen der Gegenstände skizziert; über die Psychologie der Funktionen, ihren Zusammenhang untereinander und mit der inneren und äußeren Biographie des Gebrauchers müßte aber weiter nachgedacht werden. Eine Voraussetzung dafür ist, daß der Aneignungsbegriff erweitert und nicht auf das Motiv der Verfügung über den Gegenstand eingeschränkt wird. Aneignung ist unmißverständlich nicht ein Teil, sondern das Ganze einer lebenslangen Auseinandersetzung mit dem Gegenstand – von seinem ersten Auftauchen als wirksamer Bedeutungsträger bis zu seinem Verblassen in der Erinnerung. Erst ein derart erweiterter Aneignungsbegriff deckt die physischen und psychischen Aktivitäten des Subjekts gegenüber den Dingen und durch die Dinge ab. Er schließt weder die Verfügungsgewalt noch den Verlust, weder tiefe Verwicklungen noch souveränes Handeln, weder libidinöse Besetzung noch rationales Urteil, weder Identitätssuche noch Orientierungsleistung, weder soziale Mimesis noch Individuationsbedürfnisse aus. Er umfaßt alles, was im Prozeß der Aufnahme, der Ausarbeitung, der Sicherung und des Verlusts von Beziehung zum Gegenstand subjektiv und objektiv eine Rolle spielt, und zwar immer im Lebenszusammenhang einer Sozialbiographie ebenso wie mit einer Tiefenbiographie des Ich.

Aneignungsgeschichte, bezogen auf den einzelnen, meint also den komplexen Prozeß der Beziehungsarbeit zur Welt, in der die »Objekte«, aber auch das Ich, definiert werden. Im Aneignungsprozeß werden Muster der Lebensbewältigung sichtbar und wirksam, vergegenständlichen sich Erfahrungen, Ängste, Lüste, Hoffnungen, Bedürfnisse und Leiden, entwickeln sich die persönlichen Formen des Genusses, entsteht das Teilhabebewußtsein an der technischen und ästhetischen Kultur, wird Kommunikationsfähigkeit unter Beweis gestellt, werden Identitätsentwürfe erprobt usw. Ein solcher erweiterter Aneignungsbegriff umfaßt individuelle, soziale und kulturell vollzogene Aktivitäten über Gegenstände oder am einzelnen Gegenstand des alltäglichen Gebrauchs. Aneignungsgeschichte ist immer Teil der Lebensgeschichte und der Sozialgeschichte, schließlich auch Teil der Entwicklungsgeschichte der industriellen Kultur. Aneignungsgeschichte ist Produktion von Gegenstandsbeziehungen auf allen diesen Ebenen. Denn Gegenstandsbeziehungen stellen sich nicht nur auf Grund subjektiver Erwartungen, Besitzwünsche, Handhabungserfahrungen und -erinnerungen her, sondern ebenso auf Grund klassen-, schicht-, gruppenspezifischer Orientierungsmuster, Zugriffsweisen und Traditionen des Gegenstandsgebrauchs oder deren Auflösung, Veränderung oder Neubildung. Sie sind letztlich abhängig von den langfristigen Veränderungen des materiell-sinnlichen Erfahrungshintergrundes der Gesamtkultur bzw. vom Brechungsverhältnis solcher objektiver Faktoren in unzähligen Einzelbiographien.

Gegenstandsbeziehungen und Aneignungsgeschichte sind daher Teil von Vergesellschaftung *und* Individuation. Der Aneignungsprozeß ist individuelle *und* gesellschaftliche Auseinandersetzung mit der Objektwelt schlechthin. Er beginnt mit der Formung der Sinnlichkeit in der kindlichen Lerngeschichte (vgl. Pazzini 1983), er umfaßt das Wünschen auf den Gegenstand hin, den Akt juristischer Inbesitznahme (durch Kauf, Schenkung, Erbe, Fund usw.), die praktische Nutzung des Gegenstands, den Aufbau einer individuellen und sozialen Bedeutungsstruktur im Zusammenhang mit anderen Dingen, die Bestätigung des eigenen, scheinbar persönlichen und unverwechselbaren Geschmacks als Verinnerlichung ästhetischer Normen, die Ausprägung individualhistorisch bedingter Vorlieben, die Kommunikation mit dem Gegenstand und über den Gegenstand mit sich selber und mit anderen, die Funktionalisierung von Objekten zu Zwecken der persönlichen und sozialen Unterscheidung und Repräsentation, die Stabilisierung von Alltagsordnungen, die libidinös-narzißtische Besetzung, die Vermittlungsfunktion der Gegenstände im Rahmen von Lebensgemeinschaften, die Verwirklichung von Lebensstilen über eine Ästhetik der Objekte und Rituale, die Verdrängung oder Substitution von Bedürfnissen, die kulturelle, soziale und persönliche Identitätssicherung usw.

Aneignung ist also zu verstehen als ein Prozeß, in dem sich *alle* Gegenstandsbeziehungen konstituieren, gruppieren, festigen oder auflösen. Die Geschichte der individuell interpretierten Aneignungsakte einzelner Dinge reicht vom lange vorbereiteten Anschauen des Objekts der Begierde mit besitzergreifendem Blick bis zur Loslösung vom Gegenstand in seiner »Veräußerung« (Verbrauch, Verschenken oder Verkauf). Sogar nach dieser scheinbar zu Ende gebrachten Aneignungsgeschichte bleibt das Angeeignete als Erinnerung und Erfahrung im Spiel: »Damals, als wir den VW Käfer noch hatten ...« Selbst wenn der ursprünglich angeeignete Gegenstand im Objektbestand gar nicht mehr existiert, muß die Gegenstands*beziehung* nicht abreißen. Die Erinnerung kann neue Beziehungstätigkeiten beeinflussen oder sogar zu deren Verweigerung führen. Man ersetzt manchmal einen verlorenen Gegenstand nicht, weil man überzeugt ist, man werde einen gleich »guten« nicht mehr wiederbekommen.

Aneignung ist immer verbunden mit der Produktion und Verarbeitung von unmittelbar gegenständlichen und mittelbar gesellschaftlichen Erfahrungen. Die Gegenstandsbeziehungen, die in diesem Prozeß entstehen, sind der Niederschlag sinnlicher Wahrnehmung und Erfahrung, das heißt körperlicher und psychischer Berührung, handgreiflicher Nutzung, individueller und sozialer Erinnerung, nicht zuletzt auch libidinöser Besetzungen und triebgesteuerter Phantasien. Der Prozeß dieser Beziehungsarbeit verläuft in der Zeit als Lernprozeß.

Einer der Orte, an denen etwas davon sichtbar wird, ist die Wohnung. Wenn man ein fremdes Wohnzimmer betritt, befindet man sich unter vielen Dingen, die ihre Geschichte nicht preisgeben. Man weiß nur, auf dieser Bühne werden ständig Aneignungsleistungen vollzogen, die irgendwann begonnen haben, irgendwann enden werden, und die weder als einzelne, noch im Verbund zufällig geschehen, sondern in einem – vielleicht sogar dem handelnden Individuum selbst verborgenen – Sinnzusammenhang stehen. Man betritt den Ort einer solchen individuellen Beziehungs- und Erfahrungsarbeit in einem bestimmten Moment des Prozesses. Erst wenn man von der Biographie der Besitzer bzw. Bewohner erfährt, kann man beginnen, sich ein Bild der besonderen Beziehungen zwischen den wie zufällig herumstehenden Dingen und ihren Aneignern zu machen. Erst die Lebensgeschichte macht die Randbeziehungen und die besonderen Verhältnisse zu den Dingen im Sinne einer Psychologie der Beziehungen von Subjekt und Objekt verständlich. Ihre genaue Kenntnis von früher Kindheit an gibt Aufschluß über eine Entwicklung, auf deren Grundlage auch ästhetische Neigungen und Abneigungen gedeutet werden können.

Sieht man sich in einer Wohnung um, befindet man sich immer auf einer Bühne, die mit Versatzstücken der individuellen Erfahrung angefüllt ist. Zugleich steht man mitten in einem privaten Museum der gelebten Normen von Alltagskultur, in einem exemplarischen wie unverwechselbaren Ambiente der sozialen Orientierung und der kulturellen Bindung. Der scheinbar nur private Raum enthält alles zur Bestimmung und Bestimmtheit der Dinge Erforderliche: ihre Einbettungsmerkmale in die

Kultur als Geschichte, die Verweise auf Positionen innerhalb sozialer Strukturen und die Symbolfunktionen für die einzelne Benutzerbiographie. Es handelt sich bei jedem dieser Bestände um eine exemplarische Sammlung, um ein kleines Universum des für den Augenblick der Wahrnehmung eingefrorenen komplexen Beziehungsgeflechts, das wie auf einer Momentaufnahme stillgestellt erscheint. Denn tatsächlich handelt es sich bei diesem Stilleben um eine Prozeßfigur; das Geflecht ist, in ständiger Veränderung begriffen, von fließender Geschichtlichkeit.

Freilich zeigen sich dem unbeteiligten Blick nur die erstarrten Formen, der Beziehungsprozeß bleibt unsichtbar oder hinterläßt nur zeichenhafte Überlagerungen wie ein Palimpsest. Das Sichtbare kann wahrgenommen, das Unsichtbare muß den Dingen und den Menschen abgehört werden. Im Zuge der Interpretation von Aneignungsgeschichten beginnen die Sachen von ihren Aneignern zu erzählen, die sich über Dinge wundern, die ihnen so noch nicht begegnet sind. Daß es genügt, einen PC einzuschalten oder eine Autotür zuzuschlagen, um sich gleichzeitig als Anteilhaber am Kulturprozeß, als Produzent einer sozialen Geste und womöglich als Besitzer einer »Beziehungskiste« auszuweisen, ist in der Tat ein Wunder.

Probefall: Die zweite Haut

Nachdem das Bild eines komplexen, in Bewegung befindlichen Gefüges von Kulturprozeß, sozialer Ordnung und individueller Expressivität theoretisch entwickelt und teilweise praktisch belegt worden ist, bietet sich zur Sicherheit des Hypothesenkonstrukts eine abschließende Probe an. Dies auch, um ein wenig weiter abzuklären, welche Freiheiten wir im Alltag noch haben, wenn uns die Dinge derart prädestiniert und prädestinierend leben. Können wir uns in der Enge dieses Verhältnisses überhaupt noch bewegen?

Mit Absicht wird daher das Beispiel der Kleidung gewählt, jener Bereich der persönlichen Wahl, die so leicht vergessen macht, daß sie kulturell und gesellschaftlich vorbestimmt und keineswegs so frei ist, wie sie sich gibt. Trotzdem könnte sich erweisen, daß auch hier jeder einzelne, auf seine Weise teilhabend in Abhängigkeit, dennoch über das Geschehen mitbestimmen darf, so daß man von einem wählerischen Zwangsvollzug kultureller Normen und sozialer Vorschriften sprechen kann.

Die Ausgangsthese ist, daß es eine gewisse Autonomie der ästhetischen Interpretation (und sei es als Illusion) gibt, die uns das Gefühl gestattet, Subjekt unseres Alltags zu sein und die Dinge so anzueignen und zu deuten, daß wir uns von ihnen wunschgemäß getragen fühlen, weil wir sie wie Hemd und Hose als zweite Haut und formbare Oberfläche des Persönlichen empfinden. Die Kultur der Dinge mitbetreiben heißt dann weniger ein Erleiden als ein Sich-Treiben-Lassen in den Strömungen von Geschichte, Kultur, Gesellschaft, in denen sich Inseln des Individuellen vorübergehend behaupten können.

Kleidung ist ein kulturell sensibles Gebilde, das dem Körper aufliegt und ihn in seiner Beweglichkeit und Befindlichkeit modelliert. Ihre Elastizität täuscht, auch Nachgiebigkeit produziert einen bestimmten Körpertypus und das zu ihm passende Bewußtsein. Eng anliegende Jeans und T-

Shirt oder Seidenbluse mit weitschwingendem Rock – es ist jeweils ein Körperbewußtsein, das willentlich oder unbewußt hergestellt wird. Frauen bewegen sich anders nach den Wechseln der zweiten Haut. Männer atmen durch, wenn sie die Schlinge um den Hals, der zu Revolutionszeiten frei getragen wurde, entfernen dürfen. Sie strangulieren sich freiwillig aufgrund tradierter Zwänge. Bestimmte gesellschaftliche Pflichten erledigt man nicht ohne das Attribut der Krawatte. Letztlich stehen hinter der Enge oder den Lockerungen aber Kräfte, die das ganze Leben umwälzen, nicht nur die Moden.

Die historischen Produktionsweisen, denen die Sachkulturgeschichte zu verdanken ist, erzeugen die passenden Menschen auch durch die zu ihnen passenden Formen der Bekleidung. So unterscheidet sich die Bekleidungskultur der neuen industriell produzierenden Klasse von der vorangegangenen Zierlichkeit des Rokoko: »In der Herrenmode traten der schwarze Frack, das Halstuch, die lange Hose und die Stiefel an die Stelle der Farbenpracht von Strumpf, Kniehose, Weste, langschößigem Rock, Schnallenschuhen und Zopf. Industriepioniere wie Boulton, Wilkinson, Roebuck, Wedgwood und Pioniertechniker wie Watt und Murdock bedienten sich als erste der neuen Mode. Bezeichnenderweise wird der ernste Quäkerhut, der Zylinder der calvinistischen Eisenmeister und Zylindergießer, mit einer Verzögerung von zwei Generationen Berufsattribut der neuen Unternehmerschicht.« (Selmeier 1984, 158) Wie man es nimmt, erweisen sich die Wechsel im Erscheinungsbild der zweiten Haut als Indizien einer kulturellen Fesselung oder Befreiung.

Unter der Hand der sich Kleidenden, an ihrem Körper, werden die textilen Formen zur Modelliermasse des kulturellen Ausdrucks einer neuen Zeit. Der Prozeß der Modernisierung, produktionsgeschichtlich ausgelöst und vorangetrieben, erfaßt das den Menschen Nächstliegende – das, was ihnen »stehen« soll. Das ist mehr als ein Mode-Wechsel. Wer den Erfordernissen der neuen Produktionsweise und dem Bekenntnis zum industriellen Lebensstil entsprechen wollte, mußte nicht nur Erfahrungsbestand, Mentalität und ästhetische Erwartungshaltung modernisieren, sondern auch das Hemd wechseln. Dem archaischen Kleidungsstück, rasch zum industriellen Produkt gemacht, wurden zunächst austauschbare Kragen appliziert; später wird der Kragen angenäht mitgeliefert, was einen Rationalisierungsschritt im Gebrauch bedeutet, auch auf seinen Träger bezogen, der mit der Sache und sich selbst funktionaler umzugehen hat, während sich das Ankleide-Ritual vereinfacht. Nach den Kragenknöpfen fallen auch die umständlich zu handhabenden Manschettenknöpfe weg, so daß das Anziehen noch schneller geht.

Wer würde heute nur den Kragen wechseln und das schmutzige Hemd anbehalten? Mit dem modernen Hemd und dem modernen Träger ist der geruchsfreie moderne Körper verbunden. Wer einst mit dem Wechselkragen ins Kontor oder die Fabrik ging, badete selten; er wechselte auch noch nicht täglich sein Hemd. Der Anschein von Sauberkeit genügte. Dafür gab es die Hemdbrust, eine Art Schrumpf-Hemd zur Vortäuschung von Wohlangezogenheit. Aber dann war ein kulturell älterer Körper unter dem älteren Modell von Hemd, das zuverlässig die soziale Zugehörigkeit signalisierte. Nur ein Proletarier trug den Adamsapfel frei über dem Stehbund. Wer den abwaschbaren Kragen draufknöpfte, stand sich nicht besser. Erst der täglich frische, gestärkte weiße Kragen machte den Herrn.

Er ist heute symbolisch zurückgekehrt, wenn zum farbigen Hemd ein aufgenähter weißer Kragen getragen wird. Das wirkt ein wenig affektiert, zitiert aber zuverlässig ein historisches Bild von Seriosität.

In den 20er Jahren mit ihrem Schub in die sportliche Beweglichkeit wird der alte genickversteifende »Vatermörder« einer würdebedachteren Generation endgültig vom weichen Kragen abgelöst. Denn nun muß sich der moderne Mann rasch hin- und herwenden können, wie überhaupt ein sportiver Grundzug die Kleidung und das Körperbewußtsein erfaßt. In den illustrierten Zeitschriften gewinnt der Tennisdress für den Herrn und die Dame paradigmatische Funktion. Das Fitness-Ideal des industriellen Freizeitkörpers wird entdeckt, das gleichwohl an Erfordernisse der technischen Arbeitswelt gebunden bleibt. Noch Steffi Graf und Boris Becker sind Produkte einer Modellierung des modernen Körpers, in dem die Leistungsfähigkeit inkarniert. Sie vollenden, von den Medien unterstützt, was damals begann.

Über Sport, Freizeitvergnügen und konvertible Moden schafft sich der Modernisierungsprozeß ein eigenes strukturelles Design der Überformungen des Körpers – durch unmittelbares Training seiner Funktionen, aber auch über das Mittel der Bekleidung. Ist erst einmal ein Wechsel vollzogen, bleibt die Grundgestalt des Leib-Bildes mitsamt seinen Hüllen und Häuten über längere Zeit relativ konstant. So hat sich die Herrenmode seit Ende des 19. Jahrhunderts nur wenig verändert: Mantel, Hut, Anzug, Sakko mit Hose, Halbschuhe, das Hemd, die Krawatte sind geblieben.

Offenbar hat diese Ausstattung nicht nur dem ursprünglichen Modernisierungsentwurf, sondern auch seiner Weiterentwicklung entsprochen und weiteren Überformungen daher widerstehen können.

Aber was ist mit den Gamaschen? Als noch lederne Schienbeinschoner über die Schnürstiefelschäfte weit hochgezogen wurden, war der Mann als reisender Eroberer der Kolonialzeit ausgewiesen. Der übergeschnallte Schutz, an antike Beinschienen erinnernd, oder die Wickelgamasche waren auch Teil der soldatischen Uniform. Verkleinert und zivilisiert entwickelt sich die Gamasche zum schützenden Verdeck über der Schnürung des städtischen Halbschuhs und wird zu einem Merkmal der Eleganz. Nicht nur, weil es weniger Dornen und Schmutz abzuweisen gilt, verschwindet das rustikale, ältere Modell, sondern auch weil es einem neuen Leitbild von Leichtigkeit in der Fußbekleidung nicht mehr entsprochen haben dürfte. Schließlich verflüchtigt sich auch das elegante kleine Restkleid, das nur noch die Schnürsenkel verdeckte.

Eine Geschichte ästhetischer Zivilisierung durchläuft selbst der Spazierstock, lange Zeit unverzichtbares männliches Attribut. Als Knotenstock des Fußreisenden einst notwendige Hilfe zur Fortbewegung und Verteidigung, bezeichnet der leichte Stock später den Herrn auch dort, wo er nicht zur Sommerfrische weilt. Er bleibt eine kulturelle Bewehrung der männlichen Hand und dient ihr zur Produktion spielerischer Gesten, die Charlie Chaplin unvergleichlich zu persiflieren wußte. Heute ist der Stock verschwunden. Wer damit wandert, regrediert in das Zeitalter des Reisenden vor Einführung der Eisenbahn, weil er das Ding noch für seinen ursprünglichen Zweck benutzt. Im Gewerbe des Soldaten, das manchen alten Zopf körperlichen Drills bewahrt, hat sich das Stöckchen erhalten, das sich der Offizier in einigen Armeen noch als Symbol der Befehlsgewalt unter den Arm klemmt. Mit dem Stock auf die Straße gehen würde heute nur ein exotischer Dandy, ein Behinderter oder ein Blinder. Was soll man mit dem Ding in der U-Bahn oder im Auto? Da müßte man schon das Flanieren auf langen Boulevards wiederentdecken. Den Mann unterwegs ziert heute kein Stock, sondern ein Walkman. Angezogen aber ist er fast noch wie früher.

Trotz Verluste am Beiwerk hat sich der Typ des männlichen Anzugs seit seiner grundlegenden Erneuerung im Zuge der Industrialisierung gut erhalten; er scheint über lange Zeit den Erfordernissen der Beweglichkeit des männlich-industrialisierten Körpers ausreichend entsprochen zu haben.

Deutliche Veränderungen gibt es bei der Dame. Vom bildungsbürgerlichen »Reformkleid« der Jugendstilzeit mit seinem weich fallenden, befreienden Faltenwurf zum strengen Sackkleid der Frau der 20er Jahre, das eher ein androgynes Körperbild zur Erscheinung bringt, sind tiefere Einschnitte zu verzeichnen. Sie entsprechen der neuen Rolle der Frau in der Gesellschaft. Nun dekoriert sie nicht mehr das seelenvolle Heim, sondern arbeitet beruflich und privat im industrialisierten Alltag. Ihre Umwelt beginnt sich zu versachlichen und schreibt knappe, rasche Bewegungsfolgen vor, wie sie im Typ der praktisch-geometrischen Kleidung angelegt sind. Diese wirkt auf das funktionale Selbstverständnis ihrer Trägerin zurück. Aber es ist auch ein anderes weibliches Selbstbewußtsein, das sich im Wandel ausdrückt – wie auf Fotos vom Straßenleben in den späten 20er Jahren zu sehen, auf denen beinzeigende junge Frauen in weiten Mänteln über knapp ansitzenden Kleidern, mit einer engen Kappe statt großem Hut auf dem Kopf, sich selbstbewußt den großstädtischen Raum der gesellschaftlichen Öffentlichkeit aneignen. Es ist das Outfit der Stummfilmstars und Reklamegirls, Siegfried Kracauers weibliche Variante der hochmodernen Angestelltenkultur, das den Körper neu modelliert. Seine Hülle reagiert auf unsichtbare Veränderungen der kulturellen Lage, überträgt die Spuren des allgemeinen Zeitbewußtseins auf den Leib und seine Bewegungsfiguren.

Eine weitere Ebene – die der sozialen Signifikanz – hat sich bereits angedeutet. Kaum ein Produkt ist so sensibel kommunikativ wie Kleidung. Sie ist einerseits das kulturelle Kollektivmedium zur Gestaltung des gesellschaftlichen Körpers, andererseits eine offene Fläche für die Inschriften des Sozialen und für die ästhetische Interaktion. Wer einen Maßanzug trägt oder sich im Freizeithemd zeigt, reproduziert Muster einer Konvention der Differenzierung. Der Maßanzug zwängt ein, trotz tadellosem Sitz, und zeichnet aus, auch wenn sein Träger das nicht will. Shorts und buntes Hemd gewähren oberflächlich Freiheit; doch ist der touristische Einheits-Look auch eine Art Vorschrift. Die schlabbrige zweite Haut liegt dem kulturell geformten Körper nicht weniger eng an als der korrekte Anzug. Infolge ihrer uniformen Formlosigkeit wird diese Art der Bekleidung zum Ausdruck einer Demokratisierung von Verhaltensnormen und Darstellungsformen. Die Haut des kollektiven Körpers zeigt sich hier »bequem«, entsprechend den sozialen Verhältnissen, in denen wir, inzwischen jenseits traditioneller Klassenkulturen, leben. Dennoch gibt es Binnendifferenzierungen in diesem Bild lockerer Unbekümmertheit. Sie teilen sich unmißverständlich mit. Da sind die Jugendkulturen mit ihrem Repertoire an Protest-Ausstattung. Da sind die Lederjackentypen und die Jeansträger mit Sakko und Krawatte oder die teuer ausstaffierten Kids, die aufs Gymnasium gehen. Zahlreiche soziologisch definierbare Varianten haben in diesem von einer generellen Freizügigkeit gekennzeichneten, durch die modischen Wechsel hindurchscheinenden System des Different-Ähnlichen Platz. So entsteht ein Abbild der Gesellschaft im textilen Mitteilungsmuster. Auch eine historische Orientierung wird erkennbar – wer sich auf was in der Geschichte der Gesellschaft und ihres textilen Zeichensystems bezieht. So kommt hinter der Fassade konservativer Korrektheit ein verwandeltes, einst bürgerliches Selbstbewußtsein zur Darstellung, wie man es auf jeder Konferenz »leitender Herren« erleben kann.

Hingegen sind hinter dem Erscheinungsbild der Nachlässigkeit die Lockerungsübungen des industriellen Körpers und die im Lauf der Zeit errungenen sozialen Privilegien der Teilhabe am Lebensgenuß zu ahnen. Allein am Angebot der Sport- und Konfektionsabteilungen ließe sich das Ende der Arbeitsgesellschaft diagnostizieren. Manche verbringen, freiwillig oder nicht, ihren Tag im Jogging-Anzug, was wiederum eine soziale Botschaft ist: Auch Arbeitslosigkeit setzt sich in signifikantes Bekleidungsverhalten um.

Die Differenzierung der Zeichen auf unserer zweiten Haut hat aber noch einen dritten, außerordentlich wichtigen Aspekt. Kleidung gilt trotz ihrer Uniformität in kollektiven Mustern als entschiedenster Ausweis persönlich gestalteter und erlebter Identität von Körper und Ich. Sie vermittelt Stimmungslagen, sendet feinste Signale in den sozialen Umraum und stützt das Individuum in seiner Selbstwahrnehmung auf unvergleichlich wirksame Weise ästhetisch ab: Wie ich gekleidet bin, so bin ich. Oder: Wie ich mich kleide, so möchte ich mich fühlen und von anderen wahrgenommen werden. Jeans modellieren den schlanken, beweglichen Leib industriell aktivierter Lebenslust. Sind es Designer-Jeans mit unauffällig teurem Zubehör, gelingt dazu eine differenzierende Selbstdefinition im sozialen Raum. Sind sie schön weich und verblichen, der Körperplastik durch die Geschichte des Tragens angepaßt, verschaffen sie das unersetzliche Gefühl des Verschmelzens von Ich und zweiter Haut, wobei sie in den Funktionskreis epochaler und kollektiver Ausdrucksformen eingebettet bleiben. Mit Jeans reproduziert man einen modernen Körper in einer modernen Gesellschaft als den unverwechselbar eigenen. Auf der Stoffhaut bildet sich ein Palimpsest der Schichtung sichtbarer und unsichtbarer Spuren dieses Vorgangs. Im Film *Zur Sache, Schätzchen!* von May Spils verbrennt der Held eine ihm zugemutete, vertauschte, fremde Hose demonstrativ. Selbst als Notbehelf darf sie ihm nicht dienen.

Es kommt vor, daß sich jemand mitten am Tag umzieht, weil das Getragene zur momentanen Gestimmtheit nicht passen will. Doch weder die situative Entscheidung noch das persönliche Profil der bevorzugten Art, sich zu kleiden, fallen jemals aus dem Rahmen kollektiver Ausdrucksformen, die zur Zeit Gültigkeit haben, heraus. Es gibt Zeug wie neu im Schrank, das nie angezogen wird, weil es dem komplizierten individuellen Selbstentwurf im Rahmen des gesellschaftlich Möglichen nicht voll entspricht. Denn zur kulturellen Verpflichtung und zum sozialen Wissen, was sich schickt, tritt ein persönlicher Darstellungsentwurf, der sich aus der Biographie und der Psyche, die ihrem Körper verbunden ist, ergibt. An der Kleidung und dem, was dazugehört, finden wir Haltung und Ausdruck, nach innen wie nach außen.

Ich, ein trotz fortgeschrittenen Alters (hoffentlich) moderner Mensch, trage diese neue Koffer-Aktentasche aus schwarzem Leichtkunststoff nicht nur, weil ich es leid bin, offene Bücher-Container zwischen Haus, Auto und Universität hin- und her zu schleppen, sondern weil der Koffer neuen Erwartungen an mein Selbst-Erscheinungsbild entspricht. Eine normale Aktentasche – igitt. Mit dem neuen Objekt von zurückhaltender Eleganz kann ich mich identifizieren. Irgendwie war dieser Kauf Bestandteil einer umfassenderen Re-Stilisierung des Persönlichkeitsbildes: Inzwischen besitze ich ein anständiges Jackett und einige Seidenkrawatten. Vielleicht hat das neue Körperhüllen-Design etwas mit meinem Mangelgefühl an intellektueller Seriosität zu tun. Warum muß ich auch derart unwissenschaftliche Texte wie diesen verfassen! Immerhin beobachte ich eine Verwandlung. Die Zeiten ändern sich, die Selbstbild-Wünsche ebenfalls. Vor mehr als dreißig Jahren hat mir der Darsteller des Fotografen in Antonionis Film *Blow Up* in seinen hellen Jeans mit Schlag und breitem Gürtel den Anstoß für eine ästhetische Umorientierung gegeben. Wenig später befand ich mich in einer anderen beruflichen Situation, allein lebend, bereit, etwas Neues zu beginnen.

Habe ich einen kulturellen Modernisierungsschub mitvollzogen? Bin ich damals einem kollektiven Jugendlichkeitswahn erlegen? Oder war ich über den Vorschlag froh, eine Art, frei zu leben, am eigenen Leibe mimetisch nachvollziehen zu dürfen?

Die Hosen aus dem Film waren ein Geschenk, weil die Atmosphäre der Bilder und der Gestus der Rollen paßgenau in eine identifikatorische Lücke meines Lebensentwurfs fielen. Noch im kleinsten modischen Detail ist diese Lust an den Sachen narzißtisch aktiv. Jacke wie Hose – alles am Körper Getragene läßt etwas von außen nach innen und von innen nach außen dringen. So atmet diese zweite Haut gesellschaftlich und individuell, sie bildet eine durchlässige Grenze. Der osmotische Austausch von Ich, Gesellschaft und Kultur geht unablässig durch diese Membran – ob wir unsere Haut mit aufgeknöpftem Hemd zu Markte tragen oder sie unter korrekten Klamotten verstecken. Sie bieten die Heimat einer Identität, aber sie verraten uns auch als Formsuchende und Geformte. Das Allernächste und Intimste an Stofflichkeit ist zugleich Träger zwingender Gestaltereignisse. Es ist das plastische Haus für ein Körper-Ich und den gesellschaftlichen Körper, ohne den es kein Ich gäbe. Was ich morgen für ein Hemd anziehen soll? Es wird, nach solchen Überlegungen, eine mäkelige Entscheidung. Oder auch bloß die Frage, ob es zum Pullover paßt. Das aber wäre eine Rationalisierung. Sie würde das Komplexe auf ein einziges, allzu durchsichtiges Motiv reduzieren.

Weshalb war das zu erzählen? Es gibt bei aller kulturellen, sozialen und modischen Bestimmtheit der Bekleidungsnorm einen Freiraum, in dem die Wohlbefindlichkeit des individuellen Körpers sich ausdehnt. Wir schmiegen uns in diese zunächst vorgeschriebene elastische Hülle, um sie zu einem Abdruck der persönlichen Empfindungen und der Selbstwahrnehmungserwartungen zu machen. Manche länger getragenen Kleidungsstücke nehmen regelrecht die Form der individuellen Leiblichkeit ihrer Trägerin oder ihres Trägers an. Dann hängen oder liegen sie leer da wie skulpturale Portraits und modellieren sich dem Körperbild nach, dem sie verbunden sind. In diesem Fall sind Kleidung und Person wie Haut und Kern miteinander als sich gegenseitig bestätigender Ausdruck einer Identität verwachsen.

Vielleicht läßt sich das Beispiel textiler Formgeschichte am Menschen als exemplarisches auf die weiter entfernte Dingumwelt projizieren? Sind die Dinge unsere dritte Haut? Mindestens könnte sich erweisen, daß uns manche Objekte näher auf den Leib rücken, um uns mitzuformen, einzuengen, aber auch Ausdruck finden zu lassen, als andere, daß sie als Maske oder Folie der Personalität zur Verfügung stehen, um diese gleichzeitig so verschwiegen wie nachhaltig mitzuformen.

So scheint in der Fülle der Dinge um uns herum nichts dem Zufall überlassen; der Eindruck, es herrsche das Chaos oder die Anarchie der Dinge, täuscht. Wenn auch auf den ersten Blick keine strenge Ordnung zu erkennen ist, herrschen doch Gesetze der historisch-gesellschaftlichen Strukturierung. In dieser Struktur, und nirgendwo anders, sind wir auf der Suche nach den Lücken, die uns die Einbildung einer freien Entscheidung erlauben.

Die Dinge bilden, wenn schon nicht eine dritte Haut, so doch unabweisbar eine Doppelkapsel des kulturellen und sozialen Ausdrucks der Zeit, in der wir, eingesperrt, aber auch geschützt, durch die Galaxie formgewordener Geschichte treiben, um der Einmaligkeit unseres Lebens darin die Unverwechselbarkeit einer Person im Umgang mit den Dingen abzutrotzen – verhalten oder wütend, ganz wie es die Verhältnisse erlauben und die Bedürfnisse fordern.

Punk oder graumelierter besserer Herr – es geht ihnen beiden gleich gut oder gleich schlecht in ihrem Gebaren gegenüber der Unfreiheit, frei, oder gegenüber der Freiheit, unfrei zu sein. Die Dinge triumphieren noch über uns, wenn wir sie in fester Hand als unser formbares Eigentum wähnen. Aber sie lassen uns die Ausflucht der Phantasie, durch sie hindurch unsere Einzigartigkeit zu gewinnen.

4
Der Traum von Schönheit und Vernunft des Gegenstandes

Wir sind Produkt und Produzent kultureller Entwicklungen, teils vorbestimmt in Handeln und Vorstellen durch Gebrauchserfahrung und Bewertung, teils frei, uns vor diesem Hintergrund der Geschichte der Gegenstandsdefinitionen ein neues, eigenes Urteil zu bilden. Schon früh hat sich daher Widerstand gegen die Zumutungen und Zwänge der industriellen Produktkulturen geregt – gegen Formlosigkeit, Unbrauchbarkeit, raschen Verschleiß. Mit mehr oder weniger deutlicher Wirkung haben alternative Vorstellungen in die Produktions- und Rezeptionsgeschichte der Dinge seit Beginn der Industrialisierung eingegriffen. These ist, daß es neben diesen Versuchen des Neugewinns von Brauchbarkeit, Schönheit, Form und Wesenheit des Gegenstands eine verdeckte Geschichte der Anpassung an die Funktionsmoderne gegeben hat, so daß unser Urteil einerseits von technikkritischer Tradition, andererseits von innerer Zustimmung zur Technomoderne geprägt ist. So überkreuzen und mischen sich zwei Leitbild-Linien im Urteil der Gegenwart, wobei einstige Alternativentwürfe zur Industriekultur – von der Erfahrung verlockender technischer Objekte konterkariert – heute immer noch zur Diskussion stehen. Sie wird von Menschen zu führen sein, die durch die ästhetische Lehre der industriellen Rationalisierung gegangen und daher zwischen dem einen und dem anderen hin- und hergerissen sind.

Von den leisen zu den lauten Dingen und zurück

Gegen das Häßliche, Niedrige und Wertlose wird seit Beginn des Industriezeitalters gekämpft. Ein ästhetisch vorlautes Wesen beherrschte die Warenöffentlichkeit, schon als die Dinge, massenhaft auftretend, ihr zweifelhaftes Ansehen gewannen und es auf eine Art darzustellen begannen, die alle Feierlichkeit des Gegenstands alter Zeit übertraf. Die industriellen Sachkulturen des späten 19. Jahrhunderts, heute museal weitgehend gesichert, lassen armselig erscheinen, was davor im Alltag den Menschen diente: Tisch und Stuhl, Kanne, Lampe – lauter Sachen, die über lange Perioden handwerklicher Herstellungsweise und zurückhaltender Verzierung ein maßvolles Verhältnis zwischen Brauchbarkeit und Schönheit bewahrten. Karl Gutzkow, Zeitzeuge der Umstellung, beschreibt den Zustand des Gerade-noch: »Die kleinen Arbeitstische der Frauen am Fenster, die Nähkörbchen mit den kleinen Zwirnrollen, mit den blauen englischen Nadelpapieren, den buntlackierten Sternchen zum Aufwickeln der Seide, die Fingerhüte, die Scheren, das aufgeschlagene Nähkissen des Tischchens, nebenan das Piano mit den Noten, Hyazinthen in Treibgläsern am Fenster, der gelbe Vogel im schönen Messingbauer, ein Teppich im Zimmer, der jedes Auftreten abmildert, an den Wänden Kupferstiche, das Verweisen alles nur vorübergehend Notwendigen auf entfernte Räume, die Begegnungen der Familie unter sich von Maß und Ehrerbietung, kein Schreien, kein Rennen und Laufen, die Besuche mit Sammlung empfangen, abends der runde, von der Lampe erhellte Tisch, das siedende Teewasser, die Ordnung des Gebens und Nehmens, das Bedürfnis der geistigen Mitteilung.« (Gutzkow 1852, 160)

Das literarische Zeugnis markiert die Grenze des Übergangs zur Industrialisierung des privaten Alltagslebens und wirkt wie ein momentanes Innehalten. Jemand merkt, daß etwas plötzlich nicht mehr selbstverständlich ist. Wir nehmen eine »Ansicht« der Dinge zur Kenntnis, die der

Autor in seiner Gegenwart des Schreibens schon vermißt, die aber wohl gerade in Folge des Wechsels zum Vorbild aller späterer Reformen der Objektgestalt wird, die von einer Sehnsucht nach dem Einfachen, Leisen, Gediegenen, Vereinenden getragen werden und sich auf die vorindustrielle Gelassenheit des Lebens besinnen möchten. Es entsteht ein moralisch-ästhetisches Sehnsuchtskonstrukt von beträchtlicher Überzeugungskraft, nachdem das Neue wahrnehmbar geworden ist – ein aufwendiges Durcheinander sich gegenseitig ästhetisch übertrumpfender Dinge, überwölbt vom Symbol der technischen Moderne, der Gegenkonstruktion zu aller Nostalgie, dem Gerüst aus Eisen und Glas, Paxtons Kristallpalast in London, in dem alle neuen Weltprodukte erstmals versammelt sind.

Der entschiedenste Gegner der industriellen Ökonomie und Ästhetik des Lebens, John Ruskin, geht gar nicht hin. Er ignoriert das Ereignis des Jahres 1851, vermerkt aber den Eröffnungstag der Weltausstellung im Tagebuch, ehe er sich den »Steinen von Venedig« zuwendet, die er auf der Verlustseite der alten Kultur verbucht. Ruskins Bestandsaufnahme der Architektur Venedigs ist ein ebenso akribischer wie exemplarischer Versuch der Darstellung all dessen, was verlorengeht, geschrieben voller Verachtung für das Maschinenzeitalter, das alles Hergebrachte und Gewachsene zerstört und die Menschen entwürdigt: »Den Grad der Erniedrigung des Arbeiters kann man so mit einem Blick feststellen, indem man nur darauf achtet, ob die Teile des Gebäudes gleich ausfallen oder nicht.« (Zit. bei Kemp 1983, 175)

Der Bau des Glaspalastes beruhte auf eben diesem Prinzip der genormten Teile, das eine rationelle Montage erlaubte, so daß die riesige Vitrine des Industriekapitalismus binnen sieben Monaten aus dem Boden gestampft werden konnte. Die in Technologie, Arbeitsorganisation und produktästhetischem Erscheinungsbild meisterhafte Pioniertat führt einen krassen Widerspruch vor Augen: Es entsteht eine in Materialität, Produktionsweise und Form symbolisch-gestalthaft reine Hülle der Modernität über einem chaotischen Sammelsurium banaler und exotischer Dinge, das noch kaum modern genannt werden kann. Denn was 1851 außer den ästhetisch früh vollendeten Kraft- und Werkzeugmaschinen gezeigt wurde, war im Gestus laut und unsicher, gebärdete sich nationalistisch und imperial. Der Warencharakter der Dinge kam ungehemmt zum Ausdruck, Aufmachung trat zunehmend an die Stelle des sorgsam Gemachten.

Sehr viel hat sich seit der Epoche der ersten Weltausstellungen nicht geändert. Obwohl es inzwischen eine Ahnengalerie industrieadäquater Zweckformen in Gestalt von sogenannten Klassikern der Designgeschichte und eine anonyme Geschichte der industriellen Sachlichkeit gibt, wirkt das aufgetürmte Warengebirge von damals wie eine Vorschau auf alles Kommende. Das Abscheu-Motiv, das bei Ruskin erstmals auftritt, ist daher stabil geblieben. Immer wieder wird der rekonstruierende Blick auf die Dingwelt vor der großen Wende in das Industriezeitalter geworfen; die Tradition dieses Blicks ist noch in alternativen Vorstellungen vom Produkt und der Qualität seines Gebrauchs in der Gegenwart zu finden. Die Geschichte des Vorbehalts gegenüber den industriellen Entgleisungen beginnt bezeichnenderweise in England, wo die Industrialisierung früh vollendet ist. Sie zeigt sich bei Industriebefürwortern wie Henry Cole, dem Museumsgründer, oder Christopher Dresser, dem erstaunlich modernen Designer, aber auch bei Industriegegnern wie William Morris oder Charles Robert Ashbee, die als Kunsthandwerker mit alternativen Produktionsweisen experimentieren und in die Erneuerungsbewegung alter Tugenden des Produkts involviert sind. Morris liest die *Stones of Venice* als Zwanzigjähriger. Als er sich 1859 das legendäre Red House von Philip Webb bauen läßt, eine gotisierende Landhaus-Backsteinburg, sind die Würfel für eine alternative Biographie der Anschauung und Bewertung der Dinge gefallen. Ab 1861, zehn Jahre nach der ersten Weltausstellung, realisiert die Firma Morris, Marshall, Faulkner & Co. jenes Kunstgewerbe, das sich der verwilderten industriellen Objektkultur entgegenstellt. Eine europäische, ja weltweite Besinnung auf das Wesen der Dinge, ihre Herkunft, Brauchbarkeit und Schönheit ist die Folge, wobei die englischen Protagonisten für sich beanspruchen können, nicht nur über die Qualität der produzierten Sachen, sondern auch über die Würde der Arbeit nachgedacht zu haben. Vom praktischen Experiment der Werkstattgemeinschaft abgesehen bleibt es freilich bei einer Ästhetisierung der Arbeit parallel zur Ästhetisierung des Produkts. Handarbeit wird zur Bekenntnisformel auch für solche Reformer, die nie durch körperliche Tätigkeit ihr Leben fristen mußten. Von Ruskin ist der Versuch überliefert, mit einer Gruppe Oxforder Studenten eine Straße zu bauen, aus der nichts Rechtes werden konnte: »Der Boden war schwierig, die Undergraduates zu faul, und Oscar Wilde unterbrach den Fortgang der Arbeiten dauernd, um Vorlesungen über die Schönheit der Erdfarben zu halten.« (Kemp 1983, 330)

Morris ist insoweit eine Schlüsselfigur dieser Tradition, als in seinem Reformentwurf, ausgearbeitet in *News from Nowhere* (auf deutsch erstmals mit einem Vorwort von Wilhelm Liebknecht 1890/91 als Fortsetzungsroman in einer sozialdemokratischen Zeitschrift erschienen) das wiederhergestellte Bild der Einheit von Geschichte, Gesellschaft, Handarbeit, Lebensform und Produktgestalt als kompakte Utopie ausgemalt wird. Dieser Zukunftsroman, der das sozialistische Gegen-Ambiente zur Industriekultur des Kapitalismus vorstellt, sollte sich als folgenreicher für die Geschichte alternativer Bewegungen erweisen als die schönen Tapeten, Möbel und Inneneinrichtungen der Firma Morris & Co., die nur von wohlhabenden Kunden bezahlt werden konnten.

Nach dem Zusammenbruch des realen Sozialismus an Morris zu erinnern, scheint nicht opportun. Sein Irrtum mag sich gleich als doppelter erweisen: Morris hat die Dynamik der industriellen Produktionsweise unterschätzt und die Zukunftsaussichten des Sozialismus überschätzt, er hat sozusagen das utopische Konto gleich zweimal überzogen. Sein sozialistisches Paradies auf Erden ist ein durch und durch ästhetisches. Produziert wird das Notwendige, das mit dem Schönen identisch ist. Handarbeit ist Kunst, ein Kennzeichen freier Menschen in frei gewählter Gemeinschaft des Produzierens. Aber einen kleinen Webfehler hatte der präraffaelitische Paradiesteppich von Anfang an. Man ahnt rauchende Schlote fern am Horizont: »Alle Arbeit, die schwer mit der Hand zu verrichten wäre, wird mit außerordentlich verbesserten Maschinen gemacht, und alle Arbeit, die mit der Hand herzustellen ein Vergnügen ist, wird ohne Maschine angefertigt.« (Morris 1980, 126)

Dieser Vorentwurf einer postindustriellen Gesellschaft funktioniert nur, weil Arbeit zum Vergnügen wird, wenn sie nicht mehr getan sein muß und man den Dreck, den sie hinterläßt, nicht sieht. Das ist wie mit Heizung und Kanalisation in weiß gekachelten Badezimmern. Vom Reich des Notwendigen spricht der sonst realitätsbewußte ästhetische Reformer und Sozialist Morris in seiner Utopie nur am Rande. Aber es ist nicht nur eine Utopie der Schönheit, sondern auch des Leisen, der Zurückhaltung, des Guten, in der alle schlechte Wirklichkeit ausgeblendet wird.

In der Nachfolge wird es in den konkreten Reformen der Produktgestalt bei einer Umwandlung des Häßlichen zum Schönen bleiben. Aber die Linie, die von heute zur Lehre von Morris zurückführt, ist noch zu erkennen. Da ist etwas gewesen: Jemand hat über eine Veränderung der

Dinge und Verhältnisse nachgedacht, hat ausgesprochen und ausgemalt, welcher Art die Veränderung sein müßte, und hat einige andere Dinge als die gewohnten hergestellt. Das ist in der Geschichte der Wiederaufnahmen unterschiedlich wahrgenommen worden. Aber der andere Blick auf die Gegenstandswelt und die Sehnsucht nach den leisen Dingen und einer Herstellungsweise, der eine bewahrte oder wiedergefundene Kultur menschlicher Arbeit und eine gezügelte Naturbeherrschung entsprechen, sind geblieben – eine Ausrichtung des Blicks auf Erfahrungen und Werte, die schon damals in Frage standen und die heute in zunehmender Problemsicht immer noch in Frage stehen. Wer einer Gestalt wie William Morris oder anderen in die Geschichte des Widerstands gegen die Industriekultur zurückführenden Figuren zufällig in der Literatur oder in Ausstellungen begegnet, sollte die Aktualität des Beginns erkennen, der von heute aus leicht politisch zu belächeln oder ästhetisch mißzuverstehen ist. Auch die Begegnung mit Dingen, die sich einer alternativen Herstellungsweise verdanken und die in unauffälliger Schönheit ihre Dienste tun, mögen sie aus jener Zeit stammen oder nicht, läßt ein Wiederanknüpfen zu. Die in das Bild vom friedlichen Weiterleben in einer materiell geschonten und ästhetisch beruhigten Umwelt gerichteten Hoffnungen sind im Grundsatz seit mehr als hundert Jahren definiert. Wer heute aus Einsicht oder in einem Anfall von Wut oder Überdruß Zurückhaltung übt, auf etwas verzichtet oder seine Lebenswelt mit Objekten bestückt, die zeichenhaft für eine Herkunft aus der alternativen Produktion oder für eine Material- und Zweckgerechtheit des Einfachen stehen, der bewegt sich auf der Traditionslinie jenes Denkens, das bei Ruskin und Morris beginnt. Auch wenn uns nicht bewußt ist, daß wir etwas wiederaufnehmen und das Vorformulierte auf persönliche oder kollektiv-ausdrückliche Weise als original moderne Weltsicht präsentieren, gehen wir im Gebrauch derartiger Dinge auf den Anfang einer Kritik an der industriellen Wirklichkeit, in der wir leben, zurück, als wollten wir die Geschichte noch einmal beginnen und korrigieren.

Es ist mehr oder weniger eine Geste. Ob sie praktisch etwas nützt, ist fraglich. Da sie das Produktionssystem und seine Ästhetik nicht verändert, sondern nur eine Einstellung zur Sache anzeigt, eine Blickrichtung vorgibt, die einer bewußteren Haltung zum Leben entspricht, bleibt sie symbolisch. Sie verbindet aber mit jenem ersten Aufmerken des kulturellen Widerstands. Die Steine von Venedig gibt es noch immer. Irgendetwas von der Leidenschaft Ruskins, sie zu verteidigen, müssen auch die heutigen Touristen spüren. Der Abfall des Tages, auf der Piazza San Marco zusammengekehrt, oder das schnelle Foto des jungen japanischen Paares auf der Terrasse des Hotels Bauer-Grünwald vor der Kulisse von Santa Maria della Salute bezeugen ein Dagewesensein, in dem es nur einen kleinen Sprung des Bewußtseins bedürfte, um die Gegenwart der Vergangenheit und die schon einmal vorgeschlagenen »anderen« Ansichten der Dinge zu verstehen. Weshalb würde man sonst nach Venedig fahren?

Es ist die verzweifelte Rückkehr zu den alten, im Sterben liegenden authentischen Zeugen, die schweigsam inmitten des touristischen Rummels ihre Würde wahren. Daß die Flucht vor dem Lauten, Aufdringlichen, Oberflächlichen uns an solche Orte treibt, um dadurch mitzuhelfen, daß der konsumierende Betrieb auch dort noch dichter wird, zeigt den unlösbaren Widerspruch auf, in den eine bewußt gelebte Kultur des Erinnerns und der Rückkehr zu den leisen Dingen führt. Nachdem wir zu ihrer Zerstörung beigetragen haben, werden wir vom Geräusch der Gegenwart wieder eingeholt. Spätestens die Landung in Frankfurt stößt uns in die laute Kultur zurück, deren hoffnungsvolle Kinder wir sind.

Verschmelzen mit dem Gegenstand

In der Jugendstil-Ära geht die Hoffnung auf den neuen Gegenstand erst richtig zur Sache, obwohl sie im Kern einer vorgestellten Lebensreform scheitert. Dennoch tut ein Gang über die Darmstädter Mathildenhöhe dem Auge wohl. Erstmals hat dort eine Generation junger Künstler die Welt wieder neu erfunden und sie aller störenden Häßlichkeit entkleidet. Noch die Reste bezeugen eine Glücksvorstellung, die schon im Entstehen nostalgisch war. Daß Gebrauchsobjekte und Wohnräume organoide oder stilisiert-konstruktive Form annehmen und, unter Umgehung der Fabrik, dem Wahrzeichen der Epoche, direkt der Natur entsprungen oder als handgefertigte Zeichen feierlich-exklusiver Lebenskultur in Erscheinung treten, vermindert den Eindruck einer Neuentdeckung des Gegenstands als fundamentalästhetisch bedeutsame Sache kaum.

Ästhetisierung hin, Wirklichkeitsflucht her: Die Kunstgewerbe-Reform, teils nach Deutschland importiert, teils hier in einigen Zentren original praktiziert, macht am Anfang dieses Jahrhunderts der Massenproduktkulturen noch einmal auf die Individualität der Dinge und den möglichen Anspruch des Subjekts auf Identifikation mit dem Bestand des Einmaligen und Besonderen aufmerksam. Die Zäsur war historisch fällig, die Lehren von Ruskin und Morris fielen überall in Europa auf fruchtbaren Boden, wo es niederschmetternde Ergebnisse der industriellen Produktionsweise zu besichtigen gab. Ein Gegenprogramm konnte gesellschaftlichen Beifall finden.

Nun wurden wieder Wohnhäuser gebaut, die diesen Namen verdienten, Dinge gestaltet, die bis heute »wesentlich« erscheinen. Ihre Kraft ist gewachsen, auch wenn man sich ihnen mit reserviertem Interesse nähert. Einen Stuhl von Riemerschmid, ein Glas von Olbrich, das Haus, das Peter Behrens sich selber baute, lassen sich als Inbegriff (besser: In*ding*) eines

Willens lesen, den Wunsch nach Verdichtung des Lebens in Schönheit und Würde auf das Ambiente des privaten Alltags zu übertragen, um den Grundmangel auszugleichen, den die Industriekultur erzeugt hat – als ginge es um Heilung statt Zerstörung, Sammlung statt Zerstreuung, Form statt Beliebigkeit, feierliches Ritual statt Alltäglichkeit. Noch heute teilt die Absicht sich mit.

So ist die Stilkunstreform eine weitgehend eingelöste exemplarische Utopie. Einige der von Morris beschriebenen Hoffnungen konnten sich für wenige erfüllen. Schönheit für alle ist dabei gewiß nicht herausgekommen, sieht man vom blechernen Charme des Industriejugendstils ab, den es bald zum Entsetzen der Künstler gab. Und es ist der Grundirrtum – heute – leicht erkennbar: Die Gewalt der industriellen Ökonomie kann nicht außer Kraft gesetzt, die soziale Differenzierung nicht ästhetisch aufgehoben, die Form der gesellschaftlichen Reproduktion nicht auf das Handwerksethos zurückgeführt werden. Trotz aufblühender Werkstättenunternehmen gab es keine alternative Produktionsweise, keine Vermenschlichung der Arbeit im weiteren Sinne, auch nicht das beseelte Produkt für alle – nichts, das die industriellen Organisationsformen der Arbeit und des Ästhetischen hätte erschüttern können. Die ersehnte Lebensreform, allein am Produkt festgemacht, fand jenseits von Ökonomie, Politik und Kulturprozeß im Abseits von Mäzenat und Künstlerkolonie oder in Spezialwerkstätten und -geschäften für eine Elitekundschaft statt. Aber der Versuch markiert einen Anspruch und hat eine dauerhafte, in den Gegenständen wiedererkennbare Sehnsucht nach einem in kultivierter Form besonnen vollzogenen persönlichen Leben, in dem die Dinge als Werte und nicht als Billigwaren präsent sind, hinterlassen. Über die angestrengte ästhetische Selbstmodernisierung einer Klasse bürgerlicher Individuen und Künstler mag man sich heute mokieren. Was die Hoffnung auf die Dinge betrifft, wissen wir es aber immer noch nicht besser. Andernfalls hätten Jugendstilformen im Kunstgewerbemuseum oder Villenvororte aus der Zeit um 1900 nicht derartige Anziehungskraft. Da wurden offenbar Maßstäbe gesetzt, nach denen auch heute noch geurteilt wird. Dinge und Räume als Träger einer Illusion, die sich im ausgefeilten künstlerischen Detail niederschlägt, dem sogar noch wir in unserer zerstreuten Gegenwart Aufmerksamkeit schenken? Die Besetzung von Messer, Gabel, Trinkglas, Lampe usw. mit dem Anspruch einer Gestalt, die sich im Zusammenspiel von organischem Dekor, tektonischer Festigkeit und praktischer Griffigkeit ergibt, ist als Programm einer Wiedergewinnung von Gegenstandsnähe ernstzunehmen.

Als Lebensreform mußte dieser Ansatz scheitern, als Versuch, der Objektwelt Charakter zu geben, darf das Programm über weite Strecken als vorbildlich gelten. Das Exotische, Extravagante, Dandyhafte der Stilkunstepoche tritt hinter den Anspruch zurück, den beispielsweise Joseph Maria Olbrich, der führende Kopf der Darmstädter Künstlerkolonie, in der Kombination von Zweck und Schönheit angemeldet hatte, so daß sich unter dem Strich einer exklusiven Produktions- und Rezeptionsgeschichte eine Restmenge exemplarisch gestalteter Objekte ergibt, von deren beispielhaftem Ernst ein halbes Jahrhundert Designgeschichte zehren konnte. Unser historisch nachempfindendes Auge ist noch davon beeindruckt. Was damals vorgestaltet und vorgelebt wurde, ist inzwischen kunsthistorisch interpretiert, politisch und soziologisch kritisch analysiert. Aber es hat an Wirkung so wenig verloren wie wir uns immer noch um jede bessere Einsicht betrügen, sobald wir dem Charme solcher Dinge und Häuser in nur schwacher Gegenwehr erliegen.

Mensch und Ding sollten sich nicht nur einig werden wie bei komplizierten Formen der Technik heute, sondern ganz und gar eins werden. Verschmelzungswünsche sind ja durchaus zeitgemäß. Niemand kann erklären, wonach im nächtelangen Disco-Rausch gesucht wird oder was die Cyber-Freaks sich vom Eintauchen in die Grenzenlosigkeit virtueller Räume erhoffen. Bezeichnenderweise handelt es sich um psychedelisch-immaterielle Ereignisse und Energien der Verschmelzung. Sich mit Dingen zu vereinigen, scheint heute weniger aussichtsreich. Um 1900 waren es vor allem die Räume, die faszinierten. Das Höhlenhaft-Gebärmutterartige hat kritische Interpreten des Jugendstils immer wieder angezogen. Dolf Sternberger (1956, 22) spricht von »Höhlung und Abdruck der Lebewesen«, für die solche Räume bestimmt seien, oder von einer »elastischen Blase«, die sich um den Bewohner lege. Hier ist das Motiv der Umhüllung dominant. Mit den Dingen jedoch erscheint eher ein Verwachsen möglich. Eine Anmutung von Leibnähe wird in der Griffigkeit der Formen, die sich schon optisch suggestiv in die Hand zu schmiegen scheinen, spürbar, ebenso wie die sich dem Körper zur Einbettung anbietenden Sitzmöbel sich als Skelett oder Schale dem Auge und der Leiberfahrung empfehlen: Das Ding stülpt sich dem Körper entgegen.

Das ist ein neues kulturelles Versprechen, weiter zum Ding vorzudringen, als das Bewußtsein vertrauter Nähe in einem Biedermeier-Interieur einst erlaubte. Die Differenz von Gebrauchersubjekt und Gebrauchsobjekt sollte zum Verschwinden gebracht, die Anverleibung vollzogen werden.

Könnte dies dem Wunsch entsprungen sein, mit der Welt der Dinge sich derart zu verbinden, daß sie ihre Fremdartigkeit und Härte in der Vereinigung von Gegenstand und Körper verliert? Der gesellschaftlich-historische Druck, der die neue Geste derzeit provoziert hat, ist aus der Distanz erkennbar: Die zweite industrielle Revolution mit ihrem Modernisierungsschub hatte die wilhelminische Gesellschaft erfaßt, um bald mit einem neuen Produkttyp von kühl-fabrikmäßigem Ausdruck für eine Überwindung des symbolisch aufgeladenen, verschlungenen Ornaments zu sorgen. Das ozeanische Gefühl der Stilisierung, das die Aufhebung der Grenzen von Ich und Gegenstand für kurze Zeit erlaubte, endete mit der Konversion des Künstlers zum Industriedesigner. Verschmelzungswünsche mit einer anschmiegsamen Objektwelt darf man auch als Indizien eines Fluchtbedürfnisses lesen. Wir finden diese Korrespondenz sich anbietender Formen und des Verlangens nach Weichheit in den 50er Jahren wieder, als sich die traumatisch geschädigte Nachkriegsgeneration dem ersten Konsumrausch schwellender Formen hingab – unbeeindruckt von irgendwelchen Gütekriterien oder Moralstandpunkten.

Niemand wird von sich behaupten, von solchen Wünschen frei zu sein. Schon das Vergraben in der sich anhäufenden Sammlung banalen Besitzes verweist auf einen Grundzug der Entdifferenzierung, der Verringerung des Abstands von Subjekt und Objekt. Jedes Handgemeinwerden mit einer Sache, ja die Enge der »Haut« der Dingwelt um uns mit allen ihren intimen Berührungsflächen spricht deutlich von geheimen Annäherungswünschen. Daß wir so viele Dinge um uns versammeln, auch wenn sie härter, technischer, nüchterner oder auch bunter als damals erscheinen, deutet darauf hin, daß das Nähebedürfnis nicht nachgelassen hat. Der Kuscheltyp des »Nestbauers«, auf den die Möbelverkäufer ihre Hoffnung setzen, ist immer noch am Werk. Kaum ist die Urlaubssaison vorüber, stehen die Parkplätze vor den einschlägigen Etablissements gerammelt voll. Das Zeug wird teuer erworben und sorgsam arrangiert, als gelte es, bis zur nächsten Welle der Neueinrichtung der Wohnhöhle ein Gesamtkunstwerk von auswechselbar-bedeutungsvoller Dichte um das Ich zu komponieren. Und die Werkräume im Keller bewähren sich als Rückzugsorte der privaten Handwerkelei, als habe die Arts & Crafts-Bewegung in der Nachfolge von Morris ihr spätes gesellschaftliches Echo gefunden.

Nur wenige Dinge besitzen, in kahlen Räumen leben? Man käme sich arm, anonymisiert und in der Zugluft leergefegter Arsenale, in deren Mitte sonst der Herr aller Dinge, geschützt von seinen tausend Sachen, thront, wie um das Leben betrogen vor. Daß einige Objekte einst ins Schwingen gerieten, sich gebärdeten wie Lebewesen, ist ein für das historische Auge nachvollziehbares Phänomen. Aber die Sehnsucht nach der Einheit von Leib, Seele und Ding lebt auch im Zeitalter der schrillen Techno-Postmoderne fort. Vielleicht ist sie gerade jetzt besonders ausgeprägt. Denn das Abtauchen in virtuelle Welten deutet darauf hin, daß nur die Ausstattung des Umhüllungsarsenals gewechselt hat. Die Abwehrgeste gegen Lärm und Häßlichkeit der harten Umwelt ist am Ende des Jahrhunderts so wenig zu übersehen wie die Attitüde des Rückzugs in die ästhetisierte Innerlichkeit an seinem Anfang.

Das »kalte« Bauhaus

Daß eine harte, glatte, technogene Umwelt und ein überzeugtes Bewußtsein von Modernität vereint den Fortschritt in die Zukunft behaupten, also die faktische und ideologische Moderne kein Argument kultureller Verlangsamung mehr gelten lassen möchten, ist ein ästhetik- und mentalitätsgeschichtliches Phänomen. Wer es kritisch zu hinterfragen versuchte, muß den Wächtern der Avantgarde als hoffnungsloser Fall gegolten haben. Heute würde man mit der vernichtenden Diagnose »Nostalgiker« belegt. Walter Benjamin müßte das schon widerfahren sein, als Intellektuelle noch an das Projekt der Moderne glaubten, weil auch er schon an der merkwürdigen Empfindlichkeit litt: »Aus den Dingen schwindet die Wärme. Die Gegenstände des täglichen Gebrauchs stoßen den Menschen sacht aber beharrlich von sich ab. In summa hat er täglich mit der Überwindung der geheimen Widerstände – und nicht etwa nur der offenen –, die sich ihm entgegensetzen, eine ungeheure Arbeit zu leisten. Ihre Kälte muß er mit der eigenen Wärme ausgleichen, um nicht an ihnen zu erstarren, und ihre Stacheln mit unendlicher Geschicklichkeit anfassen, um nicht an ihnen zu verbluten.« (Benjamin 1982, 34)

Seither muß eine Gewöhnung an die technikinduzierte Kälte artifizieller Umwelten eingetreten sein. Von der Stromlinienform bis zu den verspielten Techno-Postmodernismen hat warenästhetische Üppigkeit erfolgreich nachgeholfen, die »geheimen Widerstände« zu überwinden. Gleichwohl gibt es frühe Verdichtungsorte, an denen das vergegenständlichte industrielle Kulturprodukt jene Form angenommen hat, die Benjamin konstatiert, und jene ideologische Bekräftigung, die keinen Einwand mehr gelten läßt, ihren Anfang genommen hat.

Ein solcher Ort ist das Bauhaus. Seine Lehre synthetisiert das tradierte Potential der Sachlichkeit und der Integrationsstrategien des Harten und Glatten in das neue Kulturprodukt und seine Wahrnehmung. Parallel zu den ökonomisch-industriellen Rationalisierungsanstrengungen zwischen Inflation und Weltwirtschaftskrise entstehen am Bauhaus exemplarische Gebilde, in denen sich die industrielle Form ästhetisch-symbolisch verallgemeinern soll – beginnend mit den Lichtreflektor-Objekten von Moholy-Nagy im Sinne kinetischer Kunst, endend bei den Stahlrohrmöbeln von Marcel Breuer und Mies van der Rohe.

Wie in einer Laborsituation werden die ästhetischen Möglichkeiten neuer Materialien und Medien ausgereizt, um der industriellen Lebensweise ein ästhetisches Bekenntnis zur Funktionsmoderne hinzuzufügen. Heute darf man dieser Strategie, aber auch den Produkten, die beispielhaft wirken sollten, distanziert gegenübertreten. Dies um so mehr, als dem Bauhaus im Zuge seiner kunsthistorischen Aufarbeitung wenig Einwände begegneten, weil sein Ende im Beginn der Naziherrschaft eine Aura der Unantastbarkeit hinterlassen hat. Dennoch ist die im Bauhausdenken verdichtete Pathosformel technofunktionaler Gestalt nicht der Kritik entzogen.

Die »Rigorosität des Stylings« sei gleichzusetzen mit einer Wiederkehr des Heroischen, das im Kriege nur eine andere Form gehabt habe, behauptet der Literaturwissenschaftler Helmut Lethen, um sich an einen Text Bertolt Brechts zu erinnern, demzufolge sich ein aus dem Weltkrieg heimgekehrtes »Grabenschwein« in den »Kulissen der Sachlichkeit« gleichsam erneut eingräbt, um allen Dreck von sich fernhalten zu können (vgl. Lethen 1994, 165 f.).

Eine Verbindungslinie zwischen dem technisch-industriellen Großkrieg und dem Funktionsbegriff des Bauhauses, der späteren Akzeptanzagentur des industriellen Verhaltens schlechthin, herzustellen, ist eine aparte, aber nicht abwegige Theorie. Denn die ästhetisch-heroische Kargheit im Design von Verhaltensformen, die in der zwanghaften Präzision des Umgangs mit strengen Architekturprogrammen und kalten Instrumentarien des täglichen Gebrauchs angedeutet sind, mit Tugenden zu vergleichen, welche die funktional-disziplinierte Welt des Soldaten und des Industriearbeiters gleichermaßen bezeichnen, ist verlockend. Bei Brecht kommen zwei »Grabenschweine« vor. Eines wohnt bauhäuslich-gepflegt und lädt das andere zu sich ein, das den rigorosen Formalismus nicht aushält und die schöne Wohnung im Suff verwüstet (vgl. Brecht 1969, 153).

Man könnte folgern, daß hier der Zusammenstoß kultureller Erfahrung mit einer neuen Identität oder ästhetischen Überzeugtheit von der objektiven Unvermeidbarkeit des Modernisierungsprozesses inszeniert wird. Denn das Laisser-faire des Gewöhnlichen und die strenge neue Form stehen sich im Alltag der Weimarer Republik keineswegs gleichgewichtig gegenüber. Es gibt wenige, nur in kleinen Auflagen produzierte Dinge von besonderer formaler und funktionaler Disziplin, die wie Züchtigungswerkzeuge der Bedürfnisse wirken, und es gibt sehr viele Gegenstände, die sichtbar einer bequemen, unheroischen Lebenshaltung dienen – ein Widerspruch, der sich in Bauhausentwürfen durchaus spiegeln konnte: Marcel Breuers (später sogenannter) Wassily-Stahlrohrsessel von 1925 ist den Umrissen des weichgepolsterten Clubsessels der Zeit nachempfunden und hieß zunächst auch so. Am Erziehungsziel des Sitzenden zu gespannter Funktionsbereitschaft im industriellen Sinne läßt die Konstruktion dennoch keinen Zweifel. Das Ding wirkt wie ein Katapult, aus dem der Körper hervorzuschnellen hat, statt sich darin zu räkeln. Das Fortschrittsprojekt der Moderne wird in den reifen Bauhausformen der Dessauer Jahre gleichsam in statu nascendi einer Bewußtseinshilfe oder Propagandaform für Modernität vor Augen geführt.

Es sind Vorwegnahme-Objekte einer Gegenstandszukunft, die erst sehr viel später ihre Herrschaft offen antreten wird. Vielleicht ist das der tiefere Grund der lustvoll-aggressiven Störung, die das verstörte »Grabenschwein« nach der Legende Brechts auf seine Weise vorweg ausagiert, während sich das andere schon angepaßt hat.

Es wäre freilich ungerecht, das Bauhaus nur ironisch zu behandeln. Tatsächlich ziehen sich Widersprüche quer durch die Institution, deren Entwicklung den geschichtlichen Widerstreit fundamentaler Positionen spiegelt. Nach den expressionistischen Anfängen der Weimarer Zeit, die einen Johannes Itten noch dulden, ja seine (von heute aus leicht kritisierbare) auf subjektive Sensibilität gegründete Lehre fordern, wird 1923 mit der Berufung von Laszlo Moholy-Nagy für den Vorkurs und die Leitung der Metallwerkstatt ein grundlegender Wechsel des Bildungsideals im Sinne jener neuen Einheit von Kunst und Industrie vollzogen, die Gropius nach einer eigenen Wende vorschwebt. Es sind aber nicht nur personelle Entscheidungen oder Siege des technischen Rationalismus über den künstlerischen Irrationalismus, die das Bauhaus zu einer Schule der industriellen Ästhetik machen. Sondern es ist auch der Wechsel zu einem forcierten Bekenntnis für zeitgemäße Verhaltensformen eines funktionalen Menschentyps. Insofern kann das Bauhaus wie eine Schaltstelle im

Betrieb der Umsetzung struktureller Tendenzen in sichtbare Kulturformen betrachtet werden, die sich irgendwann auch ohne Artikulationshilfe durchgesetzt hätten.

Die Schule erhält zwar von keiner Seite einen offiziellen künstlerischen Generalauftrag zur Vermittlung techno-ökonomischer Prinzipien wie beispielsweise Peter Behrens vom AEG-Konzern knapp 20 Jahre früher. Aber sie ist eine gegenüber dem gesellschaftlichen Modernisierungsprozeß offene Institution, die in kulturell vorausahnender Einsicht an dem eigenen diskreten Auftrag arbeitet, neue Ausdruckstransparenzen des industriellen Denkens zu schaffen. Damit kommt ein Moment der Unfreiwilligkeit, des Schicksalhaften ins Spiel der ungleichen Kräfte am Bauhaus. Die Schule wird zur durchsichtigen Projektionsfläche sich verengender Fortschrittsideologien, denen Entwürfe der Zurichtung des Menschen für eine neue Bedingungswelt folgen.

Denn bald ist klar, wie die Häuser, Wohnungen und Gegenstände auszusehen haben und wer sich, darin kultiviert, wohlzufühlen hat. Es ist vor allem die Unbeirrbarkeit, mit der die Bauhauslehre ihre produkt- und sozialästhetischen Konsequenzen aus dem pädagogischen Standortwechsel zieht – die Fokussierung des Blicks auf eine bestimmte Interpretation der Vernunft des Lebens, die zu einer heroischen Attitüde der richtigen Form im richtigen Gebrauch auflaufen kann. Die funktionalistische Engführung ist damit programmiert.

Heute kann man sich des Eindrucks nicht erwehren, daß der industrielle Weltgeist für einige Jahre durch das Bauhaus wehte. Das ergibt sich nicht nur aus dem Bild neuerfundener Räume und Dinge, sondern auch aus der Selbstgewißheit des dort erzogenen, idealen Subjekts der Moderne, das gleichzeitig deren Objekt ist. Bezogen auf die Literaturgeschichte fragt Lethen, ob die Neue Sachlichkeit je über eine Anthropologie verfügt habe, um festzustellen, daß Verhaltenslehren an ihren Platz getreten seien – analog zur Zunahme des technischen Verkehrs als einem System, das moderne, sachliche Reaktionen erfordere (vgl. Lethen 1994, 46 ff.).

Tatsächlich gab es am frühen Bauhaus etwa in der Lehre Ittens eine in Umrissen erkennbare Anthropologie (auch bei Oskar Schlemmer sind solche Bezüge in Theorie und Kunstpraxis erkennbar). Aber spätestens unter dem Direktorat von Hannes Meyer beherrschen eindeutig funktionsorientierte Verhaltensanforderungen Planung und Rezeptionsziele des ästhetischen Entwurfs. Das Diktum, nach dem alle Dinge der Welt »ein produkt der formel: funktion mal ökonomie« seien (Meyer 1928/1965, 47), signalisiert die Forderung nach dem emotionslosen Verständnis einer Umwelt, in der Bewegungsformen und technogene Gesten den Charakter eines Verhaltenstrainings annehmen. Alles Entworfene stellt eine Grundfigur vor, alle Räume werden zu Lernräumen, alle Gegenstände zu Instrumenten des Fügsam-Machens. Die »Kälte« dehnt sich auf die gesamte kulturelle Umwelt aus.

Dinge können herrschsüchtige Lehrmeister sein, die strenge Vorschriften machen. Schon Gerrit Rietveld, Stijl-Mitglied, hat Kinderstühlchen und Bollerwagen konstruktivistisch durchgeformt; es gibt erheiternde Fotos mit dem Junior darin. Der Bauhausmeister Josef Albers hat 1926 den Typ einer Tasse aus Jenaer Glas entworfen, am oberen Rand von einem Metallband umspannt, an dem zwei kreisrunde, massive Griffscheiben aus Ebenholz derart angebracht sind, daß sie sich, rechtwinklig zueinandergestellt, links und rechts des Tassenkörpers gegenüberbefinden, so daß sie jeweils von Daumen und Zeigefinger der rechten und linken Hand zu fassen sind, damit man die Tasse zu Munde führen und achsial kippen kann.

Vermutlich zum Zeichen, daß es sich um eine Tasse handeln soll, ist dem Objekt eine konventionelle Untertasse aus Porzellan beigegeben. Aber die umständliche Beschreibung zeigt, daß es nicht um die alte Form einer Tasse mit Henkel geht, die im Typ verändert wurde, sondern um eine neue Form des Trinkens, um ein Design an der alten kulturellen Geste, die durch eine moderne ersetzt werden soll. Der Trinkende muß sich in seiner Bewegung einem Mechanismus anpassen, den man allenfalls aus der Verwendung von Kipp-Kübeln in der Industrie, zum Beispiel bei Kokillen für den Guß, kennt: Die doppelte Verankerung des Gefäßes auf einer Achse, deren Lager die beiden Fingerpaare oder vier Fingerspitzen bilden, zwingt zu einer exakten, mechanischen Bewegungsabfolge, die eingehalten werden muß, sonst bekommt man nichts zu trinken: die reinste Ratten-Dressur. Sie ersetzt die selbstverständliche, blind mit einer Hand ausgeführte Geste des Trinkens aus der alten Tasse, obwohl es dazu überhaupt keinen Anlaß gibt. Denn diese alte Geste ist effektiv und ökonomisch, vom geziert abgespreizten kleinen Finger beim Kaffeekränzchen (also im Zusammenhang mit einer sozialen Situation) abgesehen. Das wäre nur ein kultureller Sahnetupfer auf der funktionalen Rationalität einfachen Trinkens aus Tassen.

Mit alledem soll Schluß gemacht werden. Das Ansinnen, aus der Albers-Tasse zu trinken, ist eine Aufforderung zum Umlernen unter Gesichtspunkten einer höheren ästhetischen Ökonomie des technischen Funktionalismus. Das Gewohnte soll zugunsten einer technologisch-ökonomisch-kulturellen Neuformulierung des Verhaltens aufgegeben werden. Mit dieser Absicht hatte Albers kein Glück – bis heute trinkt niemand aus seiner Kübeltasse.

So können ästhetische Sozialisationsstrategien über Produkte ins Leere gehen. Dennoch entkommt ihnen niemand, weil sie an vielen Stellen in den Alltag eindringen und durch das gängige Massenprodukt befördert werden. Allessandro Mendini hat 1978 in einer Redesign-Verfremdung des Wassily-Sessels von Breuer, der immer noch als Ausweis von Modernität in Wartezimmern besserer Zahnarztpraxen steht, durch entschärfenden Witz auf dessen pädagogische Absicht hingewiesen.

Nicht nur die knapp konturierten, straffen, glatten, glänzenden, kühlen Dinge – auch die Bauhausmeister selber sagen klipp und klar, was sie mit dem Ansinnen der Umgewöhnung durch Räume und Gegenstände meinen: Es geht um ästhetische Durchsetzung und Akzeptanz industrieller Rationalität als verinnerlichte Haltung bis in die privaten Lebenswelten hinein. Die großstädtische Öffentlichkeit des Verkehrs, der Fabrik, des Büros ist ohnehin von ihr durchdrungen. So bleibt die private Ausstattung mit Dingen das beeinflußbare Übungsfeld. Knappheit, Elastizität, Spannung, Form sind die neuen industriellen Metaphern, die sich auf Gegenstände übertragen lassen. Diese sind beileibe nicht durch ihren Gebrauchszweck allein bestimmt und bestimmend, sie sind es auch durch den verborgenen Erziehungsanspruch, den sie als Instrumente der Anpassung ästhetisch einlösen sollen, »prädestiniert, das Neue auf sachte Weise in die Sinne zu senken: maskiert und vor allem verschwiegen«. Oskar Schlemmers Bemerkung von 1922 galt seinen metallischen Tanzmasken (Bauhaus-Archiv 1981, 180). Doch ist sie eine hellsichtige Vorwegnahme kulturwissenschaftlicher Theorien, die behaupten, daß tatsächlich etwas von den technischen Dingen auf uns übergeht.

Die »gegenständliche, materielle Formierung des Bewußtseins« auf dem Wege einer »Modellierung der sinnlichen Erfahrung« am Beispiel der Resopalküche der 70er Jahre erläuternd (die auch als ein spätes Echo des Bauhaus-Denkens interpretiert werden kann), behauptet der Psychologe Friedrich Heubach, dieses gegenständliche Arrangement sei ein

»ideologisches Ambiente«, das als »häusliche Vorschule einer Mentalität« gelten könne, die mit den Begriffen »Enthistorisierung, Depersonalisierung, Funktionalisierung« zu umschreiben sei (Heubach 1987, 131 ff.). Das heißt, die Anerkennung der Sinnenfeindlichkeit, Geschichtslosigkeit und Funktionsbindung solcher Objekte wird als kultureller Lernakt am industriellen Gegenstand interpretiert. Es handelt sich nicht nur um eine Modellierung der Sinnlichkeit des einzelnen Gebrauchers (der am Arbeitsplatz ähnlichen Entzugserfahrungen ausgesetzt ist), sondern um ein kollektiv wirksames Konzept, sich und die Alltagswelt in einer bestimmten Weise wahrzunehmen und diese als »normal« zu verinnerlichen. Vom Charakter der Gegenstände dazu angehalten, modelliert sich die Erfahrung im Gebrauch von selbst nach dem Muster der Verknappung, des Entzugs und der Funktionalisierung mit.

Das Prinzip der Reduzierung des materiellen und ästhetischen Aufwands geht auf ökonomische, kulturelle, pädagogisch-moralische (heute auch ökologische) Vernunftgründe zurück, die teilweise lange vor dem Bauhaus formuliert und diskutiert worden sind, nun aber unausweichlich erscheinen. Es begleitet die Geschichte moderner Gegenständlichkeit wie ein Gegenbild zum Luxus des Dekorativen, der gleichzeitig gelebt wird.

Am Ende steht dem Gewinn an Formklarheit ein Mangel an Anerkennung historischer Bedürftigkeiten gegenüber. Sie tradieren Unordnung, das schlechte Alte, die Gewohnheit: »Eine Wohnung ist dort, wo ein Mensch seinen alten Kragen in eine Ecke geworfen hat«, sagt Brecht (1967, 162). Knapper läßt sich die Kritik an der neuen autoritären Ästhetik nicht formulieren.

Welche Bezüge sind abhanden gekommen, sofern man die Architekturtheorie Hannes Meyers überhaupt noch auf Bedürfnis und Geschichte des Menschen jenseits des biologischen Körpers beziehen kann? Offenbar hat die Institution ihre eigene Herkunft vergessen. In der Physiognomie der Räume und Gegenstände, die seit Gründung der Schule entstanden sind, läßt sich der Ausblendungseffekt rekonstruieren. Die expressionistischen Anfänge, sichtbar zum Beispiel in Marcel Breuers Lehrlingsarbeit des »afrikanischen« Stuhls von 1921, korrespondieren mit der nachrevolutionären Nervosität einer durch das Weltkriegserlebnis ausgelösten Suche nach dem »neuen Menschen«, der keineswegs als industrielles Produkt gedacht wird. Die Dinge nehmen Bezug auf eine archaische Symbolwelt jenseits des Technischen. Es sind nicht nur handwerkliche Unikate für bestimmte Zwecke, sondern künstlerische Ausdrucksträger einer Sinnsuche für die menschliche Existenz, deren Form noch nicht festgelegt ist.

Gropius kommt mit seinem Gründungsmanifest von 1919 aus dem Vorstellungskreis des Arbeitsrates für Kunst und anderer Nachkriegs-Gruppierungen, in denen sich der Bauhausgründungsgedanke mit seinen weiten Rückgriffen in die Geschichte der Einheit aller Künste am Bau bis in die theoretische Nähe von Morris zurückverfolgen läßt. Die Dinge und Zeichen, die zunächst entstehen, vibrieren, sind verletzlich, legen einen Organismus bloß. Das ändert sich mit der Übernahme konstruktivistischer Elemente, die zu einer formalen Verfestigung führen, bis der Ding-Körper eine gespannte, abweisende, metallische Haut bekommt.

Er ist nun keiner expressiven Regung mehr fähig, sondern trägt die heroische Maske der inständig beschworenen neuen Rationalität. Im skulpturalen Geometrismus verdichtet, bezeichnet sie den Typ des Serienprodukts der Zukunft. Die Logik des Stils triumphiert über die Transparenz der Funktion, was als Indiz für die Absicht des Wirkens auf ästhetischer Ebene gewertet werden kann. Das Alphabet für eine Sprache der Dinge wird gefunden, die sie von ihrem Zweck her nicht sprechen müßte. Eine Lampe müßte keinen halbkugeligen Schirm mit zylindrischem Schaft über einer Zylinderscheibe aus Metall oder Glas haben, wie die berühmte Tischlampe von Jucker und Wagenfeld, um zu leuchten; ein Tischchen keine Stahlrohrkufen, um etwas zu tragen. Die Form ist also keine funktionslogische Entscheidung, sondern ein Signal. Sie ist der Verkörperungsversuch einer bestimmten Auffassung von Rationalität, wie schon die Geräteformen von Peter Behrens auf eine ästhetische Argumentationsformel für das Sachliche hinausliefen, ohne indessen funktional eindeutig begründet gewesen zu sein. Es ist das ästhetische Programm, das kulturelle Wirksamkeit entfalten soll. Das hat es bis zur Funktionalismusdebatte hinreichend getan. Es wäre aber eine Fehlleistung des historischen Auges, die Überzeugungskraft der Bauhausform mit dem ihr anhängenden ideologischen Potential für den Nachweis unbezweifelbarer Gültigkeit des sachlich Begründeten zu nehmen. Die Wahrnehmung müßte vielmehr die Geschichte der Entwicklung und vor allem das darin überwunden Geglaubte rekapitulieren, um der Mystifizierung zu entgehen, die der Bauhausform noch im nachhinein zuteil geworden ist.

Die historische Bedeutung der einzigartigen Institution besteht vielleicht auch darin, daß über die ungelösten oder unlösbaren Widersprüche früh nachgedacht werden konnte. Schlemmer hat die durch Itten und Gropius personifizierten, unvereinbaren Positionen schon 1921 beschrieben: »Zweierlei scheint mir ein sehr Prinzipielles im heutigen Deutschland. Einerseits der Einbruch der östlichen Kultur, Indienkult, auch das Zurück zur Natur der Wandervogelbewegung […] Siedlung, Vegetarismus, Tolstoiismus, Reaktion auf den Krieg – andererseits Amerikanismus, Fortschritt, Wunder der Technik und Erfindung, Großstadt. […] Ich bejahe beides oder wünsche doch die Durchdringung des Einen durch das Andere. Oder sind Fortschritt (Erweiterung) und Selbstverwirklichung (Vertiefung) wirklich zwei verschiedene Richtungen, die sich praktisch ausschließen, als nicht gleichzeitig möglich?« (Zit. in Wilhelm 1994, 69 f.)

Der Abstand zwischen einem konservativen Menschenbild und dem fortgeschrittenen Entwurf einer Vernunft der Anpassung an industrielle Realitäten ist enorm. Hätte das Bauhaus, dem die politische Geschichte keine Zeit ließ, diese Kluft in neuen Anläufen überbrücken können? Niemand weiß es; die Geschichte kennt keinen Konjunktiv. Wir wissen nur, wie sie als industrielle weitergegangen ist.

In den Ausnüchterungszellen der Rationalisierung

Im Nachlaß des Sozialarchitekten Ferdinand Kramer befindet sich das Foto einer »Minimaltreppe« aus Eisen, um 1928 in der zentralen Wäscherei der Siedlung Westhausen in Frankfurt aufgenommen (vgl. Lichtenstein 1991, 183). Auf der Rückseite hat Kramer in einer Skizze das Sparprinzip der Treppe verdeutlicht: Ihre Steilheit verringert die beanspruchte Grundfläche um die Hälfte.

Was Kramer wahrscheinlich für selbstverständlich hielt, ist die Konstruktion. Es gibt nur halbe Tritte, von Stufe zu Stufe gegeneinander versetzt, so daß man die Treppe in einer bestimmten Schrittfolge hinauf- und hinuntergehen mußte, um nicht ins Leere zu treten. Deutlicher kann ein Erziehungsgestus nicht sein. Die Aufmerksamkeit der Sinne, zwischen Auge und tastendem Fuß auf die Anspannung des ganzen Körpers gerichtet, wird in eine einzige vordefinierte Vollzugsbewegung des Steigens gebracht, unter Strafandrohung wohlbemerkt, weil schon dem Foto zu entnehmen ist, welche Verletzungen im Fall eines Fehltritts zu erwarten sind. Der Grund der Maßnahme ist so einfach wie komplex. Das Neue Bauen im Zusammenhang mit der sozialen Wohnungsversorgung im Frankfurt der Ära Ernst May stand unter ökonomischem Druck; mit den geringsten Mitteln mußten größtmögliche Mengen an Wohnraum erstellt werden. Ob Plattenbauweise im Rohbau oder Sitzbadewanne für den auf engstem Raum untergebrachten Komfort – es wurde jede denkbare Möglichkeit zum Sparen genutzt. Aber das ist nur ein Teil der Rationalität des Programms.

Im Bild der Siedlungen und in den Häusern und Wohnungen des Neuen Frankfurt wurden über den Zweck hinaus Prinzipien der funktionalen Moderne veröffentlicht, das heißt in die Alltagsvollzüge vieler Menschen integriert, die bisher mit der technoästhetischen Avantgarde noch nie in Berührung gekommen waren. So beginnt eine Eingewöhnung. Der Härte der Dinge entspricht die verdeckte Unnachsichtigkeit eines täglichen Anpassungstrainings, das auch in der Fabrik oder im Großraumbüro stattfindet. In Frankfurt ist der IG-Farben-Bürohauskomplex als spiegelbildlicher Raum der Arbeitswelt zum kollektiven Wohnen in den neuen Siedlungen oder umgekehrt zu interpretieren. Die Minimaltreppe mit ihren geriffelten halben Trittflächen und der knappen Strebenkonstruktion erinnert an Niedergänge in Maschinenräumen. In der Wäscherei der Wohnsiedlung mußten Frauen mit Lasten diese Treppe begehen. Raumersparnis, Materialökonomie und die Konnotation des Technischen machen vergessen, daß es sich auch um den zeichenhaften Hinweis auf ein Grundverhältnis von Mensch und Gegenstand in der Interpretation des Funktionalismus handelt: Das Ding signalisiert maximalen Grundnutzen bei minimalem Aufwand am Produkt und macht den rein auf den Zweck gerichteten Gebrauchsprozeß transparent. (In diesem Fall in Form einer Warnung: Tritt nicht daneben!)

Zunächst geht es um die Grundfigur eines Verhältnisses, das sich exemplarisch vergegenständlicht zeigt: Raum, Ding und Mensch sind aufeinander bezogen. Es gibt uns nicht ohne Dinge und Räume für das Handeln. Es gibt das Ding nur als Körper in einem Raum, in dem es sich befindet – so weit oder so eng er sein mag. Und es gibt in der Kultur nur den belebten und bedingten Raum – so leer er erscheinen mag.

In der Bezüglichkeit von Mensch, Ding und Raum sind alle Möglichkeiten des Lernens enthalten – die Bestätigung der Gewohnheit wie der Wandel oder der Wechsel. Also kann, wer an diesem Verhältnis manipuliert, die Wahrnehmung und das Verhalten beeinflussen. Am Produktionsort gegenständlich-räumlicher Erfahrung entstehen Ansichten der Welt, auch Selbstbildentwürfe der darin Handelnden. Am deutlichsten kommt dies in der legendären »Frankfurter Küche« zum Ausdruck, 1926 für die Wohnungen des Neuen Frankfurt von Grete Schütte-Lihotzky entworfen. Das Modell aller Einbauküchen ist inzwischen so oft dargestellt und unter Gesichtspunkten optimierter Hausarbeit alltagsökonomisch gewürdigt worden, daß ein Zitat zur Aneignungspraxis ausreicht, um die verdeckten Funktionen dieses Raumes offenzulegen: »Was tut die moderne Frau im modernen Haushalt?« Zunächst Folgendes: »Eigentlich ist in ihrer schmalen, nur sechseinhalb Quadratmeter großen Küche überhaupt kein Platz für solche Dinge wie Wäsche bügeln, weil es keinen großen Tisch im Raum gibt. Dafür gibt es eine Menge praktischer Einbaumöbel und Vorrichtungen, die ringsherum an den Wänden verteilt sind. Mit einem Griff klappt die junge Frau ein Bügelbrett von der Wand herunter, das nun auf dem Rand der Spüle gegenüber mit der Spitze aufliegt. [...] Das elektrische Bügeleisen und das Wasser zum Einsprengen stehen auf der Arbeitsplatte unter dem Fenster. [...] Wenn das Bügelbrett wieder hochgeklappt ist, kann sie den Drehschemel unter der Arbeitsplatte hervorholen und im Sitzen z. B. das Gemüse putzen. Mit einer Handbewegung wischt sie die Schalen und den Abfall in eine Abfallrinne, die wie eine Schublade herausziehbar ist, um entleert zu werden. [...] Mit einer halben Drehung und zwei Schritten ist sie an der Seite, die über der Spüle eine Reihe verglaster Oberschränke für das Geschirr hat. [...] Der Raum ist zwar klein, aber der Bewegungsraum ist groß! Mit einem Handgriff hat unsere junge Frau die Abstellfläche des Unterschranks, der an die Spüle anschließt, durch zwei herausziehbare Platten fast verdoppelt. Griffbereit stecken darunter 18 mattglänzende Aluminiumbehälter, die alle Kochvorräte von Bohnen bis Zucker enthalten. [...] Noch einen Schritt nach rechts und die zierliche Person mit dem Bubikopf steht vor dem Schrank, dessen unterer Teil etwas vorspringt, um vier geräumigen Schubladen für Besteck, Kochlöffel [...] und einem Topfschrank Platz zu bieten. [...] Würde sie jetzt nicht mit dem Topf zurück zum Wasserhahn gehen, sondern sich einfach umdrehen, stünde sie vor dem Herd [...]"« (Krausse 1992, 96 f.)

Auch hier geht es um etwas jenseits spezifischer Funktionsoptimierung. Erstens wird deutlich, wie eng Dinge, Raum und Gebraucher(in) zusammenrücken, als sei der fast schon genormte weibliche Körper mit seinen Maßen des Greifens und Schreitens die Ausgangsgröße. Zweitens wird ersichtlich, daß es sich um einen Ein-Personen-Raum handelt; eine zweite könnte darin nicht (mit)agieren. Drittens ist schon in der verbalen Beschreibung der Szenerie Transfunktionales zu erkennen. Da wird von der Einrichtung her eine zeitliche Abfolge von Arbeitsverläufen festgelegt: Erst muß gespült, dann darf gebügelt werden usw. Es ist also kein frei bestimmbares Verhältnis des Menschen zum Raum und seinen Dingen. Wer darin handelt, wird selbst durch die Ordnungsmuster der Funktionen funktionalisiert. Viertens geht es vielleicht gar nicht um das Vordergründig-Praktische, sondern um ein davon ablösbares, verallgemeinerbares Prinzip des Verhaltens.

Das läßt sich leicht an einem Begleitprodukt nachvollziehen. Es gibt einen im Auftrag des Hochbauamtes der Stadt Frankfurt 1927 zu Werbezwecken gedrehten Film, auf den sich Joachim Krausse (im Zitat) bezieht. Der Film, der unter anderem die Frankfurter Stadtverordneten von den Vorteilen der Einbauküche überzeugen sollte, zeigt die junge Frau beim Hantieren in dieser Küche. Schon die Serie einiger Standfotos (von der Zeitschrift *Domus* 67/1988 reproduziert) reicht indessen, den untergründigen Sinn des Films zu verstehen. Es handelt sich nach den Bildern eindeutig um die Choreografie der Bewegungen einer Person in diesem Raum, wobei Dinge die Rolle von Requisiten spielen. Deckt man auf den Standfotos alle Gegenstände ab, mit denen gerade hantiert wird, entsteht eine Reihe abstrakter, tänzerischer Bewegungsfiguren im Raum. Oder man stellt sich den Film mit Griffen, Drehungen und Wendungen ins Leere, mit Schrittfolgen vor und zurück und seitwärts vor, wobei der zweckbefreite Bühnenraum die gymnastischen Übungen einer in der Wiederholung einzelner Bewegungsabfolgen automatenhaft wirkenden Körper-Puppe umgrenzt. Sie scheint eine freie tänzerische Komposition zu realisieren. Aber mit der Befreiung vom Zweck wird der Ablauf keineswegs sinnlos. Er gewinnt vielmehr den Charakter des Allgemeingültigen. Die Choreografie kann nur im Sinne eines Übungsentwurfs gedeutet werden, der bestimmte knappe Gesten und Bewegungsfolgen vorschreibt, in das Körpergedächtnis einschreibt und dabei ein verführerisches Bild des Verschmelzens der handelnden Person mit dem sie umgebenden Raum und seinen Dingen entstehen läßt. Ohne Zweifel ist die Darstellerin schön, auch ihre abgezirkelten, sicheren Bewegungsfiguren sind schön. Es wird also ein Identitätsideal im Akt der Identifizierung mit dem Raum vorgeführt, nicht bloß das praktische Bügeln oder Hantieren mit Töpfen.

Nimmt man die banalen Zweckbindungen wieder mit in das Bild hinein, wird das exerzierte Verhaltensmuster auch im feministischen Sinne zweifelhaft. Aber es geht nicht nur um die Identifizierung der jungen Frau mit ihrem modernen Haushaltswerkzeug (oder es geht nur nebenbei darum, daß eine Frau, von der Arbeit kommend, jung und schön zu sein hat, während sie für Mann und Kinder rasch und effizient das Essen zubereitet oder die Wäsche bügelt). Es geht in diesem Tanz mit den praktischen Dingen in dem kleinen Raum um mehr: Das verdeckte Motiv ist der symbolische Anpassungsakt an ein industrialisiertes Weiblichkeitsideal in Form der rituellen Einverleibung.

Sie kann um so leichter gelingen, als der Vorgang am Arbeitsplatz in der Fabrik, im Büro, sogar auf der Straße bereits vollzogen wird. Die pädagogische Grundfrage des Funktionalismus lautet: Wie effektiv und rational muß die Umwelt strukturiert sein, damit rational handelnde, effektiv denkende, funktional brauchbare Menschen sich in Interaktion mit diesem System, lernend und zustimmend, entwickeln können?

Im Film wird der Körper belohnt, weil er sich leicht, schlank, beweglich, zielsicher agierend, lustvoll betätigen kann. Die Frankfurter Minimalküche stellt im Bild und in der Realität nicht nur ein Küchenmodell als Übungsbühne eines Körpers im Modernisierungsprozeß, sondern eine Fabrik- oder Laborsituation dar, in der es über die Küchenarbeit als rationalisiertem Vorgang hinaus um ein verändertes Rationalitätsverhältnis zur Arbeit und zum Alltag überhaupt geht.

Der Taylorismus läßt grüßen. Auch scheinen die Bewegungsstudien von Frank und Lillian Gilbreth nicht nur auf die Theorie der Haushaltsführung und des Home-Managements der späten 20er und der frühen 30er Jahre abgefärbt zu haben. Offenbar ist auch der unfreiwillig auskunftgebende Film davon angeregt. Man kann seine Bilder als eine Übersetzung von Rationalisierungszwängen in ein ästhetisches Medium lesen, dem schon damals pädagogische Bedeutung beigemessen wurde. In der Tat gab es ein Überzeugungsdefizit auf Seiten der Bewohner und Gebraucher. Sie hatten in diesen Räumen so wenig zu lachen wie überflüssige Dinge darin nicht vorkommen durften. Einen Dachboden gab es unter den Flachdächern nicht, Abstellraum war nicht vorgesehen, hatte man doch nur das Notwendige in Griffnähe zu gebrauchen. »Und dann kam Herr May selbst und erklärte uns in Vorträgen und Aufsätzen, was ›funktionales Bauen‹ sei«, erinnert sich eine Zeitgenossin (vgl. Anhang zu Krausse 1992, 112). »Nur was praktisch und zweckmäßig sei, sei auch schön; alles andere nebst den Hausfrauen selbst, die nicht logisch denken wollten, gehöre in die Rumpelkammer.« Da es die nicht gab, mußte konsequent gehandelt werden. Allerdings soll bei den Vorträgen von May »regelmäßig Gegröle und Radau« ausgebrochen sein, sobald er unnachsichtig für das tischtuchlose Mahl auf einer leicht zu reinigenden Milchglasplatte eintrat.

Man hat solche Proteste der Unaufgeklärtheit, ja Unbelehrbarkeit zugeschrieben, sich vernünftig einzurichten und kulturell verhalten zu können. Doch wer weiß, wovor uns dieser Widerstand der »Dummen«

bewahrt hat. Er hat sich immer wieder bemerkbar gemacht, auch noch, als der Rückzug in die privaten Höhlen funktionsarchitektonisch wüster Wohnviertel der 70er Jahre unvermeidlich wurde. Vierzig Jahre früher bedeutet die Übernahme der funktionalistischen Weltsicht einen tiefen Einschnitt in die kulturelle Erfahrung, zu vergleichen nur mit der Umstellung der Gegenwart auf die unschlagbare Effizienz des Computers.

Im beruflichen wie im privaten Alltag geht es heute längst um die Stilllegung des Körpers, so daß die tänzerische Beweglichkeit der jungen Frau in einem konkreten Raum voller konkreter Sachen um 1928 geradezu erfrischend wirkt. Der nächste Rationalisierungsschub mit noch verschleierten Absichten und unbekannten Folgen hat uns eingeholt. Aber das frühe Lehrstück haben wir vor Augen.

Das Zusammenfallen des Begründet-Zweckdienlichen mit der Schönheit als Ausdruck des Praktischen ist alles andere als naiv kulturwüchsig und harmlos. Es ist auch ein Beweis gelungener Anpassung oder Unterwerfung. Dem Funktionalismus nahestehende Kulturwissenschaftler haben überall nachgegraben, wo immer das Praktische, Schlichte und Schöne in der Geschichte der Dinge als Einheit auftrat. Sie hätten ebenso gut nachforschen können, wie oft und überzeugend das Umständliche, Reichverzierte und Schöne zusammen aufgetreten sind, um kulturell entwickelten Bedürfnissen zu entsprechen. Überzeugte Urteile über die rationale Form und Funktion von Gegenständen bedürfen offenbar keiner weiteren Begründung als der Überzeugtheit des Urteilenden, die Moderne entsprechend zu sehen. Diese Überzeugtheit ist ein Produkt zeitgenössischer Tendenzen: »Wir müssen die technische Form bejahen. Nur so kommen wir in der Werkkunst zur Einheitlichkeit der künstlerischen Erscheinung, zum Stil. Das eine bejahen heißt aber immer zugleich das andere verneinen. Und also müssen wir alles verneinen, was dem technischen Formgefühl widerspricht […] Wer nicht verzichten kann, bekommt keinen Charakter, keinen Stil. […] Was wir an wahrhaft Großem, Bedeutendem, Bleibendem geschaffen haben […] ist unverzierte Form, technische Form.« (Pfleiderer 1924, 12 f.) Das ist anläßlich der Werkbund-Ausstellung *Die Form* (1924) geschrieben und setzt nur fort, was vor 1914 begonnen hat – den Transfer technisch-ökonomischen Denkens in den Raum des kollektiven Bewußtseins und das ästhetische Empfinden derer, die sich Gedanken um die Form der Dinge machen sollen.

Nichts gegen einen leeren nüchternen Raum, die temporäre Befreiung von allem unnützen Kram. Sie führt zwar zurück zum Anfang des Sammelns der Dinge, in eine Endlosschleife der Wiederholung. Aber für einen Moment des Durchatmens und der Besinnung reicht es, ehe sich die Bühne der Wahrnehmung und des Handelns wieder mit überflüssigen Gegenständen füllt. Womit, sollte jedoch der Entscheidung des kulturellen Subjekts vorbehalten sein. Man mag den Reiz des Kargen auskosten oder sich der Üppigkeit anheimgeben. Was dem einen zu eng und bedrückend erscheint, schützt den anderen vor der Härte des Lebens.

So gibt es im Grunde nichts Überflüssiges, sondern nur Gegebenes. Einen Kulturkampf zur richtigen Form der Dinge zu führen, ist aussichtslos, zeugt nur von Rechthaberei oder ideologischer Überzeugung. Die Ausnüchterung erfolgt heute eher über ein Bewußtsein, das sich vergegenwärtigt, daß nicht mehr alles geht. Es arbeitet der Vorstellung einer neuen Bescheidenheit zu, der ein Bündnis des ökologischen mit dem ökonomischen Denken möglich erscheint – ein neuer Vernunftentwurf, der auch ästhetische Folgen haben kann.

Doch sollte man stets erinnern, welches strukturelle Gewaltpotential einst im Funktionalismus verborgen wirksam war. Ernüchtert muß man zu diesem Modell auf Abstand gehen, eingedenk der Erfahrung, daß verborgene Zwänge sich immer im Ästhetischen Legitimation verschaffen können. Jeder kulturelle Konsens ist ein Kompromiß zwischen Widersprüchen, die sich offen unversöhnt gegenüberstehen würden, gäbe es nicht die maskierten Formen der Einmischung des Interesses. Es gibt sie noch heute, freilich in anderer Form und mit anderen Mitteln und Argumenten. Eines dieser Mittel, das Bewußtsein zu täuschen, ist die Sprachregelung. Der Funktionalismus ist poetisch geworden und in die Vorstandsetagen aufgerückt, wenn bei Piëch, Lopez & Co von der »atmenden Fabrik« die Rede ist, ohne daß gelacht werden darf. Das Produkt dieser Fabrik raubt der Allgemeinheit die Luft zum Atmen; der blumige Begriff wirbt um Zustimmung für die flexible Nutzung des Arbeitskräftepotentials und der Maschinenlaufzeit. Dagegen war der Aufenthalt in den Käfigen der Rationalisierung unter dem Motto der Versachlichung aller menschlichen Beziehungen zu Raum und Ding als Versuch, das Atmen mit der Moderne zu lehren, eine offen einsehbare Methode ohne Zynismus.

Aber diese Erkenntnis verhindert keineswegs, daß wir den Produkten der Automobilhersteller nicht die gebührende Neugier und Sympathie entgegenbrächten, sind wir doch von langer Hand entsprechend technoästhetisch sozialisiert und in unseren industriekulturellen Erwartungshaltungen geprägt.

Die Geschichte der Kritik am industriellen Gegenstand und seiner konzeptuellen Rationalisierung hinterläßt einen gespaltenen Eindruck. Offenbar gab und gibt es zwei Lernziele. Wir stecken in einem Dilemma: Einerseits als Wahrnehmende und Handelnde bis auf den Grund des Unbewußten zur Zustimmung erzogen, andererseits mißtrauisch gegenüber der Zumutung des Mit-Funktionierens und voller Vorbehalte gegenüber einem von herrschsüchtigen Dingen verstellten Leben, müssen wir Entscheidungen treffen, wie wir uns kulturell einrichten oder alternativ geben sollen.

Das spiegelt sich nicht nur in der abgehobenen Diskussion zur Angemessenheit des ökologischen, ästhetischen und kulturellen Verhaltens, sondern auch im banalen Alltag: Der Innenraum wird mit antiquierten Dingen dekoriert und mit alten Ritualen des Rückzugs gefüllt, nur hier und da ist das Fenster zur Technomoderne geöffnet. Der Außenraum des Lebens beginnt mit dem auf der Straße ausgestellten technischen Privatarsenal der Fortbewegung oder dem Taxi, das zum Flughafen transportiert. Es ist, als ob zwei Welten in einer existierten, der Regressionsraum des Vorindustriellen und der Zukunftsraum der alten und neuen Technologieversprechen.

Jeden Tag entscheiden wir aufs Neue, was wir wie ästhetisch handhaben wollen, um uns als kultiviert Handelnde zu reproduzieren – auf die eine wie auf die andere Weise der gespaltenen Gegenwart wie der gespaltenen Geschichte und wahrscheinlich auch der gespaltenen Zukunft verpflichtet.

5
Das Echo der historischen Utopien

Es gibt im Alltagshandeln wie in der Anschauung immer noch offene oder verdeckte Strategien, sich das Vertrauen in die Dinge zu erhalten oder es zurückzugewinnen – manchmal von Gebrauchern naiv-erwartungsvoll praktiziert, manchmal von einem progressiven Design in guter Absicht vorgetragen, das dennoch die eigene Utopie unterläuft, indem es sich immer wieder auch als Anpassungs- und Täuschungsmittel erweist. Die Reste des Denkens in ästhetisch-moralischen Kategorien sind leicht auszugraben. Doch allen hierbei darzustellenden Verhaltensfiguren und Entwurfskonzepten für eine bessere Welt der Dinge sind innere Widersprüche nachzuweisen. Wie die alten Ideale der Einfachheit und Bescheidenheit heute weniger denn je zum Zuge kommen können, obwohl man von ihnen ehrlich überzeugt sein mag, bleibt auch das Design des Wahren, Schönen, Guten ein uneingelöstes Versprechen. Dennoch ist die Hoffnung, vernünftig mit vernünftigen Dingen umgehen zu können, auch in der Gegenwart weder überflüssig noch unsinnig, sondern eine notwendige Option auf bessere Zukunft.

Latzhose und Rasenmäher

Manchmal sind es nicht nur Dinge, die von der Sehnsucht zeugen, vor die Industriekultur zurückzugehen. Es sind Gewohnheiten und Rituale, die, obwohl veraltet und allen heute geforderten Verhaltensweisen entgegengesetzt, im Alltag ihren Platz behaupten und Vergangenheit zitieren. Wie in den Schrebergartenkulturen und um das freistehende Eigenheim Reste des alten Oikos mit festem Haus, Landbau und Selbstversorgung überleben und Verrichtungsformen überdauern, die längst der Vergangenheit angehören, ist der Bastelkeller die Werkstatt geblieben, in der die Qualität alten Handwerks im Behelf selbst des Ungeschicks noch zu ahnen ist. Wer einen Garten pflegt oder handwerklich tätig ist, beweist seinen objektiv mangelhaften Sinn für Modernität, indem er Gewohnheiten obliegt, die aus der öffentlichen Ökonomie des Lebens fast verschwunden sind und überwundenen Kulturen angehören. Das Werkzeug dazu ist teils alt wie Rechen oder Spaten, teils neu wie Bohrmaschine oder Klebepistole. Die Verrichtungsgesten sind ehrwürdig oder lächerlich, wie man es nimmt.

Wer tagsüber am PC sitzt oder am Band steht, ist ein moderner Mensch mit modernem Werkzeug und modernen Ansichten zum Leben, der es nicht nötig hätte, auf frühere Produktionsstufen zu regredieren. Zumal das Gemüse auch mit dem Zusatz »Bio« bequem zu haben ist und das Werkeln auf dem höchsten Stand der dafür angebotenen Technologien stattfinden müßte, um in Konkurrenz zur glatten Perfektion gekaufter Produkte treten zu können. Doch ist das Selbstgezogene und das Selbstgebastelte über Seitenblicke auf effektivere Formen der Selbstbedienung und Selbstbedingung erhaben. Baumärkte und Bastelabteilungen versorgen einen riesigen Markt. Der Umsatz von Material und Werkzeug ist enorm und verbürgt eine komplette Privatwirtschaft des Do-it-yourself. Wer eines der »Gartenparadiese« betritt, die von der Blumenzwiebel bis zur Hütte im Schweizerhaus-Format jedes Gedeihen und Bebauen garantieren, sieht sich in eine Gesellschaft von Pflanzern und Kolonisten versetzt. Wenn alles Zeug, das es zu kaufen und in die Erde zu stecken gibt, wachsen würde, müßte man im Busch leben oder in den Vorgärten Lichtungen schlagen wie zu Beginn der Agrikultur. Und niemand hat je gezählt, welche Unzahl von selbstgefertigten Dingen Jahr für Jahr entsteht, auch dies ein Wildwuchs mitten in der Industriekultur.

Wer nach der Arbeit in die Latzhose steigt, um Äpfel zu ernten oder eine Wand anzustreichen, bewegt sich rückwärts aus dem Zeitgemäßen in einen Vorstellungs- und Erfahrungsraum, der mit veralteten, primitiven Verrichtungen gefüllt ist und an ein früheres, mühseliges Leben erinnert. Es ist richtig, das Heimwerken eine »gesellschaftliche Fehlleistung« zu nennen (vgl. Habermas 1958, 226). Trotzdem bleibt die dilettantisch ausgeübte Tätigkeit faszinierend, während gerade die Arbeit liegenbleibt, für die man tatsächlich qualifiziert ist. Jedes Brett, jeder Nagel, jedes Stück Blech hat seinen Materialwert, wird gebraucht, und das Fehlen eines Werkzeugs löst Irritation aus: Wo, zum Teufel, ist die Rohrzange geblieben?

Man befindet sich nicht nur in einem historisierend-vergegenwärtigenden Arbeitsspiel, sondern steht immer auch auf der Probe des Ernstfalls. Wehe dem, der dabei ungeduldig wird! Daß Fluchen zur Arbeit gehört, erfährt man spätestens dann an sich selbst, wenn die Hände sich als zwei linke erweisen. Mich grüßt das Ungeschick allzu oft, was zur Gewalttätigkeit gerade der Sache gegenüber führt, die ich im Moment pfleglich behandeln wollte.

Das private Bekenntnis soll nicht erheitern, sondern auf einen Sachverhalt aufmerksam machen, den die meisten in irgendeiner Form bei sich selber wiederfinden werden. Es ist der tägliche Aufenthalt in vergangenen Produktionsformen und alten Verrichtungsritualen. Es ist aber auch die bewußtlose Reproduktion alternativer Lebensentwürfe im Schrumpf-Format der Freizeitkulturen. Dabei wird stillschweigend privat aufgearbeitet, was die Kultur-Reformer seit Ruskin und Morris bewegt hat: die Probe auf noch bestehende Möglichkeiten einer partiellen Rückkehr, eines Verzichts, einer Verlangsamung oder Besinnung in selbstbestimmter, gestaltender Arbeit. Die Ursprungsgeste des Pflanzens oder des Herstellens einer Sache vermittels Werkzeug, Material und Handgeschicklichkeit ist das tägliche Training dieser Probe, wie es auch die Geste des Kochens geblieben ist, womöglich nach altem Rezept.

Die Vergegenwärtigung des Umgangs mit Naturdingen und die Vergegenständlichung von Arbeit in Produkten – dieser von Anfang an alle Kulturen konstituierende Akt der Einwirkung menschlicher Vorstellung, Erfahrung und Arbeit auf das zum Leben Notwendige realisiert sich in jedem Moment der bewußtlosen Wiederholung. Dabei kommen die alten Dinge und Werkzeuge in eine neue Nähe; sie werden ja gebraucht. Die Gewohnheit der Wiederholung garantiert, daß überlieferte Verrichtungsformen nicht ganz in Vergessenheit geraten und die alternativen Entwürfe aus der Geschichte nicht ganz verschwinden. Morris hatte sein sozialistisches Paradies vor allem dadurch attraktiv gemacht, daß darin der Kunstcharakter aller Arbeit zum Zuge kam. Er schrieb sich seinen Traum vom erfüllten Arbeitsleben von der Seele und konstruierte darin Bilder wie die Figur des Fährmannes, der eine schöne, selbstgefertigte Gürtelschnalle trägt. Vermutlich waren die um 1890 in London käuflichen Gürtelschnallen ganz scheußlich. Zudem war es ein Charakteristikum der Kunstgewerbe-Bewegung, sich der nebensächlichsten Dinge anzunehmen. Alles erschien der Hand gestaltungswürdig. Aus der selbstgefertigten Gürtelschnalle auf einen alternativen Kulturentwurf zu schließen, fällt daher nicht schwer. Es geht ja um das Prinzip des symbolischen pars pro toto. Das Selbermachen erinnert heute an alternative Landkommunen, an Aussteigergruppen aus der Industriekultur (die allerdings wieder in ihre Rechte trat, wenn die Ölheizung ausfiel oder ein Zahnarzt benötigt wurde). Heute sind diese Formen des Ausstiegs nicht mehr so verbreitet wie noch vor zehn Jahren. Trotzdem wäre es nicht fair, über solche Ansätze zu lachen. Da wurde nur etwas mit gesteigerter Vehemenz und ideologischer Überzeugtheit bewußt getan, was alle auf ihre Weise nicht ganz so verbissen, aber hoffnungsvoll tun: Es wird wiederholt.

Wiederholung kann eine »leere« Geste sein, eine langweilige Gewohnheit ohne jeden Ansatz produktiven Bewußtseins, ohne Anstrengung des Erinnerns. Die Unzahl entsetzlicher Basteleien mag den Eindruck erwecken, es sei um den Sinn solcher Wiederholungstaten nicht gut bestellt. Das Reproduzierte nähere sich dem Unsinn, sei unbrauchbar und zeuge nur von der Hilflosigkeit der massenhaft in die freie Zeit Ausgesetzten. Das mag so sein. Stereotype Wiederholung kann aber auch die einzig verfügbare Reproduktionsweise von Erfahrungen sein, die nur bei dieser Gelegenheit aufscheinen, weil die ursprünglichen Arbeitsformen und Produktziele nur über eine solche eigene Praxis des Kompetenzerwerbs ahnbar werden und die Tätigkeit eine Färbung von alternativer Lebensökonomie annimmt, die schon die Utopien der ästhetischen Reformer imprägniert hat. Plötzlich befinden sich die Wiederholer auf dem Wege einer Ausgrabungsarbeit von Utopien des Alltäglichen. Sie knüpfen an Traditionen der Auseinandersetzung mit der Industriekultur an, womöglich auf der Überholspur ihres eigenen Unvermögens, einzusehen, was sie da tun und was die Geste der Wiederholung heute für einzelne und eine Gesellschaft industrieller Subjekte bedeuten könnte.

Eine gesellschaftliche Ökonomie der Wiederholung deutet sich bereits an. Alternative Technik besteht oft in der Wiederbelebung alter, weniger aggressiver Technologien. So kann die Vorstellung eines anderen Lebens in der (post)industriellen Kultur vielleicht auch an den privaten Wiederholungstaten, die so abschätzig als Hobby bezeichnet werden, ein gesellschaftliches Profil gewinnen.

Psychologisch darf man als zentrale Funktion des Heimwerkens das »Herstellen von Verbindungen« diagnostizieren, das als Motiv auf den Anspruch verweist, »sich und seine materiellen Verhältnisse selbst zu schaffen« – also genau das zu tun, was heute in der Arbeitswelt unmöglich ist. Worauf es dem Heimwerker ankomme, sei die Verhinderung einer Verselbständigung des Objekts (das Abreißen der Verbindung), die der Bastler dadurch aufzuhalten suche, indem er die Vollendung des Produkts hinauszögere (vgl. Heubach 1987, 143).

Gesellschaftlich würde dem eine Entschleunigung der Produktion entsprechen. Die Verzögerungstaktik könnte an der ausgedehnten Lust der Arbeit liegen oder dem Bestreben, die Qualität Arbeit überhaupt möglichst lange zu erhalten. Daß im Bearbeitungsprozeß Verbindungen zwischen arbeitendem Subjekt und bearbeiteten Objekt sowie zum Material, zum Werkzeug, zur Arbeitstradition, zu älteren Kulturtechniken und kulturellen Wertungen gelingen können, steht außer Frage. Es geht ja um die genußvoll hergestellte Nähe zu einem Arbeitsgegenstand und den Arbeitsmitteln, auch um eine Identifikation des arbeitenden Subjekts mit den rituellen Prozeßformen dieser alten Form von Arbeit, die als persönlich bedeutsam und befriedigend betrachtet werden. Objektiv handelt es sich um vorindustriell-alternative Romantizismen, aber auch um Gegenbilder des Erlebens zu deprimierenden Erfahrungen aus der gegenwärtigen Arbeits- und Produktwelt, in der sich sowohl die Arbeit als auch die Dinge verflüchtigen.

Letztlich lebt jeder Hobbygärtner oder Bastler seine privaten Vorstellungen vom anderen Leben aus, so falsch sie sein mögen. Die Manie, Tontöpfe, die wie krumme Gurken aussehen, für alle Ewigkeit unter hohem Energieaufwand zu brennen und zu glasieren, entspricht dem schwer verständlichen Wunsch, richtige Gurken auf rechteckigen Beeten in möglichst geraden Reihen gleich groß zu ziehen. Es gibt eben kein richtiges Leben im falschen, würde Adorno antworten, der vermutlich nie gebastelt oder gegärtnert hat. Aber ein rein falsches Leben mit falschen Gewohnheiten und Dingen kann es allein deshalb nicht geben, weil man das nicht aushalten würde. Irgendeine Projektion des Richtigen liegt auch im Falschen, die aufblitzende Ahnung – nicht durch Denken, sondern durch eine blinde Praxis erzeugt – ist vorstellbar, das heißt, sie muß dem Gelingen des einzelnen unterstellt werden, wenigstens als Chance.

Gewiß ist, wer sich mangels handwerklicher Kompetenz und aufgrund allzu großer Entfernung zu ihrem Ursprung in die Hand sägt, dumm. Er könnte das Sägen ja lassen. Es ist eine fahrlässige Selbstverstümmelung aus wenig intelligentem Anlaß, nämlich einer unreflektierten Gewohnheit zur Regression. Recht geschieht dem Blessierten. Wenigstens in der Rekonvaleszens kann er, obzwar krankgeschrieben, keinen weiteren Blödsinn dieser Art machen.

Man könnte aber auch behaupten, daß die schlecht heilende Hand den Blöden an etwas anderes als nur an sein Ungeschick erinnert. Er wird die Tätigkeit in Zukunft nicht unterlassen, nur eine Weile vorsichtiger mit dem Werkzeug hantieren. Wir treten hier in die praktische Psychologie des Alltagslebens oder in den Bereich einer Lerntheorie ein, der weniger das Verlernen eingeschrieben ist als die Möglichkeit, Erfahrungen wiederzubeleben. William Morris, Urtyp des kunsthandwerklichen Dilettanten, brachte sich alles Mögliche selber bei, was damals als handwerkliche Tradition im hochindustrialisierten England kaum eine Überlebenschance hatte. Man muß sich diesen liebenswürdigen Aktivisten des ästhetischen Sozialismus im Färberkittel, mit fleckigen Händen gestikulierend, vorstellen oder an seinem Webstuhl im eigenen Schlafzimmer sitzend. Keine handwerkliche Technik war vor ihm sicher, jede wollte, wie das Buchdrucken mit selbstentworfenen Lettern, persönlich wiedergefunden sein. Die ganze europäische Kunstgewerbebewegung um 1900 basiert auf derart am Leben erhaltenen oder wiederbelebten, teilweise von den Künstlern selbst erlernten, also dilettantisch ausgeübten, materialgestaltenden Technologien. Die Industrie hatte längst ihre eigenen Verfahren der verbilligten Nachahmung oder effektiveren Verarbeitung entwickelt – es war ein Luxus, sich der Wiedergewinnung handwerklicher Methoden zu widmen, aber gerade dieser Versuch ist ein Anstoß geblieben.

Im Grunde war die erste Kunstgewerbe-Reform eine einzige Wiederholungstat nach vorn, eine konkrete Utopie des Erinnerns. Daß sie das Spiel gegen die industrielle Form verlieren mußte, dürfte den Beteiligten bald klar gewesen sein. Sie haben trotzdem damit angefangen und eine gesellschaftlich bedeutsame Tat vollbracht, auch wenn ihnen vorgehalten werden kann, sie selber hätten das meiste Vergnügen dabei gehabt. Das gilt auch für die Heimwerker von heute, die nach ihrer Selbstverwirklichung suchen. Arbeitsfreude war ein zentraler Begriff bei Morris, der allerdings unterdrückt, daß Arbeit im Zeitalter der Handwerkskulturen alles andere als ein Vergnügen war, nämlich Mühe unter nicht sonderlich guten Lebensbedingungen. Wer sich heute in die Hand sägt, ist für ein paar Tage vor Idealisierungen seiner Tätigkeit sicher und bewegt sich auf dem Boden alter Tatsachen: Das Material ist störrisch, die Hand ungeschickt, das Werkzeug grob. Das Produkt mißlingt bisweilen.

Das sind fundamentale Erkenntnisse aus bewußt werdender Wiederholungserfahrung. Sie werden um so wertvoller, je weniger Gelegenheit besteht, solche Erfahrungen zu machen. Wenn der Computer abstürzt oder das Faxgerät versagt, sind dies andere Erfahrungen der Kompetenz- und Werkzeuggrenzen. Sie beleuchten aus der Fehler-Variante einen Bereich der gegenwärtigen Kultur wie das handwerkliche Unvermögen des Bastlers die einst vorhandene Handgeschicklichkeit vor Augen führt.

Die Rückkehr zu Verrichtungen alter Art und zum alten Werkzeugbestand oder zur Übung im neuen, der auf den alten im Zweck der Tätigkeit Bezug nimmt wie die elektrische Stichsäge auf den Fuchsschwanz, vermittelt immerhin die Gewißheit, etwas nicht so gut zu können, wie es einst andere konnten, oder stachelt den Ehrgeiz an, es doch in der übenden Wiederholung zu lernen – wie einst die Künstler-Entwerfer und Kunsthandwerker zu Beginn dieses Jahrhunderts. Wenn noch deren Formsinn wiederentdeckt würde, gäbe es vielleicht weniger Einwände gegen die formlose Bastelei.

Aber auch im fertiggekauften Outfit gebärden wir uns manchmal als Wiederholungstäter. Mit den Jeans kommt der Geruch nach Pferden und Lagerfeuer zurück. Sie sind, obwohl durch und durch industrielles Produkt, nicht nur ein versteckter Protest gegen konservative Etikette oder den Wechsel der Moden, die das rustikale Beinkleid alle ausgesessen hat. Sie sind auch ein Protest gegen den Verlust von Natur an uns selbst. Jeans machen noch den blassesten Bürojüngling am Kopiergerät zum Naturburschen mit knackigem Hintern.

Wer Latzhosen bevorzugt, gehört gar einer Sonderklasse regressiver Individuen an. Vor nicht langer Zeit durfte man die Latzhose zum Typus jener Dinge rechnen, die ein Bewußtsein »ausstellen« (vgl. Heubach 1987, 135), also besondere Kommunikationsfunktion übernehmen. Das geschlechtsneutrale Kleidungsstück war in der Blütezeit alternativer Lebensformen bis in die 80er Jahre äußerst beliebt, ja als weltanschaulich eingefärbte Uniform der Aussteiger vorgeschrieben. Als Berufskleidung des Monteurs oder Mechanikers verweist sie auf ihre Herkunft aus der modernen Arbeitswelt – Charlie Chaplin trägt eine Latzhose in *Modern Times*, während er hektisch an riesigen Maschinenrädern schraubt, die ihn bereits zwischen die Zähne nehmen.

Die Latzhose ist trotz ihrer industriellen Herkunft zum Bekenner-Objekt erdnah-naturverbundener Gruppenzugehörigkeit geworden – ein schönes Beispiel, wie ein Ding seiner ursprünglichen Bedeutung durch Uminterpretation in neuer Aneignung entfremdet, beinahe zu einer anderen Sache werden kann.

Der Latzhose haftet ein auf Handarbeit und Landbau bezogener Zweckverweis auch insoweit an, als im neugedeuteten Ding der symbolische Bezug auf eine frühere Kulturstufe der Arbeit gesucht wird. Das Kleidungsstück wurde vorzugsweise von Leuten getragen, die – obzwar künstlerischer oder handwerklicher Laientätigkeit nicht abgeneigt – sich schwerer und schmutziger Arbeit gern enthielten. Sieht man heute eine Frau oder einen Mann in einem solchen Aufzug richtig schuften, handelt es sich in der Regel *nicht* um Alternative. Dann ist eine Bäuerin bei den Kühen oder ein Mechaniker in der Grube unter dem Auto. Andere trugen sie als Ausweis ihrer Gesinnung, weil sie sich selbst und der Welt etwas damit sagen wollten.

Manchen Dingen merkt man eben nicht sofort an, daß es sich um Regressionsinstrumente in den vorindustriellen Raum handelt. So verhält es sich mit dem Rasenmäher, dem beliebtesten Instrument einer Rückkehr in die Nähe der nur mit Gewalt zu zivilisierenden Natur. Für Nicht-Benutzer handelt es sich um ein akustisches Folterinstrument; es erzeugt an stillen Sommertagen in ruhiger Wohnlage das charakteristische Störgeräusch schlechthin.

Kurzgeschorenen Rasen zum Zeichen kleinbürgerlicher Ordnungsliebe zu erklären, wäre verfehlt. Auch anglophile Regungen oder die Ausbreitung des Golfsports können die Beliebtheit des Rasenmähers nicht restlos erklären. Er ist ein kulturelles Gestaltungsinstrument wie einst die Gartenschere der Barockzeit, die aus Laubwerk Skulpturen machen half. Heute liegt der Vergleich zum elektrischen Rasierapparat nahe, der den Kult des reinlich gepflegten Gesichts garantiert. Auch beim Rasieren wird Natur in ihre kulturellen Formen (und Grenzen) verwiesen. Das Rasenmähen verweist auf den archaischen Akt der Rodung, auf der seit je Haus und Hof errichtet wurden. Eine kultivierte Fläche wird im Akt der Schur markiert und verteidigt, so daß die Regressionstendenz oder Wiederholungssehnsucht nicht klarer in Erscheinung treten könnte als im oft fehlgedeuteten Rasenmähen.

Dazu kommt die Geschichte des Geräts. Sense und Sichel sind nur noch »Bilder«, selten real im Gebrauch. Manche werden die mit Körperkraft voranzustoßende Messertrommel mit dem Klacken des rotierenden Eisens erinnern. Dann kamen die zweitaktmotorgetriebenen Mäher in Gebrauch, stinkende Trabbis der Gartenkultur, abgelöst von etwas leiseren Viertaktmotormähern. Den Gipfel der Bequemlichkeit stellen die kleinen Aufsitzgeräte oder Spielzeugtraktoren dar. (Die Klasse der schwächlichen Elektromäher, denen immer das eigene Kabel im Wege liegt, wird hier vernachlässigt.) Auf dem Mini-Traktor hockt man unbequem, aber lustvoll angespannt wie einst in der Seifenkiste auf Rädern, bevor sie den Berg hinabrollte. Es ist ein Spielzeug zur technischen Zähmung der Natur, zugleich ein primitives Gerät, vom Kind im Manne in unbeobachteten Momenten bis an die Grenze der Leistungsfähigkeit ausgereizt und zum eigenen Geschicklichkeitsbeweis der Beherrschung getestet. Wenn es dann am Hang zu kippeligen Schräglagen kommt, macht man gar keine gute Figur, sondern schaut, daß man sich festhält. Das Spielzeug hat seine Tücken wie alles Zeug, das man allzu sorglos oder provozierend behandelt. So probt der Herr aller Dinge spielerisch den Ernstfall.

Es ist zu hören und zu sehen: Die Mechanisierung der Gartenarbeit hat Fortschritte gemacht. Nur das Gras wächst wie früher. Während man Latzhose und Jeans trotz industrieller Herkunft auch gegen sie gewendet interpretieren kann, weil sie eine Illusion von Freiheit und Natürlichkeit vermitteln, läßt sich das vom Rasenmäher kaum behaupten. Hier hat uns die Technik voll im Griff. Doch ist im Akt der Bedienung des Maschinenparks die uralte Geste der Verteidigung gegen das Zuwuchern erkennbar. Statt auf chemische oder genetische Regulierung des Wachstums und der Rasenpflege zu bauen, nehmen wir den persönlichen Kampf mit der Natur technisch hochgerüstet auf. Aber dieser Kampf vollzieht sich in Formen eines ritualisierten Spiels, die das Instrument transzendieren: Die alte Agrikultur wird der neuen Industriekultur wie ein Spiegel der Erinnerung entgegengehalten. Wir »spielen« den Gärtner, den Bauern, und spielen zugleich mit der Technik wie ein Kind, das sich so gern mit auf den Traktor setzt, aber auch das Gras riecht. Eine seltene Einheit der Widersprüche. Der Öko-Freak gerät in die Klemme: Soll er technisch mähen oder per Sense oder überhaupt nicht? Nicht jeder kann sich Schafe halten. Also wird irgendwann der Mäher angeworfen. Wildwiesen-Fans merken spätestens nach zwei Jahren, daß ein gelegentlicher Schnitt guttut. Dann wird mit dem Mulchgerät Häcksel gemacht, eine noch gewaltsamere Form der symbolischen Rodung.

So irritiert auch beim Rasenmähen die Ambivalenz von Ritual und Werkzeug. Einer Rückkehr zu kultivierenden Tätigkeiten an der Natur steht hochmodernes Werkzeug zur Verfügung und im Wege, Frühes und Spätes begegnen sich im Zweck der Tätigkeit. Ob sich daraus eine Hypothese entwickeln läßt, nach der es nicht auf das Alter und die Art der Instrumente, sondern auf die Konstanz der Zwecke und das Alter des Rituals ankommt, das sich auch in solchen Formen tradiert, die gleichzeitig ein anderes Formpotential freisetzen – das der Zurichtung der Sinne und des Bewußtseins nach Maßgabe jeweils neuer Technologien? Daß also das Neue, das uns formt und der gegenwärtigen Kultur einpaßt, sich vom Alten, das wir in der Tätigkeit erneuern, zurückgewinnen oder erhalten, nicht ganz abtrennen läßt – ja, daß es in einer vertrackten Dialektik diesem Alten dienen muß? Immerhin darf der Rasenmäher ein Instrument des archaischen Bedürfnisses genannt werden, das Menschsein symbolisch gegen die wilde Natur des Außen zu behaupten.

Oder ist er doch bloß das ökologisch zweifelhafte Spielzeug eines pathologischen Sauberkeitswahns in der sadomasochistischen Variante, sich und andere taubstumm zu machen, wobei uns das technische Gedröhn an ein unbeherrschbares Bedürfnis nach Unterwerfung der Natur erinnert, das an dem armseligen Stück Rasen, über das wir privat verfügen, exekutiert wird?

Es ist der Rückzugsort von Büro und Fabrik, ein symbolischer Gegenentwurf zur industriellen Wirklichkeit, der da aggressiv überrollt wird. Die Ausrüstung dient angeblich der Bequemlichkeit. Aber sie diszipliniert unsere Kritik am industriellen Lebenszwang durch eben diesen Zwang, sich noch im Rückzug seiner Instrumente zu bedienen. Wir leben die kleinen Fluchten aus der harten Alltagswelt zwischen eingebildeter Idylle und einer ihr feindlichen Realität, die die Stille brutal unterbricht. Was wie ein stummer Protest gegen die Welt aus Eisen und Beton als gepflegte Rasenfläche dem Auge wohltut, war am Abend davor Schauplatz eines Kampfes mit ungleichen Kräften. Nun riecht es nach Heu, die Maschine steht in der Garage bis zum nächsten Gemetzel. Heimgekehrt an den regressiven Ort des Widerstands gegen die technische Moderne versichern wir uns immer wieder ihrer Instrumente, die auch die Herrschaft über den Menschen als Natur, seine Selbst-Beherrschung oder -unterwerfung noch in jenen Handlungen symbolisieren, mit denen wir uns dem Zwang entziehen möchten. Wie bei jeder Fahrt mit dem Auto in den Wald die Pause für eine kleine Wanderung vergessen machen soll, wie wir gekommen sind und wie wir wieder wegfahren werden.

Hand oder Maschine?

Seit Ruskins Protest gegen die Gleichförmigkeit des Maschinenprodukts, dessen mechanische Herstellung die Gestaltungsfähigkeit der Hand entwertet, geraten wir in ein historisches Dilemma. Untergründig schwingt in der Bewertung von Dingen immer noch die Frage nach der besseren Art mit, zumal jede industrielle Produktion heute auf ökologische Vorbehalte stößt. Unterschiedliche Produktionsweisen und Produkte stehen nach wie vor in Konkurrenz, obwohl das wiederum unzeitgemäß erscheint, wird doch so gut wie alles in unbestrittener Qualität fabrikmäßig hergestellt – Käse, Autos, Knöpfe, Computer. Es ist längst undenkbar geworden, hinter die industrielle Effektivität und Perfektion des Produzierens lebensnotwendiger und luxuriöser Dinge zurückzufallen und einen handwerklichen Versorgungsbetrieb aufzubauen. Dieser Traum der ersten alternativen Bewegung ist ausgeträumt.

Dennoch wird dem Handgemachten immer noch Individualität, dem Maschinengemachten Austauschbarkeit bescheinigt. Wir können uns im Alltag beobachten, wie wir die Unterschiede ästhetisch werten. Der eine oder der andere Gegenstand in der Nähe oder in der Hand spricht anders an, scheint sich in einem anderen Aggregatzustand oder Temperaturfeld zu befinden. Ob da alte Vorurteile eine Rolle spielen?

Gewiß ist das Industrieprodukt in der Serie anonym. Es tritt ohne Produzentenindividualität in Erscheinung. Es kann sich jedoch seine Produktindividualität verdienen, bis es Narben und Tätowierungen eines längeren Gebrauchs vorweist oder in die Gebrauchsgeschichte eines einzelnen Besitzers eingewachsen ist. Seine Unverwechselbarkeit gewinnt ein Massenprodukt durch die Kennzeichen einer Gebraucherhand, die ihm die Unterscheidungsmerkmale aufprägt. Das neue, unbenutzte Produkt ist neutral. Erst das Beschädigte, Abgewetzte, Zerbeulte, Zerkratzte macht ein Serienprodukt unter seinesgleichen individuell kenntlich. Die Einzigartigkeit resultiert aus »Schäden«, die ihm der Gebrauch zugefügt hat, die eine Anreicherung mit kollektiv und individuell verstandener Bedeutung darstellen. Wer ein älteres Auto fährt, erkennt es schon von weitem an der Stumpfheit des Lacks, an den Beulen. Die Staubschicht im Inneren ruft vor Augen, wie lange und wohin man mit der Klapperkiste schon gefahren ist.

Auch technische Dinge versammeln auf ihrer Haut Merkmale einer unverwechselbaren Geschichte des Gebrauchtwordenseins. Eine alte Aktentasche oder die geliebte Tasse mit dem Sprung haben ihre Biographien. Vom Flohmarkt nach Hause getragen, wechseln sie nicht nur den Besitzer, sondern setzen ihre Geschichte unter einer neuen Hand fort, die sich gerade daran erfreut, daß sich vorher schon andere, anonyme Hände an dem Ding zu schaffen gemacht haben: Second hand oder eine unbekannte Numerierung, falls man die eigene Benutzerstelle ausrechnen möchte, machen das Objekt bedeutsamer, als es im Neuzustand je war. Die Spuren des anonymen Gebrauchs erheben das Ding aus der Masse zahllos gleicher, wie geklont wirkender Produkte heraus. Wäre die Sache nagelneu gewesen, hätte man sie vielleicht gar nicht erworben. So besteht die Faszination der Flohmärkte, auf denen der letzte Schrott verhökert wird, vor allem in der Chance, Dingschicksalen zu begegnen. Dann geht der Film im Kopf ab, während die Hand versonnen das Angebot prüft.

Auch relativ junge Industrieprodukte altern im Gebrauch zu Billig-Antiquitäten heran und gewinnen eine Aura des Individuellen. Aber daran muß eben auch gearbeitet worden sein. Der handwerklich hergestellte Gegenstand hat es leichter. Ihm ist schon Produzentenindividualität und Produktindividualität mitgegeben, so daß er von Jugend an als ausgereiftes Individuum gilt. Sein grundlegendes Merkmal ist die Abweichung: Auch bei kleinen Serien wird die ideal-perfekte Form immer ein wenig verfehlt. Gerade dieser Geburtsfehler trägt zur Wertschätzung des Handgemachten bei. Was bei maschineller Fabrikation in die Nähe zum Ausschuß gerät oder als zweite Wahl rangiert, ist für die handwerkliche Form ein Erkennungs- und Qualitätsmerkmal. Bei Töpferware wird Unregelmäßigkeit zum ästhetischen Leitprinzip. Die Hand des Herstellers, der Brand, der Fluß der Glasur beweisen, wie Willkür und Zufall das Regelmaß stören sollen und jedes Objekt eine kleine Eigenwilligkeit zugestanden bekommt.

Hier ist die Produktindividualität schon da, bevor die Biographie des

Gebrauchs beginnt. Das subjektive Gefühl der Wärme und Beseeltheit des Objekts findet daran seinen Halt. Aber ob das dazu berechtigt, den Wert des Handgemachten über den des Maschinengemachten zu stellen? Mit den verschiedenen Produktionsweisen werden verschiedene ästhetische Qualitäten am Produkt produziert – solche, die aus dem Wissen um die Produktionsweisen konnotiert (also vom Gebrauchersubjekt dem Ding hinzugedacht) werden, und solche, die als Spur des Herstellungsprozesses tatsächlich sinnlich in Erscheinung treten.

Eine Teekanne, deren Wölbung vom Silberschmied mit dem Treibhammer zur perfekten Kugelform gespannt worden ist, scheint sich zunächst von einem formidentischen Objekt aus einer industriellen Serie nicht zu unterscheiden. Wer schon weiß, daß es sich einmal um ein Unikat, das andere Mal um ein Massenprodukt handelt, wird sich seinen Teil dazu denken. Er könnte aufgrund seines Vorwissens aber auch der Einbildung unterliegen, die Formen und Oberflächen seien nicht identisch. Auch die Halluzination eines Unterschieds wäre denkbar. Also muß man sich dem Sachverhalt wie in der Wissenschaft so rational wie möglich nähern und nach objektiv nachweisbaren Unterschieden fahnden.

Handwerkliche Bearbeitung hinterläßt in der Tat andere Spuren als die industrielle. Das Blechschneiden, Vorformen, Teile-Verbinden und die Oberflächenbehandlung per Hand oder in den mechanisierten Fertigungsprozessen der Fabrik hinterlassen andere Kantenschärfen, Bördelungen, Lötnähte oder Hammerschlagmuster. Es ist auch dem geschicktesten Handwerker nicht möglich, wie ein Automat unzählige formidentische Produkte in gleicher Perfektion herzustellen. Das bestechende Gleichmaß ist ein Charakteristikum des maschinellen Durchgangs.

Während sich zur Zeit der Kunstgewerbe-Reformen und im Werkbund die Debatte um Unikat und Typ letztlich um diese fundamentale Differenz erhitzte, scheint die Diskussion heute gegenstandslos zu werden, weil die industrielle Produktform die »Schwäche« ihres unendlichen Gleichmaßes inzwischen unterlaufen könnte. Theoretisch erlaubt es die Integration des Computers in die Steuerung der Fertigungsprozesse, Produktserien derart zu »stören«, daß jedem Einzelstück der handwerklich erscheinende »Fehler« gleichsam genetisch mitgegeben werden kann. Jedes Massenprodukt könnte ein wenig anders aussehen als der reine Serientyp. Damit würde der Gattungsunterschied aufgehoben und ließe sich der alte Streit über die Vorzüge und Nachteile des Hand- und des Maschinengemachten endgültig aus der Welt schaffen: Massenprodukt und Unikat wären nicht mehr zu unterscheiden.

Doch wie würden wir mit unserem Wissen umgehen, das die Produktionsweise kennt? Was konnotieren wir zu den künstlich verunregelmäßigten Dingen? Und wird wirklich kein Unterschied mehr zu einer handnahen Herkunft der Form wahrnehmbar sein? Es bleibt ein Restzweifel, ob es den Sinnen und der Erfahrung nicht doch gelingen wird, das neue Objekt der beabsichtigten Täuschung zu überführen. Wo die Unberechenbarkeit errechnet wird, ist sie keine Unberechenbarkeit mehr. Der digitale Zufallsgenerator, der einer Form hier und da kleine Fehler appliziert, ist nicht die Hand eines Menschen mit der Unregelmäßigkeit ihrer Werkzeugführung. Es wird vermutlich eine an sie erinnernde Spur bleiben, eine nicht simulierbare Winzigkeit, die jedem Täuschungsversuch widersteht. Und es wird auch der raffiniertesten Werbung kaum gelingen, das konnotative Kapital zu entwerten, das kulturelle Erfahrung heißt. Vielleicht wird die Sehnsucht nach den tatsächlich handgemachten Dingen nur um so stärker, je mehr sie sich betrogen fühlt?

Wir benutzen ja beide, prägen beiden Arten von Dingen den Stempel unseres Gebrauchs auf. Warum sollte das eine besser als das andere sein? Unter der gebrauchenden Hand wächst ohnehin zusammen, was getrennt hergestellt worden ist. Tee wird aus getöpferten Pötten oder feinem Porzellan getrunken. Mag sein, daß Material und Form des Gefäßes das Aroma und die Geste beeinflussen. Aber die Tasse ist eindeutig ein Industrieprodukt, der Pott selbstgetöpfert oder vom Handwerker, oder ein Handwerksimitat aus der Fabrik. Heute herrscht produktkulturelle Promiskuität oder produktionsästhetische Demokratie. Sie beseitigt die feinen Unterschiede nicht, relativiert sie jedoch auf befreiende Weise.

Am liebsten trinke ich Tee aus der einzigen kleinen (pseudo?)chinesischen, gesprungenen, dünnwandigen Porzellantasse mit Drachen-Dekor, die alle Fährnisse fremden Gebrauchs überstanden hat. Ihr objektiver Sachwert ist gering, ihr subjektiver Gebrauchswert hoch, weshalb ich sie in Ehren halte. Ich hoffe, sie hält noch lange. Sie ist ein Massenprodukt und doch einzigartig.

Die Rede vom Design

Es gibt einen Bereich kultureller Definiertheit des Gegenstands, in dem die historischen Utopien einer besseren Welt der Dinge ihr, wenn auch schwaches, kaum noch vernehmbares Echo finden: das Design. Alle Dinge haben ihre Form, für die es eine Erklärung gibt: Heute sagt der Designer dem Ding, wie es erscheinen, wozu es taugen und passen, was es über sich mitteilen und wie es gebraucht werden soll. Design ist seit seiner gesellschaftlichen Institutionalisierung in den 50er Jahren allgegenwärtig. Seither gibt es keine Zweifel mehr an der Notwendigkeit von Design; es ist durch Wirtschaftspolitik, Medienpräsenz, Kulturpublizistik und eigene Theorie diskursfähig geworden. Doch leidet die Wahrnehmung an einer spezifischen Verengung des Blicks: Man trennt den funktionalen und ästhetischen Mehrwert von der Masse des Banalen. Allen postmodernen Auflockerungen des Normativen zum Trotz hat sich diese Ausschließlichkeitsthese von der Gründung des Deutschen Werkbundes 1907 bis heute behauptet. Auch die Designgeschichtsschreibung trennt das anerkannte Offizialdesign vom nicht zu beachtenden Trivialdesign ab, obwohl das Bruttodesignprodukt einer Gesellschaft zu seinem allergrößten Teil aus Banalitäten besteht. Die Dinge sind alle irgendwie von irgendwem gestaltet worden. Aber die traditionelle Rede vom Design hat dazu geführt, daß es scheinbar nur ein Design gibt: das, über welches geredet wird.

Nach ihrer kulturellen Ausgrenzung dürfen die verachteten Massenprodukte ihr stummes Gespräch miteinander und mit ihren seit je unbelehrbaren, rückständigen Gebrauchern führen. So findet massenhaft Designgeschichte im anonymen Gestalten und Gebrauchen statt, wird aber nicht wahrgenommen, obwohl die Wirklichkeit das Märchen vom Konsens auf eine legitimierte Kultur der »besseren« gegenständlichen Nutzen- und Erscheinungsformen Lügen straft. Design ist die Präsenz des

Austauschbaren, Modischen, Trivialen, ob »gut« oder »schlecht« gestaltet. Design bezeichnet die Mischung der Ding-Gestalten im Sinne eines kommunizierenden Systems von Produktsprachen, die anderen Differenzierungen dienen als jenen der institutionell festgeschriebenen Qualität.

So müßte das Übertriebene, Indifferente, Häßliche oder »Falsche« soviel (oder mehr) Rederecht als das nach strengen Kriterien Geformte erhalten. Die allgemeine Rede vom Design legitimiert aber die selbstaufgestellte Differenzbehauptung immer wieder, um die Tatsache zu verdecken, daß es Design auch ohne diese Behauptung gäbe. Es ist einfach da, massenhaft überwältigend, schön oder scheußlich, wie man es vom eigenen kulturellen Differenzstandpunkt aus sieht. Wer den Glauben an das Bessere verloren hat, kann das Phänomen ungeniert benennen. Erstens: Design ist unvermeidlich. Zweitens: Ein Design will immer besser als das andere sein. Drittens: Design ist ein Fallout der Industriekulturgeschichte. Da gibt es kein Entrinnen. Nur Abstumpfung wie gegen den sauren Regen. Das ist Lebenserfahrung und daher unwiderlegbar. Massenweise sind irgendwie gestaltete Dinge da. Ihre Zwischenlagerung erfolgt auf Verkaufsflächen und in Gebraucher-Haushalten, bis es zur Endlagerung im Museum oder auf der Müllkippe kommt. Die unerforschten Folgen der Handhabung des gestalteten Produkts lagern sich im Habitus und im Bewußtsein ab. An dem, was vor die Sinne tritt, kann man also auch etwas über den Zustand der Gesellschaft oder ihr kulturelles Selbstverständnis erfahren. Man kann immer noch ihren Ort und ihre Orientierungsbewegungen im Rahmen der Industriegeschichte daran vermessen. Und man kann die Defizite, den Anpassungsüberschuß, die geheimen kulturellen Ziellinien darin finden. Das heißt, man könnte über das Zustandsbild der Produktlandschaften nach dem Zuschnitt und der tendenziellen Entwicklung der Kultur in einem viel weiteren Sinne fragen, als im Begriff Design gemeint ist.

Die Formhöhe der Dinge wäre nicht nur als Indikator für den Stand der Ästhetisierung des Ökonomischen, sondern auch für das Selbstverständnis unserer Industriekultur mit einer entweder politisch korrigierbaren oder schon nicht mehr steuerbaren Eigendynamik in der Formung des kulturellen Subjekts zu verstehen. Längst ist die Ressource Kultur (wozu auch das Design zählt) einem Ausbeutungs- und Unterwerfungsprozeß wie die Natur ausgesetzt. Weil es eine innere und äußere Kultur so gut wie eine innere und eine äußere Natur des Menschen gibt, würde es zu den

Grundfragen von Wissenschaft und Politik gehören, was Design mit der inneren und der äußeren Natur und mit den daran vollzogenen Formen der Kultivierung zu tun hat. Es wird aber nicht danach gefragt.

Design ist eine Bühne und zugleich ein Stück im Stück, das historisch darauf gespielt wird. Geschichte vollzieht sich jeden Augenblick auch im Entwurf und Gebrauch von Dingen. Die Akteure auf dieser Bühne, ihre Souffleure, ihre Klienten und die Zuschauer meinen zwar die Rollen zu kennen, die in diesem Stück zu besetzen sind, aber ob sie ahnen, in welchem sie spielen oder was mit ihnen gespielt wird, ist ungewiß. Tatsächlich steht das Spiel unter der Regie der ökonomisch-technologischen Dynamik der Industriegeschichte, der auch die Designer unterliegen. Sie bleiben Zuträger oder Ausführende des Innovationsgeschehens, das sie zu vermitteln haben. Manchmal gelingen dabei Wunder der Überzeugung.

Vor geraumer Zeit habe ich mit einem Tischrechner (*Divisumma* 18) von Olivetti gespielt, den Mario Bellini 1972 entworfen hat, bis mir etwas widerfuhr, was mir nicht aus dem Sinn geht. Von elektronischen Geräten verstand und verstehe ich nichts; dieses war nicht einmal angeschlossen. Ich spielte nur daran herum. *Divisumma* hatte spürbares Gewicht, Plastizität, außerordentliche haptische Qualitäten. Sie wirkte erotisierend als »Körper«, der sich spielerisch bedienen ließ. Ein Objekt ästhetischer Lust, des von allen Zwecken der Notwendigkeit befreiten Genusses? Man konnte es betasten, streicheln, tragen, wiegen, darauf komponieren; denn ein Musikinstrument war es auch. Beim sanften Niederdrücken der wie durch eine belebte warme Haut hindurch spürbaren, mit elastischem Kunststoff oder Gummi bezogenen Tasten und Knöpfe bis zu dem sich durch leichten Widerstand ankündigenden Druckpunkt gab der Apparat mit etwas Verzögerung wohltönende Knackgeräusche von sich, den spontanen Drang einer spielerischen Rhythmisierung wie bei einem Percussionsinstrument freisetzend. Ich erinnere mich, wie dieser selbstvergessenmachende Vorgang der Annäherung und Verständigung von Maschine und Hand mich zunehmend verblüffte. Natürlich wußte ich, welche Register sinnlicher Überzeugungsfähigkeit ein einfühlsamer Entwerfer ziehen kann. Bloß in dieser Evidenz war mir das noch nicht beggenet. Ich brauchte einige Zeit, um zu begreifen, was am eigenen Leibe geschehen war.

Da lag ein Beispiel von »gutem« Design in der Hand und vor Augen, der Entwurf seiner verführerischen Einheit von Mensch und Maschine, Sinnlichkeit und Spielsinn, Schönheit der Form und Beiläufigkeit der

Funktion. Eine Art Verschmelzungstraum, ja die Inszenierung dieses Traumes als Realität, und zugleich die perfideste Täuschung. Der Vorgang der sinnlichen Überredung in seiner Unauffälligkeit, Eindringlichkeit, Alltäglichkeit, ja Lächerlichkeit scheint der springende Punkt. Irgendeine Kreuzung von Übergangsobjekt, Skulptur und Werkzeug mit ganz und gar nebensächlicher Zweckbestimmung trat in unverfänglich schöner Durchmischung vor die Sinne und schaltete kurzerhand das kritische Bewußtsein aus.

Die Anmutungsgestalt des Gegenstandes hebt hier die objektive Distanz zwischen dem technischen Werkzeug und der fühlenden Hand auf, läßt den Widerspruch zwischen dem Organischen und dem Anorganischen verschwinden, leugnet den Grundgegensatz von Objekt und Subjekt, der bisher jede »harte« Funktionsform zum Beweis der Erkenntnis von dem Unversöhnten hat werden lassen, ob das gewollt war oder nicht. Der klassische Funktionalismus hat den Bruch jedenfalls nie verschwiegen und war wohl deshalb am Ende nicht mehr »modern« genug. Heute vermute ich, daß dieser Widerspruch nicht nur als Thema des ästhetischen Ausdrucks aufgegeben, sondern überhaupt an und in der technoiden Kultur schon zum Verschwinden gebracht worden ist.

Vielleicht haben sich die Grenzen zwischen Ding und Organismus längst in einem anthropologisch wirksamen Sinne verschoben, ist die innere Natur des Menschen nicht mehr im Konflikt mit fremden Funktionen des Außen, sondern schon derart – unter anderem durch Design – sozialisiert und kultiviert, daß die Veschmelzung umstandslos gelingt. Was sind die lächerlichen Taschenspielertricks und plumpen Anbiederungen des gewöhnlich schönen Design gegen eine solche Meisterleistung der ästhetischen Grenzüberschreitung im sogenannten »guten« Design?

Nicht Gewalt, sondern Sanftheit wirkt auf Dauer überzeugend. Das scheint hier die Erkenntnis über den Gegenstand hinaus. Ich fühlte mich nach der Spielerei mit Frau *Divisumma* irgendwie ertappt und nicht ganz wohl in meiner Haut. Bin ich selbst einem schon industriell überformten, technoid-erotisch trainierten Es unterlegen, das sein Bedürfnis und Verlangen gegen alle Einsicht und Rationalität durchgesetzt hat?

Ich will die Erinnerung an das Spielzeug nicht überinterpretieren. Was aber, wenn es seit langem ein kollektives Unbewußtes gäbe, das sich im Einverständnis mit der modern organisierten »weichen« Techno-Ästhetik der Naturbeherrschung befände und in dem der Mythos Design längst

Wurzeln geschlagen hat? Es wäre ein Mythos der Offenheit von Grenzen, die einst und für alle Zeiten historisch gezogen waren. Oder, positiv ausgedrückt, ein Mythos von der freundlichen Beherrschbarkeit der Technik als erfüllte Utopie.

Gibt es noch eine wahrnehmbare Scheidelinie zwischen Vereinnahmung und Distanz, Überwältigung und Erkenntnis, jenseits derer nur noch Leichtigkeit, Schönheit, Befreiung zu spüren ist, keine Angst, keine Reue, kein Rest von Bedenken? Ist die Einheit von Subjekt und Objekt erreichbar? Wo die Grenzen ästhetisch-spielerisch aufgehoben sind, erscheint das New Age postindustrieller Versöhnung von Mensch, Natur, Technik und Kultur schon angebrochen. Davon ist in der Rede über Design nie etwas zu hören. Man muß also herausfinden, was sie verschweigt.

Es gibt in der Designgeschichte Schwellen-Objekte, Entwürfe, die mit exemplarischer Deutlichkeit epochale Brüche, phänotypisch verdichtet, anschaulich machen. Bellinis Objekt scheint eines von vielen, ein austauschbares Beispiel, das der Zufall subjektiver Begegnung aus der Masse ähnlicher Gestalten heraushob. Dennoch ist es ein Beispiel, wie die Moderne unauffällig und gleitend abdankt zugunsten einer Verlängerung bestimmter Perspektiven der Brechung des Widerstands, der gewaltlosen Anpassung, der Entgrenzungen von Körper und Maschine, Natur und Zivilisation.

Die exemplarische Erkenntnis (oder Vermutung) aus meiner Spielverfallenheit an die göttliche *Divisumma* aus dem Olymp des Offizialdesign könnte darin bestehen, daß allmählich sichtbar wird, wie ein Produkt in Erfüllung des Designziels in die unbeabsichtigte Täuschung über den Charakter und die Folgen der nun so leicht zu knüpfenden Objektbeziehung umkippen kann. Indem Design sich als Prinzip perfekt realisiert, tritt seine Dialektik zutage: Die dargebotene Form verheißt eine Einheit von Funktion und Leib und läßt zugleich die Leiden an der industriellen Wahrheit verschwinden. Solche perfekt-anschmiegsamen Objekte sind gefährlich. Sie machen etwas vergessen. Die narzißtischen Kränkungen, die der arbeitende Mensch an seiner funktional harten Umwelt und den »kalten« Werkzeugen immer wieder erfahren hat – dieser Mangel an schmiegsamer Erwiderung des Bedürfnisses nach Anerkennung einer Wärme des Erlebens –, alle diese Versagungen waren und sind Erinnerungshilfen. Eine Schreibmaschine um 1930, eine hydraulische Presse um

1960 oder eine Krankanzel auf einer Baustelle heute oder irgendein »veraltetes« Design zeigen jene Gegenständlichkeit, die dem Menschen wirklich gegenübersteht. Bis zu einem bestimmten Punkt der Industriegeschichte bleibt die Maschine der mehr oder weniger ungelenke Funktionsfortsatz der angestrengten Hand. Die Intelligenz der Maschinen hat in der Folge keineswegs die Intelligenz der Menschen, wohl aber die der Hand obsolet gemacht. Mit seinen Händen nicht mehr denken zu können, meint André Leroi-Gourhan, bedeute, einen Teil des phylogenetisch aufgebauten menschlichen Denkvermögens zu verlieren. Noch handele es sich um ein Übergangsstadium, in dem die Masse der Arbeiter einen Greifer mit fünf Fingern habe oder einen Zeigefinger, der auf Knöpfe drücke (vgl. Leroi-Gourhan 1980, 319 f.). Was aber wird danach sein?

Derartige Entwicklungen sind nicht aufzuhalten, weil sie einer Eigendynamik der industriellen Rationalität folgen. Doch in dem Augenblick, in dem das Design jeden Hinweis auf deren Existenz verschwinden läßt, hilft es auch, die einst über die Anschauung vermittelte Erkenntnis des Prozesses zu verhindern.

Das sinnliche Vergnügen, das man im »Begreifen« der Apparaturen und im spielerischen Umgang mit ihnen genießen darf, könnte sich dann nur noch als absichtsvoll angelegte Verführung erweisen. Nicht der Rückgriff auf die historischen Formen, vielmehr der als bereichernde Zugabe bezeichnete Rückgriff auf eine funktional veraltete Sinnlichkeit und auf ein mit sich selbst beschäftigtes Sinnenbewußtsein könnte eine zweifelhafte Errungenschaft der Postmoderne sein. Dieser Rückgriff hat schon lange vor Bellini begonnen, und man müßte lernen, hinter der Rationalität der Ergonomie und der Ansehnlichkeit der schönen Formen nach den Kräften zu fragen, die auf die Natur des Menschen einwirken und Sinne und Verstand in ein- und demselben Akt befriedigen und düpieren.

Ist das eine Dramatisierung? Immerhin ist heute zu sehen, wie eine Flut von Design unter dem Vorwand der Vermenschlichung und Zivilisierung der harten Welt einer fragwürdigen Ästhetisierung aller Lebensbereiche Vorschub leistet. Das Motiv der Verheimlichung von Funktionen und von Funktionsbeziehungen, die von der Form verdeckt werden, ist zwar so alt wie die Industriekultur. Das Verwirrspiel gewinnt aber eine neue Qualität in dem Augenblick, in dem die Identität von Funktion und Form aufgegeben und der freien Symbolisierung Tür und Tor geöffnet wird. In dieser Hinsicht ist die Rechenmaschine von Bellini ein längst veraltetes Beispiel.

Sie mußte noch so schwer und groß sein, weil ihr technischer Funktionskern das verlangte. Heute würde ein Gerät gleicher Leistungsfähigkeit in diesem Auftreten wie ein lächerlich überdimensionierter Behälter wirken, dessen Volumen und Gewicht in keinem Verhältnis zum Inhalt stünden.

Der Trend zur Miniaturisierung der Funktionsteile bei gleichzeitiger Steigerung ihrer Effizienz und Freisetzung aller formalen Gestaltungsmöglichkeiten der Hülle zeigt, daß alles möglich ist, was erlaubt, und alles erlaubt, was möglich ist. Jeder beliebige Funktionsorganismus kann in jeder beliebigen Form auftreten, die ihn mal verhüllt, mal preisgibt, mal übersteigert, mal ironisiert, mal ins Spielerische wendet. Der Unterschied zu der Zeit, als der originale Industrie-Historismus seine Blüten trieb, ist jedoch, daß es vor hundert Jahren Vereinbarungen über das ästhetisch und kulturell Schickliche gab. Schicklich war es zum Beispiel, die technologische Entfesselung ästhetisch quasi rückgängig zu machen, die praktischen Erfindungen ornamental zu verhüllen. Aber das setzte voraus, daß sie überhaupt wahrnehmbar waren, daß das Maschinelle in seiner nackten Unanständigkeit insgeheim erkennbar blieb wie die unterdrückte Sexualität an der Natur des Menschen, die nur im Verborgenen wirksam werden konnte – aber daß sie da war, wußte jeder aus Erfahrung.

Wo das Als-Ob, der Spielwert der Maschinenwelt, an die Stelle der schamhaften Verhüllung tritt, hat auch die Selbsttäuschung des industriellen Subjekts andere Qualität. Heute geht es im Design darum, Dinge so zu gestalten, daß sie noch gegenständlich-körperhaft spürbar sind, obwohl gerade diese Spürbarkeit tendenziell schon wegrationalisiert ist. Die Dinge selber erzeugen aus ihrer Funktionalität heraus keine Körperlichkeit mehr, die versteckt oder gefürchtet werden müßte, sie riechen nicht mehr nach dem Feuer der vulkanischen Schmiede. So werden sie zu Spiel-Objekten in großangelegten Ablenkungsmanövern.

Ist der Traum vom vernünftigen Gebrauch dadurch in weitere Ferne gerückt, daß er zwangsläufig verfälscht wird, indem Design immer auch als Ausdruck eines anderen Steuerungsinteresses auftritt? Vernunftgemäßes Gebrauchen setzt ein aufgeklärtes, das heißt möglichst täuschungsfreies, bewußtes Verhalten gegenüber der Welt der Dinge voraus. Dazu würde gehören, daß jede Handhabung vergegenwärtigt, daß nicht nur die Dinge ihre Form, sondern auch die Menschen die Formung ihrer Gestalten des Handelns in komplexen kulturellen Kontexten erfahren und kein Ding allein für sich, davon losgelöst, der Wahrnehmung und

Handhabung erscheinen kann. Der Vernunft des Gebrauchs müßte das Wissen eingeschrieben sein, daß das eigene Leben in den systemischen Zusammenhang von Produktionsweisen, Produkten, Märkten, kulturellen Erfahrungen und gesellschaftlichen Gebrauchsweisen eingebettet, ja eingeschlossen ist.

In der Geschichte der Industriekultur haben Vorstellungen eines vernünftigeren Gebrauchs vernünftiger Dinge oft ganze Produktlandschaften verändern wollen und sich davon den Effekt kulturellen Lernens (oder Verlernens) erhofft, ohne jedoch die Produktionsgrundlagen antasten oder gar verändern zu können, die mit ihrer eigenen Gewaltlogik Vernunftvorschläge ad absurdum führen konnten wie im Fall des Funktionalismus. Die Bemühung und ihr Umkippeffekt sind für jedes »bessere« Design charakteristisch.

Kern eines idealistischen Designdenkens bis heute ist: Verändere die Ausstattung des Alltags zum Vernünftigen und die Welt wird besser! Das Ding mit seinen Ausstattungsmerkmalen soll der Erzieher des Gebrauchers sein, obwohl es selbst ein gehorsamer Zögling ist. Denn Design kann nur reagieren; es ist selber eine Funktion des Kulturprozesses, mit geringen Möglichkeiten, auf ihn zurückzuwirken. In der Gestalt der Dinge materialisieren sich die technoökonomischen Bedingungen einer Gesellschaft, ob ein Entwerfer sie (an)erkennen will oder nicht. Er wird durch den Entwurf immer etwas mittransportieren, eine Objektivität reproduzieren, die strukturelle Muster abbildet, auch wenn eine andere Vernunft gemeint ist. Deshalb ist der Rede vom Design nicht zu trauen.

Eher wäre die Ent-Täuschung zu üben – eine bewußte Wendung in die Distanz zu den verführerisch-anschmiegsamen Dingen, ein Insistieren auf ihrer Fremdheit und auf dem kritischen Blick auf sich selbst als ihr Hand- und Liebhaber, der beobachten muß, wie sich die Objekte seiner Begierde anbieten, bevor er den Verstand verliert.

Festhalten am Brauchbaren

Bei aller Beliebtheit des Unbrauchbaren gibt es die offensichtliche Tendenz, am Brauchbaren festzuhalten, es wiederzuentdecken und zu pflegen, was auch mit dem Aufkommen eines neuen Bescheidenheitsideals zu tun hat, dessen Zweifelhaftigkeit noch zu untersuchen sein wird.

Um einen Widerhall historischer Utopien handelt es sich in beiden Fällen, obwohl niemand bewußt darauf Bezug nimmt. Es sind konservative Strategien, die helfen sollen, sich in der Vielfalt des Überangebots an Formen und Funktionen zurechtzufinden, um sich selbst eine einigermaßen erträgliche Gegenstandswelt der Umgebung zu schaffen und das schlechte Gewissen, ein hemmungsloser Verbraucher zu sein, zu beruhigen. Es sind durchaus kollektiv zu nennende Vorlieben und Verhaltensweisen, in denen diese Strategien praktisch werden, zum Beispiel im verbreiteten Gebrauch einfacher Dinge, die alterslos erscheinen. Davon existieren zwei Sorten: die Begehrten und die Unbeachteten. Beliebt sind die mit dem Image des Gediegenen; den anderen begegnet man in verdeckter Neigung zu häufigem Gebrauch mit einer Gleichgültigkeit, die immerhin dafür sorgt, daß sie noch nicht in den Sog der Erneuerung geraten sind.

In beiden Fällen geht es um Objekte von geringer funktionaler und ästhetischer Komplexität und oft um Sachen, die es schon lange gibt. Ihre wichtigsten Eigenschaften sind Anonymität und eine Handlichkeit, die nicht mehr optimierbar erscheint. Der Kronenkorkenöffner am Schlüsselbund, die Büroklammer, der Backstein oder der Kleiderbügel beanspruchen weder Aufmerksamkeit noch Liebe. Man bringt ihnen ein Vertrauen entgegen, das nicht mehr hinterfragt wird: Die Klammer klammert, der Öffner öffnet, der Backstein trägt die Verbundlast der Mauer, der Bügel fällt nur ab und zu, wenn man es eilig hat, vom Haken. Banalität und Verwechselbarkeit bezeichnen einen kulturellen Standard des Selbstverständlichen in einem Umfeld von Dingen, das von spektakulären Objekten der

Begierde beherrscht wird, die in der Regel alle kleinen Unauffälligkeiten noch unbedeutender machen, als sie sind. Diese bescheidenen stummen Diener zu »entdecken« würde bedeuten, sie als Undercover-Agenten der unauffälligen Garantie für das Leben in einem bestimmten Kulturzustand zu verlieren. Würde man sie häufiger ausstellen (vgl. Kat. *Das gewöhnliche Design* 1979), verlören sie ihr Incognito; sie würden zwangsläufig zu »ungewöhnlichen« Dingen. In diesen oft gebrauchten nützlichen Dingen überlebt in der Tat ein utopischer Vorstellungsgehalt, gerichtet auf das Leitbild des stillen Dienens und der Zurückgenommenheit des Objekts zur Angemessenheit an den Zweck.

In der Einfachheit der Form und der Handhabung mit ihnen verwandt sind die mit Aufmerksamkeit bedachten Sonderstücke im Haushalt, die sich durch Schönheit, Zuverlässigkeit und lange Lebensdauer auszeichnen. Damit werden sie zu kritischen Gegenentwürfen des obszönen Überflusses am mehr oder weniger Unbrauchbaren, so daß, wo ihnen besondere Sachlichkeit bescheinigt werden kann, auch schon von der »Moral der Gegenstände« (Lindinger 1987) gesprochen wurde. Schon lange bevor ein programmatisches Designverständnis solche Bewertung provozierte, gab es diese Dinge im täglichen Gebrauch – die Kanne aus Steingut oder den unverwüstlichen Hocker aus Buchenholz. Wo der Ruf nach Schonung der Ressourcen und einem ökologisch vertretbaren Verhältnis von Herstellungsaufwand und Lebensdauer im Gebrauch zur Billigkeit und Schlichtheit hinzukommt, erneuert sich die Neigung zu solchen Sachen ohne Anstrengung. Die Moral steckt in den Dingen wie in den Menschen, die sie herstellen, wahrnehmen und gebrauchen. Sie erneuert sich zyklisch. Denn immer wieder entstehen gesellschaftliche Situationen, sich dieser im Grunde bescheidenen Dinge zu besinnen.

So erschien Ende der 60er, Anfang der 70er Jahre mit dem Aufkommen alternativer Lebensweisen *The Last Whole Earth Catalog* – ein appellatives Sammelwerk, das die Brauchbarkeit der alten Werkzeugwelt zum Beispiel für das Überleben in Landkommunen beschwor. Von der kanadischen Holzfälleraxt zum »Minimum essential set of tools for jewelry making«, von der japanischen Gartenschere zur Waschmaschine mit Handbetrieb, vom Couscous-Topf zum Amish-Overcoat, vom Double Mummy (Zweierschlafsack) zu den »Vietnam Combat Djungle Boots« ist darin aufgelistet, was die glückliche Hippie-Familie in jeder Lebenslage brauchte. Ein Versandhandelskatalog für das einfache Leben mitten in der Industriekultur? Ein Verzeichnis von Zeug, das es in seiner Dauerhaftigkeit und Zweckmäßigkeit noch überall in der Welt verstreut gab? Es war gewiß ein Dokument nostalgischer Sehnsucht, aber auch ein Zeugnis des Wunsches nach Beständigkeit. Wie in einem Grundbuch des Seins der Dinge findet sich darin verzeichnet, was schon auf der Verlustseite dieser Kultur steht. Das ohne Schnickschnack Nützliche und Haltbare wie ein Paar Gummistiefel scheint noch heute den Wert von Sachen und ihre Brauchbarkeit exemplarisch zu garantieren.

Von Rettungsaktionen des Nützlichen und Bewährten zu sprechen wäre verfehlt, es scheint sich fast von selbst zu verkaufen, oft zu selbstbewußt hohem Preis, was den Konsumentenkreis zwar einschränkt, aber auch zeigt, daß diejenigen, die sich etwas Üppiges leisten könnten, das Unaufwendige, Namenlose, aber gediegen Verarbeitete und überzeugend Gestaltete nicht verschmähen, vielleicht weil sie vom lauten Luxus übersättigt sind. Wer trägt heute noch eine goldene Rolex, der nicht als Zuhälter einer dubiosen Geldgeschäftigkeit identifiziert werden möchte?

Mit dem Schwinden der Erfahrung der Handgreiflichkeit und Begreifbarkeit gewinnen auch die Spielobjekte neue Bedeutung. So liegt einem das »Schweizer Offiziersmesser« als haptisches Ding gut in der Hand, auch wenn es nichts zum Schneiden gibt und man damit bloß in der Tasche spielt. Unvermittelt tauchen Werbeprospekte auf, in denen alte Gebrauchsformen wie die »Kanne im Mantel« oder der Brummkreisel aus buntbedrucktem Blech neu und teuer angeboten werden. Die »guten alten Dinge« (vgl. Kat. *Manufactum*) verschwinden wohl nie ganz, weil sie immer wieder in den ökonomischen und kulturellen Kreislauf als etwas Vorbildliches und Liebenswertes eingeführt werden können.

Die Wiederkehr des Alten und Bewährten ist eine Zeiterscheinung. Sie kann als Anzeichen kultureller Beunruhigung gelesen werden. Unversehens erscheinen Bücher über praktische Alltagsdinge oder bringen das Verschwundene wie den Bleistiftverlängerer, den Sonnenschirm für die Dame oder die Hutklammer ins Gedächtnis (vgl. Sack 1992; Wördehoff 1994). Wie zum Ende des 19. Jahrhunderts alle Aufmerksamkeit der jüngeren Geschichte technischer Erfindungen galt, tauchen Ende des 20. Jahrhunderts mit einer gewissen Übersättigung an technologischen Wundern Universalgeschichten gewöhnlicher Gebrauchsartikel auf (vgl. Panati 1994; Petroski 1994), als gelte es, die Existenz der alten, einfachen Dinge zu beschwören, bevor sie abgeschafft sind. Längst sind diese Beweise der

Beständigkeit sammel- und vorzeigewürdig. (Vgl. die Ausstellung »World Stuff – Die normalsten Sachen der Welt« 1995 in der Kunsthalle von Rotterdam.)

Anzeichen des geschärften Sinns für das Brauchbare in einer Zeit des Über-Brauchbaren? Wer benutzt noch einen Stiefelknecht oder eine Baskenmütze? Auch Sockenhalter haben ausgedient. Aber Türklinke und Schuhlöffel gibt es noch. Daß sie literaturfähig werden, daß Dinge überhaupt ins Rampenlicht öffentlicher und privater Aufmerksamkeit rücken – nicht als die üblichen, glänzenden Warenversprechen, sondern in ihrer schlichten Brauchbarkeit, deutet auf einen drohenden Verlust, gegen den man sich wappnen muß. Der Verlust tritt nicht erst mit dem vom mikroelektronischen Zeitalter angekündigten Verschwinden der Dinge ein. Damit hat es noch Zeit. Sondern er ist auch dem Überfluß nicht abgerufener, komplizierter Funktionen zu verdanken, die aus einfachen, dienstbaren Sachen komplexe, kaum auszubrauchende Technologieversprechen machen. Wer außer Technik-Freaks benutzt alle Knöpfe seiner HiFi-Anlage, alle Programmierungsmöglichkeiten seines Handy, alle Finessen irgendeiner banalen Apparatur? Meist will man doch nur, daß ein Ding praktisch zu handhaben ist und zuverlässig sein Versprechen der Grundfunktionen einlöst. Daß aber »die explosionsartige Zunahme des Brauchbaren […] zu einem Verfall der Freude am Brauchbaren« geführt habe (Schulze 1995, 43), beruht als generalisierender Befund auf einem doppelten Irrtum. Weder hat die Brauchbarkeit des durchschnittlichen Produkts zugenommen, noch hat die Freude am Brauchbaren abgenommen, wie das Angebot der Rückkehrprodukte beweist. Sie tauchen plötzlich aus dem Meer überfunktionalisierter Objekte, das keinen Mehrwert an Lust des Gebrauchens erzeugt, wie Hoffnungsträger gegen den Entzug von Lebensfreude mit den Dingen auf. Die Wiedergänger zeugen auch von einem latenten Bedürfnis nach materieller, funktionaler und ästhetischer Dauerhaftigkeit mitten in einer Gesellschaft und Kultur, deren Bestand darauf zu beruhen scheint, daß es keine Beständigkeit geben darf.

Selbst in hochtechnisierten Privathaushalten der Gegenwart existieren diese unauffälligen, einfachen Dinge. In der Regel sind es Gegenstände mit eindeutiger Werkzeugfunktion, die selten durch Re-Design oder Neuentwurf in Form und Wirkungsweise verbessert worden sind. An einem Zollstock, einem Kochlöffel gibt es nichts zu verbessern. Und im Fall eines Ersatzkaufs rächt sich die enttäuschte Liebe; man greift beschämt zum alten Schraubenzieher, weil der mit Akku betriebene neue gerade die versprochene Leistung nicht bringt.

Kein Wunder, daß wir bewährten Dingen praktische Anhänglichkeit bewahren. Sie haben sich längst »amortisiert«, das heißt, das in ihnen stillgelegte Anschaffungskapital durch Nutzen verzinst, wobei der ökonomische Begriff der Amortisation zweideutig ist, weil er im Wort auf die Unsterblichkeitsphantasien des Benutzers anspielt. So werden diese Dinge über ihre Nützlichkeit hinaus geschätzt – als Handschmeichler, Ausruhobjekte für das ermüdete Auge, kulturelle Symbole, Verteidigungsinstrumente gegen die Angst vor der Vergänglichkeit, Spielzeug, Monumente des bedächtigen Gebrauchs, kleine Fetische der Lebensphilosophie und Beweismittel noch gültiger Echtheitsgarantien. Solche Dinge bewahren ihre Beständigkeit und Brauchbarkeit auch im Altern – anders als im Fall des gebrauchten Autos. Zwar haftet dem Ältergewordenen im Vergleich zum Tempo der Erneuerung des Restbestandes aller anderen Sachen ein Makel an, es fehlt ihm das Verfallsdatum als umgekehrtes Gütesiegel. Aber es erinnert daran, daß früher die Dinge so lange benutzt wurden, als sie ihren Zweck erfüllten. Heute scheint der Zweck ihres Überlebens vor allem darin zu bestehen, daß sie die Kulturepochen der Beständigkeit und der Beschleunigung miteinander versöhnen, indem sie über die Brücke der Erinnerung den Übergang in die Geschichte der Brauchbarkeit offenhalten und zugleich durch ihr einfaches Noch-Vorhandensein für die Möglichkeit einer Entschleunigung des Verschleißes an Gebrauchswerten plädieren. Das Unauffällig-Brauchbare und das Sichtbar-Gediegene – beides zusammen steht für das Motiv der Dauer. Damit verweisen diese Restbestände durch ihre Wiederentdeckung und ihren Erhalt auf das Bild einer älteren, vorindustriellen Kultur, während die industrielle den Übertritt in ein radikal neues Stadium ihrer Modernisierung probt.

»Neue Bescheidenheit«

Die Vorstellung vom einfachen Leben ist ein emotional-regressiv hochaufgeladenes Bild: Rückkehr zur Existenz in agrarischen Kulturen oder zu den Jägern und Sammlern. Den Traum gibt es in Gestalt von Trekking-Touren als Sonderangebot. Offroad wird der Staub der Erde noch geschmeckt. Manager lassen sich das Geld für eine Woche Überlebenstraining »in der Wildnis« aus der Tasche ziehen. Der Zahnarzt kauft sich einen Bauernhof und den alten Traktor mit Mähbalken dazu. Andere erfüllen sich den Traum vom Fliegen mit dem Motordrachen; das Gerät muß superleicht und entsprechend primitiv ausgestattet sein. Vor die Industriegeschichte zurückgehen oder doch wenigstens an ihren Anfang, ist ein weit verbreitetes Bedürfnis in vielerlei Formen. Der Hang zum einfachen Leben verlangt nach dem einfachen Ding. Aber beides ist so falsch wie die Hoffnung, die sich daran knüpft. Andererseits ist es so richtig und überzeugend, wie es klingt.

Zunächst: Zivilisationsflucht war immer ein Anzeichen des Überdrusses am Ausgeformten oder ein Indiz des Mangelgefühls an Ursprünglichkeit. In die Kälte geht freiwillig nur, wer es zu Hause warm hat. Bescheiden kann sich nur, wer Überfluß empfindet. Das Einfache kann nur erstrebenswert erscheinen, wo Kompliziertheit herrscht. Die wenigsten Bescheidenheits-Bekenner würden immer so existieren wollen, als müßten sie ihr Leben in der Dritten Welt fristen. Der vorübergehende Ausstieg gelingt lustvoll, weil der Wiedereinstieg in den Luxus jederzeit möglich ist. So dient die kurze Zeit des Aufenthalts im Verzicht einer Wiederaufbereitung der Genußfähigkeit.

Wie nach einer Fastenkur das Übergewicht ist der Überdruß an der gewohnten Fülle bald wieder da, so daß der Wunsch nach Askese erneut keimt. Es gibt kein Entkommen in die Bescheidenheit, nur ein Spiel mit Lebensweisen und Dingen, die so tun, als seien sie eine Alternative. Das postmoderne Ich findet sich aufgeteilt zwischen verschiedenen Wunsch-Identitäten und wechselnden Entwürfen seiner Biographie im Luxus der Bescheidenheit, was dem ökonomisch erreichbaren Mischungsverhältnis im Einzelfall gelebter Arbeits-, Freizeit- und Erlebniskulturen entspricht. In der Erreichbarkeit der Träume und der Verfügbarkeit von Handlungsräumen und Sachen zeichnen sich dabei neue soziale Privilegien ab. Nicht jeder kann sich das bescheidene Leben als symbolischen Akt leisten. Da wird die Holzfälleraxt eine Stunde nach der Landung des Airbus in Frankfurt oder München aus dem Schuppen geholt. Das Wochenendhaus liegt eben praktisch.

Das einfache Leben ist ein freundlicher Selbstbetrug, die »Neue Bescheidenheit« ein Witz anbetracht des Aufwandes, der getrieben wird, um sie zu zelebrieren. Freilich ist nicht alles daran falsch. Das Einfache verdankt seine Beliebtheit zum Beispiel dem Wunsch, der Undurchschaubarkeit technischer Funktionsabläufe zu entkommen. Was ein PC oder irgendein elektronisch hochgerüstetes Gerät alles kann, erfordert Spezialwissen und Geschicklichkeiten des Umgangs um so mehr, je »automatischer« die Vorrichtungen angeblich alles von selber tun. Komplexität und Abstraktionsgrad abrufbarer Dienstleistungen verursachen eine uneingestandene Ratlosigkeit, die das Bedürfnis nach Übersichtlichkeit erzeugt. Vereinfachung ist daher psychologisch und ergonomisch angesagt. Außerdem beruhigt sie das ökologische Gewissen.

Denn wo die Bescheidenheit als Programm ausgerufen wird, mischt sich die Umweltsensibilität mit dem Komplexitätsvorbehalt. Aber ein ästhetischer Minimalismus kann auch als Erkennungsmerkmal des Hochfeinen gelten oder eine Haltung bezeichnen, die das kontemplative Leben einem hedonistischen vorzieht. Er bedeutet keineswegs Verzicht, sondern einen hohen Anspruch, der sich im einfachen Ding verkörpern kann. Bescheidenheit, Zurückhaltung, Einfachheit als massenkultureller Ausdruck? Die funktionalistische Tradition hat überzeugte Minderheiten produziert, die es immer noch für möglich halten, Produkte in einfacher, übersichtlicher, zurückhaltender und selbstverständlicher Form nützlich zu machen – nach der Devise »mehr Zweck aus weniger Ding« – hergestellt mit aller ökologischen Sanftheit, müßte heute hinzugefügt werden.

Der legendäre »Ulmer Hocker«, von Max Bill, Hans Gugelot und dem Werkstattmeister Paul Hildinger 1954 entworfen, war ein solches Sparmodell aus Fichtenholz, für dessen Herstellung eine Schreinerwerkstatt genügte. Er verkörperte das exemplarische Ziel eines Gestaltungswillens, der mit dem minimalsten Aufwand den größeren Effekt an Gebrauchswert zu erreichen suchte. Der Hocker war leicht und hatte zwei Sitzhöhen (stehend und gekippt); er konnte als Beistelltisch oder, entsprechend kombiniert, als Bank- oder Regalelement oder Rednerpult verwendet werden; denn es war nicht mehr als eine abgemagerte Kiste, der drei Wände fehlten. Die Konstruktion wurde durch einen Holzstab zwischen den beiden Wangen stabilisiert, deren Verbindung mit dem Sitzbrett sichtbar blieb. Schlüsselprodukt für die Zukunft oder Irrläufer der Designgeschichte?

Das Erscheinen des Ulmer Hockers zu einer Zeit, als es die berühmten »Cocktail-Sessel« mit abgespreizten Beinen und gestreiften Kunststoffbezügen gab und das Bauhaus längst vergessen war, ist als programmatische Verzichtgeste zu verstehen. Daß das Stück als Mehrzweckobjekt aus einer finanziellen und technischen Mangelsituation der Hochschule für Gestaltung in Ulm entstand, die ein Maximum an Materialökonomie erforderte, kann den formalen Minimalismus nicht erklären. Schlichtheit, Unbequemlichkeit und formale Zucht stehen für eine Lebensphilosophie, die sich damals so wenig durchsetzen ließ wie ihr materialisiertes Produkt (vgl. Seckendorff 1989, 124 ff.). Erst lange nach Schließung der Schule fand sich ein italienischer Hersteller, der den Hocker als teures Bill-Produkt auf den Markt für versnobte Spätbekehrer brachte. Heute erinnert er daran, daß es einst Entwürfe gab, deren Bescheidenheit Bekenntnischarakter hatten, wobei zum Ausweis der Haltung die Bereitschaft gehörte, die Zumutungen des Einfachen auch praktisch zu ertragen. Das Ding ist hart und unbequem wie ein Betschemel für arme Sünder. Der Gesellschaft wurden die Instrumente zu ihrer Selbstkasteiung gezeigt, aber niemand wollte sie damals haben. Askese wurde ja im alltäglichen Funktionalismus der Arbeitswelt und in der gerasterten Kargheit der Wohnumwelten zur Genüge geübt.

Von der Schwierigkeit abgesehen, in Zeiten luxurierender Warenvielfalt Verzichtprogramme auf breiter Basis durchzusetzen, bleibt auch an heute produzierten einfachen Dingen etwas haften, das sie in ihrer Bescheidenheit unglaubwürdig machen kann. Sie können ihre Herkunft aus dem High-Tech-Zeitalter nicht ungeschehen machen. In historischen Auslaufprodukten scheint sich das Versprechen der Bescheidenheit länger zu erhalten. Es ist schon Jahrzehnte her, als ich fast den Bestand eines ländlichen Haushaltswarenladens aufgekauft hätte: Vom Krauthobel über die Wäscheklammer aus Holz bis zur urtümlichen Draht-Mausefalle war alles auf Lager, was einmal zur Ausstattung eines bescheidenen ländlichen Lebens gehörte und produktionsgeschichtlich in die frühindustrielle Epoche zurückverwies. Etwas davon war auf Streifzügen durch die DDR wiederzufinden, der emaillierte Eimer oder die Wurzelbürste zum lächerlichen Stückpreis. Mit der Abwicklung der DDR sind diese einfachen, billigen Dinge verschwunden, oder sie sind nicht mehr, was sie einmal waren. Denn heute etwas wie vor hundert Jahren herzustellen, wäre eine Dummheit, oder es geschähe in der Absicht, ein nostalgisches Produkt auf den Markt zu bringen. Wäscheklammern sind längst aus Kunststoff wie ihre Leine; Mausefallen, die nicht gleich totschlagen, werden noch von sensiblen Naturen aufgestellt, um die vermehrungsfreudigen Nager wieder auszusetzen. Wird die Plage unerträglich, gibt es ein Gift, das die Tiere spurlos verschwinden läßt. Ganz einfach. Einfachheit ist immer dann gefragt, wenn es gerade Spaß macht oder so aussieht, als sei alles ganz einfach. Aber fast alle Dinge entstehen heute in komplizierten Produktionsketten von der Materialgewinnung über das Halbzeug bis zum Fertigprodukt. Was einfach und bescheiden aussieht, entsteht oft in hochkomplexen Prozessen aus synthetisch hergestellten Stoffen auf weiterverarbeitenden Automatenstraßen. Die doppelwandige Isoliertasse aus Kunststoff, die man als Fluggast der Lufthansa entwenden kann, erscheint als extrem schlichtes, billiges Massenprodukt. Als Brauchbarkeitstyp könnte sie einst in Ulm entwickelt worden sein. Ihr Entstehen verdankt sie aber mit Sicherheit einem kompliziert vernetzten System der Fabrikation auf neuestem Stand der Kunststofftechnologien. Auch ein Taschenrechner oder die Scanner-Keule an der Supermarkt-Kasse sind einfach erscheinende Sachen. Wenige Handgriffe reichen für effektive Bedienung, aber es handelt sich um Ausstülpungen verborgener, kompliziert organisierter Funktionsmuster, die in aufwendigen Produktionsprozessen entstehen.

Der Begriff des Einfachen kommt ins Wanken, wenn das Einfache nur aus komplexen Strukturen zu gewinnen ist. Im Zeitalter der Hochtechnologien führt jeder andere Weg ins ökonomische Abseits. Der Schein trügt, wenn etwas schön einfach oder einfach schön aussieht. Das Nicht-Einfache, Schwierige verschwindet hinter dem Anschein der einfachen Form, was eine der gegenwärtigen Hauptaufgaben des Design ist: das Abfangen des Nichtverstehbaren, Komplexen durch täuschende Einfachheit in der Gegenstandserscheinung, durch bescheidenes Auftreten.

Das Einfache ist daher oft eine Selbsttäuschung des Gebrauchers. Heute ist kaum noch etwas so einfach wie es aussieht. Ebenso kommt der Begriff des Bescheidenen ins Wanken. Denn das Zurückhaltende und die tatsächliche Zurückhaltung im Gebrauch setzen nicht nur Investitionen in technologische und ästhetische Phantasie voraus, sondern auch ökonomische Anstrengungen im Produktionsbereich, dessen Aufwandvolumen keineswegs geringer wird, soll der Anschein von Bescheidenheit Produktionsziel werden. Als vorzeigbare politisch korrekte Haltung im Konsum ist sie leicht zu haben: Sie wäre hier Produkt des Entschlusses überzeugter einzelner. Am Gegenstand aber muß sie erst aufwendig hergestellt werden. Das Auto soll nicht mehr als drei Liter verbrauchen, die Billig-Kamera nach wie vor scharfe Bilder liefern usw., weil natürlich niemand auf Funktionsdichte und Qualität der gegenwärtigen Artefaktenwelt verzichten will.

Bescheidenheit leben kommt in einer hochindustrialisierten Gesellschaft teuer. Trotzdem wird sie unvermeidlich. Sie ist der Gegenentwurf zum hybriden Produkt mit einer multifunktionalen Luxusausstattung, deren Verminderung keinen Verlust an Lebensqualität zur Folge hätte. Niemand müßte auf dem Ulmer Hocker sitzend Buße tun oder in früh- oder vorindustrielle Kulturen regredieren, um sein Ideal der Bescheidenheit und Einfachheit zu leben. Ist erst einmal der Mehraufwand an Phantasie und Produktivkraft der Bescheidenheit geleistet, das alternative Produkt herangereift, könnten übertriebene Anspruchserwartungen auch durch Dinge unterlaufen werden, die sich rationell herstellen, lange gebrauchen und an ihrem Ende wieder in den Produktionskreislauf rückführen lassen. Ob sie akzeptiert würden, ist offen. Aber eine neue gesellschaftliche Korrektheit des Gegenstands und seines Gebrauchs ist vorstellbar, ein Kompromiß zwischen aufwendigen Technologien, ökologischen Rücksichten, einfacher Handhabung und knapper Formgebung ist denkbar. Der Traum vom vernünftigen Gebrauch vernünftiger Sachen ist noch nicht ausgeträumt, weil an Wesen und Erscheinung der Dinge für die Zukunft um einer Kultur der Schonung willen von allen gearbeitet werden muß.

Untergründig bleibt eine oft kaum artikulierte Unzufriedenheit mit dem Stand der Dinge, ihrer Darbietung und ihrem Gebrauch wie ein Stachel der Phantasie erhalten, wie wir mit anders produzierten Werkzeugen des Lebens anders umgehen und damit auch ein anderes Verhältnis zu uns selbst und zur eigenen Natur wie zur übrigen Natur und zur Geschichte der Kulturen gewinnen könnten.

Noch immer scheint die Utopie der Sanftheit des Schlichten als Alternative nicht vergessen. Sie reproduziert sich in der kleinen schonungsvollen Geste so gut wie im läßlichen Irrtum, damit sei schon ein zukunftsweisender Anfang gemacht. So muß man sich vorerst mit dem Bewußtsein begnügen, im Widerspruch zwischen Tatsachen und Wunschvorstellungen zu leben. Doch niemand wird daran gehindert, den utopischen Ernstfall für sich selber schon einmal zu üben. Auch in der Lust des kleinen Verzichts und der Liebe zu bescheideneren Dingen wird auf eine andere Zukunft hingeträumt.

6
Angst vor der Zukunft

Heute äußern sich mancherlei Befürchtungen, etwas zu verlieren, das nicht ersetzbar scheint. Es ist nicht immer klar, wovor man sich fürchtet. Vielleicht färbt die allgemeine Angst vor der Zukunft auf die Sorge um die Dinge ab. Vielleicht ist es nur der drohende Wechsel der Gewohnheit. Aber Angst führt leicht zu irrationalen Reaktionen. Man sieht das an der übertriebenen Liebe zu Dingen, die sich in unserer Hand gegen den Modernisierungsdruck stemmen, der auf dem Leben lastet. Sie zeugen vom starken Bedürfnis, sich auf etwas verlassen zu können. Wer keine Macht hat, Unheil abzuwenden, versucht es mit Magie. So pflegen wir mitten im technischen Zeitalter eine Rückkehr zu Zauberkulten mit den lächerlichsten, nutzlosesten Dingen. Damit wird ein naives Vertrauen in die geheime, schützende Kraft beseelter Objekte gesetzt, während wir im nächsten Augenblick mit den allerneuesten Erfindungen hantieren. Aufgeklärte, die nicht an Wunder glauben, bemühen indessen die Pädagogen, die das Sinnliche der materiellen Dinge vor Augen führen sollen. Vielleicht muß aber nur angstfrei wahrgenommen werden, daß wir, wie Menschen früherer Zeit, mit einer teils alten, teils neuen Dingwelt konfrontiert sind, um das Leben zu bestehen. Nur hat das Tempo der Veränderungen zugenommen.

Regression pur

Es gibt Alltagsbereiche, in denen utopische Bilder einer vernünftigeren Welt der Dinge nie gesehen, die Lehren der Versachlichung nie gehört worden sind. Ein unerschütterlicher Irrationalismus bestimmt in diesen Zonen unseren Umgang mit Sachen, deren aberwitzige Existenz jede bessere Einsicht widerlegt. Man traut seinen Augen nicht, wenn man den unbrauchbaren Schund überblickt, der das alltägliche Leben überschwemmt, und doch ist man damit nur allzu gut vertraut. Niemand ist dagegen gefeit. Als ob es einen unüberwindlichen Widerstand gegen Rationalität und Rationalisierung gäbe, halten wir zäh an schlechten Gewohnheiten fest. Die entsprechenden Dinge können ja nichts dafür, daß sie da sind. Das hat schon zu weitreichenden Schlüssen verführt: »Das unnütze Zeug beweist den Untergang der Dinge«, sagt Flusser (1993, 82). Der Behauptung möchte man Glauben schenken, wann immer uns ein beleidigend dummes Ding begegnet. Aber leider ist auch das Gegenteil wahr. Das Unnütze beweist gerade, daß die Dinge munter weiterleben, eben als unnütz und dennoch gern gesehen. Oder als solche, deren Nutzen auf purer Einbildung oder auf Totalabwesenheit jeder ästhetischen Bildung beruht.

Es gibt massenhaft scheinbar völlig unbrauchbare Dinge, die kreuz und quer zum Modernisierungsprozeß liegen. Zwei Sorten sterben nie aus – die Verspielten und die Heilsgaranten. Obwohl oder gerade weil beide keinen unmittelbar praktischen Gebrauchswert haben, besetzen sie den Haushalt der Hoffnungen und Gefühle. Die eine Sorte ist uralt und führt in Gestalt des Amuletts oder Talismans in die Zauberküche des Wünschens vor aller Aufklärung zurück. Die andere ist – wie das meiste Überflüssige – jünger, zählt aber zu den sentimentalen Verhübschungsmitteln einer zunehmend häßlicheren Umwelt. Es sind die kleinen Nettigkeiten. Manchmal kreuzen sich beide Sorten, dann findet sich das Süße mit dem

Magischen vereint. Osterhase oder Nikolaus symbolisieren als eßbare Kleinskulpturen Feste und Jahreszeiten-Rituale auch für den, der sie nicht feiert. In gewisser Weise gibt es diese heiligen Dinge auch in der profanen Form des Schokoladen-Marienkäfers oder der Gummibärchen, deren in die symbolische Tiergestalt gebrachte plastische Masse angeblich besser mundet als eine neutrale Pastille. Der Verzehr ist eine Einverleibung, eine Kommunion mit kultischem Restanteil. Auch das Ungenießbare transzendiert manchmal seinen vorgeschobenen geringen Zweck und nähert sich geheimen Kulten an. Obwohl die meisten Glücksbringer ungeweiht bleiben und der Talisman eine Ware wie alles für den Verkauf Hergestellte ist – was der Augsburger Sammler Thomas Raff bestätigt –, werden davon Wunder erwartet. Daß es um ernste Sorgen oder Hoffnungen geht, schließt die Verbindung mit dem Niedlichen nicht aus, wie der Schlüsselanhänger in Gestalt eines Schornsteinfegers oder Fliegenpilzes beweist. Der Irrationalismus in und hinter all diesen Dingen ist nicht zu überbieten.

Andere kleine oder auch unhandlich große Objekte betonen den Anspruch auf Ansehen und Schönheit. Der schiefe Turm von Pisa aus durchscheinendem Plastikmaterial mit Innenbeleuchtung entpuppt sich bei näherer Betrachtung als bedeutungsschwer, weil er Urlaubserinnerungen verkörpert oder für eine ungestillte Sehnsucht Pate steht.

Aus Gründen erkenntnisleitender Systematik sollte man zwischen den Kategorien des Hübschen und des Magischen unterscheiden und beide getrennt betrachten. Beginnen wir mit dem scheinbar harmloseren Bindungstyp: Offensichtlich ist ein dekorloses Leben so wenig vorstellbar wie ein Dasein ohne verlieblichte Dinge. Die Verniedlichungstendenz hat die Gewalt einer Brandungswoge, die Unmengen von Kulturschrott in unablässiger Rückbewegung auf den Strand des Alltags wirft. Man ist ihr wehrlos ausgeliefert, nachdem der Begriff Kitsch zur Bezeichnung des Falschen und Überflüssigen abgedankt hat, weil es nach Maßgabe der politischen Korrektheit kein Recht auf Herabsetzung des Geschmacks anderer gibt, allenfalls persönliche Güterabwägung. Doch kann man diesen Dingen kaum entfliehen. Nicht nur, daß sie überall zu sehen sind, man bekommt sie geschenkt oder als Werbegaben aufgedrängt. Sie durchsetzen die Sammlung des Gewöhnlichen wie Hefe, die den Teig bläht. Als Bewahrinstrumente liebevoller Aufmerksamkeit sind sie in den gegenwärtigen Sachkulturen fest verankert. Ganze Industrien leben von der Andenken- und Geschenkartikelproduktion.

Es sind die Renner neben den technischen Innovationen und Billig-Angeboten. Obwohl sie in der Regel nicht zu gebrauchen sind, haben sie einen verborgenen Gebrauchswert. Vielleicht ist ihre Nettigkeit nur eine Tarnung existentieller Bedürfnisse? Was sich da als zufällig oder gezielt zusammengetragene Sammlung unnützer Kleinigkeiten aufbaut oder was erworben wird, um es zu verschenken, ist womöglich mit der Hoffnung überfrachtet, dem gewöhnlichen Leben Sinn, Beachtung, Tiefe und Geheimnis zu verleihen. Es sind Instrumente gegen die Nüchternheit. Was schenkt man, wenn alle alles irgendwie Brauchbare schon haben? Was läßt man sich notgedrungen schenken? Immerhin lassen solche Überflüssigkeiten die Wahl, sie zu behalten oder weiterzuverschenken, was man von einer bunten Unterhose oder einer geschenkten Krawatte nicht unbedingt sagen kann. Da ist rascher Umtausch angesagt oder gnädiges Vergessen. Anders bei den kleinen, hübschen, völlig unbrauchbaren, nutzlosen Dingen. Die sammeln sich irgendwie an.

Daß es heute noch teures Klein-Kunsthandwerk gibt und vor allem in den neuen Bundesländern Familienbetriebe zur Herstellung von Miniatur-Spielzeug, Puppenstuben, Baumschmuck und anderer »Volkskunst« florieren, ist der Nachfrage nach dem Besonderen und Wertvollen in dieser Kultur der oberflächlichen Belanglosigkeiten zu verdanken. Darunter verbirgt sich ein tieferes, oft enttäuschtes Verlangen nach der Persönlichkeit von Sachen und einer Freundschaft mit Dingen. Cassettendecks und Videorecorder können dem nicht entsprechen. Also gibt es eine Gattung von Objekten mit verborgenem Wärme-Anteil, auch wenn es sich um Massenartikel handelt, denen die Lieblosigkeit der Billigproduktion anhaftet. Sie dienen einer Verschlumpfung des Lebens, die im Kontrast zu seiner fortschreitenden Rationalisierung stehen mag. Der ganze Plunder könnte Ausdruck einer unbewußten, massenhaften Protestbewegung sein.

Bei den magischen Dingen verdeckt die blanke Regressionstendenz eine denkbare Protesthaltung. Sie beschwören den Schutz vor jeder Bedrohung. Religiöse Devotionalie und profaner Talisman nehmen als ernsthafte Dinge eine Sonderstellung ein. Hufeisen und vierblättriges Kleeblatt (inzwischen genetisch massenwüchsig gemacht) gelten schon lange als generelle Garanten des Glücks. Es gibt aber auch neue Riten der magischen Aufladung oder die Umwidmung scheinbar unverdächtiger Sachen für den zauberischen Zweck. Kaum ist das junge Glück zu dritt, baumelt ein Paar Babyschuhe am Innenspiegel des Golf GTI, um jede Gefahr abzuwehren. Das Niedliche und das Magische vereinen sich im gewöhnlichen Zeug, mögen seine Gebraucher noch so aufgeklärt und selbstbewußt mit ihrem PC hantieren; ein Maskottchen hat Platz über dem Bildschirm oder erscheint auf Wunsch im Display. Der Grundzug zur Flucht in den Aberglauben scheint unausrottbar.

Allem Anschein nach bilden sich um dieses Zeug, dem man vorsichtshalber die erhoffte Wirkung nie ganz absprechen sollte, regelrechte Kulte der kollektiven Besetzung und Überschätzung. Dabei gab es den Nippes der (Post-)Moderne schon zur Art-Deco-Zeit und im Stil der 50er Jahre, wie es ihn in allen Massenproduktkulturen gab und gibt. Die Wonnen des Gewöhnlichen haben ein ehrfurchtgebietendes Alter (vgl. Friedell 1948, 358 ff.), sie haben sich ohne Einbuße an Quantität und ästhetischer Disqualifizierung in das Zeitalter der Billigplaste und -elaste fortschreiben lassen. Denn gegen den Hang zum Niedlichen und zum Zauber ist kein Kraut gewachsen. Ich gebe zu, im Führerschein den Rest eines Schutzheiligen-Bildchens aufzubewahren, das meinem Vater gehörte. Das Fragment ist die Ecke einer silbrigen Pappe, auf die einst ein Christopherus geprägt war. Zweifelsfrei handelt es sich um einen echten Splitter vom Kreuz.

Aber Selbstironie hilft kaum über die Peinlichkeit hinweg, eine solche Sache zu besitzen, die nur durch das persönliche Angedenken entschuldigt werden kann. Man vertraut auf etwas, das man in der modernen Welt vermißt, aber unbedingt zu brauchen glaubt: die Zuverlässigkeit eines Engels, verkörpert durch ein Ding. Je ungläubiger im religiösen Sinne, um so gläubiger und naiver die Hoffnung auf Hilfe. Was würde Pierre Bourdieu dazu sagen, wenn er das Kriterium der »legitimen Kultur« auf den Bodensatz hübscher und zauberischer Nutzlosigkeiten anwenden würde? Ein zäh verteidigter Populismus des Banalen und Irrationalen verbindet alle unterscheidbaren Klassen von Konsumenten wie der Tatort-Krimi am Sonntag oder der Uefa-Pokal die Fernseh-Nation.

Hand aufs Herz: Was liegt nicht alles auf Regalen herum, was in der Schublade auf Halde? Die Vorstellung einer heilen (oder heilbaren) Welt geschützten Lebens wird auf nutzlose Dinge projiziert und verbindet den unbelehrbaren Drang zum schrecklich Schönen mit dem Glauben an Wunder. Damit haftet diesen Dingen mehr Geschichte an, als uns in wachen Momenten recht sein kann. Die Rückbindung reicht bis zu primitiv-magischen Kulturstufen zurück. Dem Zwang zur Durchgestaltung einer »sauberen« Moderne zum Trotz hat das oft Bekämpfte, vernichtend Kritisierte spielend widerstanden – in der Geschmacklosigkeit wie im Aberglauben. Die kleinen Geschenke lösen das Versprechen menschlicher Nähe ein; schon in der Geste der Gabe ist die Zuwendung vollzogen. In der magischen Aufladung überdauert das Vertrauen auf übermenschliche Kräfte im geheimnisvollen Ding. Nähe und Animation verbürgen ein stabiles Verhältnis zu Objekten – zu Personen wie zu Sachen und zu sich selbst. Ist es ein unbewußt eingeklagter Luxus der regressiven Bindung oder bloß eine kleine Lächerlichkeit, die wir uns – mitten in der digitalen Kultur – leisten? Oder ist es ein Widerstand auf breiter Front gegen jedwede Modernisierung, auch jene des Bewußtseins?

Altes oder Neues

Neben der kulturellen Erfahrung (oder als Teil davon) hat sich in der Geschichte der gesellschaftlichen Gegenstandsbeziehungen immer auch die Erwartungsangst aufgebaut: Was wird mit uns, wenn die Dinge in unserer Hand sich ändern? Ob das, was kommt, besser ist als das, was gewesen sein wird? Welche Leistungen wird es uns abverlangen? Welchen Verlust werden wir erleiden?

Solche Fragen stellen sich immer wieder, obwohl wir wissen, daß es die gute alte Zeit nie gegeben hat, so wenig es die rosige Zukunft geben wird. Man muß sich irgendwie in der Gegenwart einrichten, um das Leben zu bestehen. Dazu ist es nützlich, über das Alte und das Neue kurz nachzudenken, ehe man sich der kommenden Gegenwart stellt, die neue Ängste auslösen oder alte bestärken wird.

Ununterbrochen entsteht Neues und entwertet Altes. Doch das Erscheinen des scheinbar oder tatsächlich Neuen heißt nicht, daß es brauchbarer sein müßte als das Alte. Auch die Geschichte der Dingwelt besteht aus Lösungen und Ablösungen, wobei die Probleme praktischen Funktionierens durch das Neue so wenig gelöst zu sein brauchen wie die Tradition des Alten gewährleistet sein muß. Zunächst hat das Neue den Vorteil, daß es neu ist – ein Wert an sich, auch wenn er sich rasch verbraucht; denn manchmal sieht das Neue ganz schnell alt aus.

Früher war es selbstverständlich, den Dingen die Substanz langer Brauchbarkeit zu bescheinigen. Ein Anzug, ein Paar Schuhe wurden jahrelang getragen, Stuhl, Tisch und Bett mußten ein Leben lang halten und wurden von Generation zu Generation vererbt. Neues hatte Seltenheitswert. Heute gilt das Gegenteil. Aber es hat sich eine untergründige Unsicherheit eingeschlichen.

Das Alte und das Neue sind sensible Kategorien – nicht nur, weil das Alte manchmal wiederkehrt und das Neue überholt, indem es sich als brauchbarer erweist, sondern auch, weil es um Definitionsfragen geht. Die Unterscheidung ist keineswegs selbstverständlich. Wann ist etwas neu, wann alt? Nicht nur das Neue muß erfunden und eingeführt werden, auch was alt ist, wird nicht einfach nur durch das Auftauchen des Neuen alt. Es muß erst kulturell dazu erklärt, nicht nur durch Werbesprüche für das Neue denunziert werden. Aus Altem kann Neues entstehen wie bei einer Renaissance. Es ist dann ein verändertes, aktualisiertes Altes, das als Neues erscheint. Was neu ist, bestimmt sich in der Regel aus dem Prinzip der gesellschaftlich definierten Innovation, aber es kann eben auch eine Innovation der Wiederkehr aus dem Alten sein – durch Umdefinition der alten Formen zu neuen Werten.

So ist die Frage, welche Dinge alt, welche neu sind, nur durch eine Standortbestimmung in der gesellschaftlichen Interpretation ihres Gebrauchs zu beantworten. Selbst technologische Innovation, relativ leicht bestimmbar, ist kein ausreichendes Kriterium. Denn oft ist der Zweck, auf den eine innovative Technik angewendet wird, keineswegs neu. Der Laserstrahl hat zwar in der Mikrochirurgie das Messer abgelöst. Die Technologie ist neu im Verhältnis zum alten Werkzeug. Doch das Schneiden und Trennen ist als alter Zweck nicht überwunden.

Ohne Zweifel ist die Pferdekutsche ein veralteter Fahrzeugtyp. Auch sind Pferdestärken als Bezeichnung einer physikalisch bestimmbaren Leistung durch Kilowatt abgelöst. Aber das Automobil, dem die Deichsel abmontiert und die Kutschenform erhalten wurde, dient noch immer dem Transport von Personen auf Straßen. Heute wäre der Fiaker im Stadtverkehr die effektivere und ökologisch modernere Lösung des Problems mit dem Individualverkehr, also neu. Es gibt die erstaunlichsten Wiedergeburten des Alten unter neuer Funktionalität und Bewertung. Eine ist, wie Gernot Böhme (1996) ausgeführt hat, die Wiederkehr der antiken Lehre von den vier Elementen, die heute in der philosophischen und naturwissenschaftlichen Diskussion der Umweltproblematik eine überraschend aktuelle Deutung erfährt. Luft, Erde, Wasser, Feuer (Energie) werden plötzlich wieder in ihrer alten Einheit als lebensräumliche Elemente des Seins gesehen. Warum sollte es manchen Dingen nicht ähnlich gehen?

Auch im technologischen Sektor können veraltete Formen plötzlich neue Aktualität gewinnen wie die Windmühle bei der Stromerzeugung. Es sind die gesellschaftlichen Umstände, die das Verhältnis von alt und neu modellieren. Was alt ist, wird nicht nur durch den Gebrauchszustand einer Sache bestimmt, es kann allein Vereinbarungssache sein, es erneut für zeitgemäß zu erklären: Die Wohnsoziologie hat unlängst festgestellt, daß die Küche in den multifunktionalen Gebrauch zurückgekehrt ist (vgl. Silbermann 1995), nachdem jahrzehntelang mit hohem Werbeaufwand die nüchtern monofunktionale Laborform der Einbauküche angepriesen wurde. Nun sitzen die Küchenhersteller auf den Lagerbeständen des einst Neuen, um verwundert festzustellen, daß die alte Wohnküche das eigentlich Neue ist. Verkehrte Welt! Wenn es immer klar wäre, wodurch sich alt und neu unterscheiden, würde der Blick auf die Dinge nicht verwirrt. Neu wäre zum Beispiel, was frisch vom Fließband oder aus dem Automaten kommt, um die Regale zu füllen. Der Ersterwerber hätte dann die Chance, das Neue in Händen zu halten. Doch er könnte dabei ein Produkt angedreht bekommen, das nicht dem letzten Stand der kulturellen Definiertheit des Neuen entspricht, also bereits veraltet ist.

Aus historischer Sicht stellt sich die Sache noch etwas komplizierter dar. Nach den Siegeszügen des Neuen treten in der Regel Enttäuschungsphasen auf. Es gibt im Wortsinne Ent-Täuschungen, weil entweder generell ein Nutzenversprechen nicht eingelöst ist oder eine Sehnsucht nach dem Alten – nach einer Renaissance – so stark wird, daß Umwertungen des Neuen bzw. des Alten unausweichlich sind. So hat das neue Industrieprodukt des 19. Jahrhunderts erst den Blick für das Handgemachte geschärft; vorher hatte niemand dessen Besonderheit erkennen können – es gab nichts anderes bis zu diesem Datum. Was ein Maßanzug ist, weiß man erst, seit es Konfektion gibt. Vorher war er selbstverständlich; jeder Dorfschneider nahm Maß und nähte, so gut er konnte, per Hand und Abbiß des Fadens. Handgeschicklichkeit wird erst in dem Moment staunenswert, indem sie von der Maschine entwertet (und wertvoll gemacht) ist. Vorher besticht das Maß der Exaktheit der neuen Produktionsform, deren Gleichmaß im industriellen Takt entsteht und zunächst das Unregelmäßige des Handgemachten als fehlerhaft darstellt.

Nicht nur Antiquitäten steigern ihren Wert dadurch, daß sie vor sich hinaltern. Auch Produktionsweisen, die historisch überholt und scheinbar für immer von neuen Technologien und Organisationsformen der Arbeit abgelöst sind, können nach einer Zeit des Vergessens und der Wertlosigkeit neues Ansehen gewinnen – wie in der Automobilindustrie, die einst das laufende Band eingeführt hat, und heute, mit modernsten Fertigungsautomaten ausgerüstet, dennoch die Gruppenarbeit, ein vor- und frühindustrielles Kooperationsmodell, wiederauferstehen läßt.

Fertigbau-Unternehmen werben mit »Massiv-Häusern«, bei denen, entgegen der industriellen Effektivität, Teile noch per Hand erstellt werden müssen, obwohl man das Produkt längst, ähnlich der Holzabfuhr aus dem Forst, mit Spezialfahr- und Hebezeugen und nur einem Mann Bedienung aufstellen könnte. So aber bleibt die Illusion erhalten, Architekt, Maurer und Zimmerleute seien verantwortlich für die Ausführung, während doch jeder weiß, daß kein Schreiner heute technisch so perfekte Fenster bauen kann, wie die Fabrik sie ihm für den Einbau fertig zuliefert.

Wurzelholzintarsien-Imitation im Auto oder Designer-Unikat in der Wohnung – mit der Wiederkehr solcher »Zeichen« hat das Alte im nostalgisch-bekennenden Rückruf über das Neue gesiegt. Dies aufgrund von Definitionsbeschlüssen, die im Widerspruch zu gleichzeitigen Entscheidungen für das Neue in Gestalt makellos glänzend moderner Serienprodukte der technischen Welt stehen. Den Anschein des Neuen genießen wir perfektioniert wie noch nie – feuerverzinkt, dreifach grundiert, raffiniert zu metallischer Brillanz mit Speziallacken aufpoliert. Das Neue ist in seinen inszenierten Ästhetisierungen allseits akzeptiert. Die Frage ist bloß, ob es wirklich neu ist.

Wir ahnen nur: Es gibt einen Werte-Wettbewerb zwischen dem Alten und dem Neuen und nach wie vor Unklarheiten über die Differenz. Als die ersten Maschinen des Industriezeitalters bewundert werden konnten, blieben sie insoweit in der Nähe zum Alten, als sie mit Kunstwerken gleichgesetzt wurden. Dampfmaschinen, ausgestellt in bürgerlichen Kunstvereinen, konnten beides repräsentieren – das Alte und das Neue. Was der Historismus den technischen Formen abverlangte, war ein Bekenntnis zum Alten, eine Unterwerfungsgeste des Neuen unter Traditionen des Schönen. So kamen die neuen Kraftmaschinen auf »antike« Säulenfundamente zu stehen oder wurden in gußeisernes »gotisches« Maßwerk verspannt. Der Zähmung der Technik durch Kunst entsprach eine Durchmischung des Neuen mit dem Alten; noch in der zweiten Jahrhunderthälfte setzte der Horror vor der Nacktheit des Technischen dessen Verkleidung mit den seltsamsten Dekorationsformen durch. Es war ein ehrenwertes, wenngleich zweifelhaftes Bestreben, das Neue mit dem Alten ästhetisch zu versöhnen. Damit haben anschließende Rationalisierungsschübe gründlich aufgeräumt. Doch so viel Neues ist im Neuen dann doch nicht entstanden. Nicht nur, daß die meisten Produkttypen in Funktion und Form ihr kulturelles Alter nicht verheimlichen können – ein Stuhl bleibt ein Stuhl, ob er die verchromten dünnen Beine geziert abspreizt oder sich bescheiden hölzern gibt. Er ist eben doch nicht die Sitzmaschine oder die elastische Luftsäule geworden, die Marcel Breuer sich am Bauhaus erträumt hat. Die Zähigkeit des Alten oder seine Rückkehr wider Erwarten lassen den verbissenen Kampf aller Neuerer um die Anerkennung des Neuen als jeweiligen Ausdruck historischer Vernunft geradezu tragisch erscheinen. Immer sollte das moderne Produkt ausdrücklich besser, brauchbarer, kulturell fortgeschrittener im Sinne seiner Modernität als Aufklärungsbeweis erscheinen. Der ästhetische Anteil des Projekts der Moderne wurde in den vorgestellten neuen Formen der Dinge und im sogenannten Neuen Bauen evident. Das Neue ist auf diesem Wege zum Synonym des Fortschritts geworden. Aber wer nicht an das unendliche Fortschreiten der Industriekultur glaubt, hat auch den Glauben an den Wert des Neuen rasch verloren. Er ist ein veralteter Gebraucher, nicht so recht zu gebrauchen für das Neue, aber gleichzeitig doch so modern, daß er anfällig geblieben ist für Versprechen des Neuen. Vielleicht handelt es sich um einen Gebraucher, der unbewußt die Dinge so sieht, wie sie im Wechsel der Geschichte von alt und neu überliefert werden.

Noch in jenen Formen, die kulturell zurückgeblieben und unserer Zeit als Ausdruck unangemessen erscheinen, könnte sich ein Grundzug gesunder Skepsis spiegeln. Ist das Festhalten an vielen meist veralteten Dingen der Gegenwart ein Hinweis auf die Widerstandskraft des Alten?

Eine Gleichsetzung von unmodern und geschmacklos gelingt jedenfalls nicht. Aus einer bestimmten Sicht sind die zwischen Bauhaus-Klassik und Postmoderne hin- und hergerissenen Avantgardisten des Konsums von Neuem unmoderner als die von ihnen verachteten Benutzer all der schrecklichen Dinge dazwischen, obwohl sie im Akt der Unterscheidung »Geschmack« beweisen und ihre Modernität demonstrativ zur Schau stellen.

Verloren steht man auf dem Posten des Beobachters, der nicht weiß, auf welche Seite er sich schlagen soll – mal hier, mal dort zu Gast in dieser Welt der alten und der neuen Dinge, ironisch Abstand wahrend, zugleich dem Alten wie dem Neuen so verfallen, daß es eben gleichgültig wird, womit man sich gerade schmückt. Dennoch gibt es die Angst, etwas zu versäumen. Immer wieder sagt jemand, der es zu wissen behauptet, alle anderen seien von gestern. Jede neue Technologie, jedes neue Produkt tut so, als sei alles Ältere wertlos und rasch zu vergessen. Dabei steht objektiv nur fest, daß das Neue nicht grundsätzlich besser, sondern nur »unausweichlich, unvermeidlich, unverzichtbar« ist, wie Boris Groys feststellt.

Bei aller Angst vor dem diskriminierenden Alter bleibt eine tröstliche Hoffnung auf die Virulenz des Alten in der Erinnerung oder Wiederkehr: »Das Neue als endgültige Transgression oder Synthese, die alle Wertgrenzen völlig überwindet, erweist sich als unmöglich.« (Groys 1992, 93) Ob der Satz auch für den Eintritt in das elektronische Zeitalter gilt?

Jede Innovation behauptet aufs Neue den Standpunkt der Modernität, an dem sich die Geister scheiden. Die einen hängen am Tropf der Geschichte, während die anderen von einer lichteren Zukunft überzeugt sind. Wie die ewig Gestrigen gibt es die ewig Morgigen. Die Gegenwart lebt vergessen dazwischen. Der Alltag beweist es: Das Neue beginnt im Augenblick seines Erscheinens zu altern und taucht, ehe man sich versieht, im Meer des Gewöhnlichen unter. Das ist eine Erfahrung, auf die man bauen kann. Radikale Neuerungen wie die Einführung des PC sind eher selten, und auch sie nutzen sich in der Gewöhnung ab. George Kubler, der als Kunsthistoriker alle Dinge als Artefakte und daher auch Kunstwerke als Dinge begreift, behauptet gar: »Alles was heute hergestellt wird, ist entweder eine Replik oder eine Variante von etwas, das schon früher geschaffen worden ist.« (Kubler 1982, 33)

Wieviel Neues ist in einem bis heute fünfzigjährigen Gebraucherleben vorgekommen? Wer redet noch vom Trockenrasierer oder von der Mikrowelle? Wirklich scharfe Männer rasieren den attraktiven Schatten naß oder lassen sich einen Dreitagebart stehen; wer vom Kochen etwas versteht, braucht kein Fast-Food-Aufwärmgerät. So kann man den meisten Neuheiten gelassen gegenübertreten. Zwischen Neuem und Altem gibt es eine Art natürlichen Ausgleichs, der unserem integrativen Verhalten entspricht: Neugier, grundiert von Gewohnheit – Interesse, vermischt mit Gelassenheit, bestimmen das kulturelle Verhalten, mag sich das Neue noch so auffällig gebärden. Unter der Decke der Gewohnheit, das Alte rasch durch das Neue zu ersetzen, ist der langsamere Fluß des Lebens noch zu ahnen.

Es stellt sich heute aber die Frage, ob die kulturelle Assimilationsfähigkeit, die das Neue aufsaugt und an den Bestand des Alten wenigstens eine Zeitlang bindet, so stark ist, daß sie auch radikale Innovationsbrüche abmildern kann, beispielsweise um eine Balance zwischen der alten Materialität der werkzeuglichen Artefaktenwelt und der Immaterialität des Computerzeitalters zu sichern. Von der Erfindung des Rades bis zur vollendeten Industrialisierung hat es einen derartigen Bruch zwischen Altem und Neuem noch nicht gegeben, obwohl viele, vor allem industriekulturelle Entwicklungsschritte eine machtvolle, unaufhaltsame Modernisierung des Lebens bedeutet haben.

Eine Antwort auf die Frage, ob das Neue heute erstmals dem Alten unvermittelt und unvermittelbar gegenübersteht, wäre jedoch verfrüht. Die bisherige Erfahrung lehrt nur: Schock und Reiz des Neuen verflüchtigen sich mehr oder minder im Zuge der Gewöhnung. Wie neugierig, aber auch entsetzt und die schlimmsten Befürchtungen hegend hat man im industriell zurückgebliebenen Deutschland zunächst auf die ersten Eisenbahnen reagiert! Die Leute haben sich rasch beruhigt und ihr spätbiedermeierliches Leben weitergelebt, das sich allmählich in ein modernes transformierte.

Das Neue reißt uns selten vom Stuhl. Es findet auch kaum jene dem kulturellen Gemeinwohl errichteten Aufbewahrungsorte wie das Alte, dessen Verehrungswürdigkeit mit der Zeit zunimmt, während Zeit dem Neuen gerade seinen charakteristischen Glanz der Überraschung raubt. Die Neuheitenmesse ist fast alles, was an feierlicher Aufmerksamkeit zelebriert werden kann. Eine seltsame Gleichgültigkeit gegenüber neu erscheinenden Dingen macht uns immun gegen die Überwältigung durch das Neue, eine Form von penetranter Langsamkeit des Umgewöhnens, ein zähes Festhalten am Gewohnten sorgen für Stabilität des Alltags und den Bestand von Dingen, die im Leben eine Rolle spielen. Offenbar ist das Modell Mensch im Grunde antiquiert, weshalb es manchmal auch so erscheint, als stehe es dem andringend Neuen bloß im Wege. Die Angst, das zukünftig Neue werde uns überrollen, ist daher ernst zu nehmen. Offenbar leben wir an der Schwelle einer ganz neuen Technokultur und haben allen Grund, uns zu fürchten.

Anzeichen einer Entwöhnung

Heute grassiert eine untergründige, nicht ganz unberechtigte, aber wohl übertriebene Verlustangst: Was wird aus den materiellen Dingen? Nicht nur, daß manche Gegenstände sich aus ihrer Körperhaftigkeit zurückziehen, um immer kleiner und flacher zu werden wie die alte, schwere Rechenmaschine, die zum pappdeckeldünnen Taschenrechner geschrumpft ist. Auch die Stoffe, aus denen die Dinge gemacht werden, scheinen an einer Schrumpfung ihrer sinnlichen Materialität zu leiden. Ein Bild, das für einen Moment aus dem elektronischen Speicher auf den Monitor zitiert wird, bleibt körper- und substanzlos im Vergleich zu einem Vierfarbendruck auf Papier, den man anfassen und riechen kann. Eine druckfrische Tageszeitung ist ein gesamtsinnliches Ereignis, während vor den immateriellen Pixeln auf dem Bildschirm nur noch die Augen tätig sind.

Hat der Siegeszug der »Immaterialien« (Lyotard 1985) eine Krise der Materialität ausgelöst? Oder hat der Entmaterialisierungsprozeß der Alltagswelten schon lange vor dem elektronischen Zeitalter begonnen? Neutrale Kunststoffe sind allerorten an die Stelle »natürlicher« Materialien getreten, weil die Eigenschaften synthetischer Stoffe dem Zweck oft besser entsprechen oder weil sie billiger sind. Die Materialsinnlichkeit, einst an die Dinge und ihren Gebrauch gebunden, schwindet auch dort, wo die Dinge ihre körperliche Plastizität noch behalten dürfen. Aber Gegenstand und Stoff sind von alters her ein Paar. Die Welt der Sachen besteht aus Materie mit Eigenschaften, ob sie dem Zweck der Formung angemessen erscheint oder nicht. Jedes Material spricht seine Sprache, die Sinne werden unterschiedlich aktiviert. Durch die Schuhsohle spürt man den Boden. Die Hand mißt die Temperatur eines Stoffes, ermittelt sein spezifisches Gewicht, dringt über das Oberflächenkorn in seine Struktur ein oder gleitet an seiner glatten Oberfläche ab. Die Festigkeit der Welt ist durch Materie gegeben, die manchmal Härte, manchmal Durchlässigkeit signalisiert. Der Luftraum öffnet sich dem Blick in die Weite, das Rote Meer teilte sich in der Legende, und die Sehnsucht nach einer Überwindung der materiellen Grenzen scheint in der Fiktion des Kinos auf, wenn ein Mensch in einen Spiegel eintauchen und wieder aus ihm hervorgehen kann wie in einem Film von Cocteau.

Materialität ist die Grundeigenschaft aller Dinge. Bereits vor den besonderen Merkmalen der Form schafft sie Differenz oder Ähnlichkeit. Ganze Kulturepochen sind material bezeichnet: Steinzeit, Bronzezeit, Eisenzeit – weil aus den Stoffen nicht nur Eigenschaften der Dinge, sondern auch Formungen des Lebens hervorgehen. Jede Technologie ist an materiale Voraussetzungen gebunden, und sei sie noch so hochentwickelt-abstrakt wie bei einem Chip. Ohne die Halbleiter-Eigenschaft des Siliziums hätte sich die digitale Kultur, nach deren Vorschriften unser Leben sich zu richten beginnt, nicht entwickeln können.

Das heißt, es gibt wahrnehmbare und nicht wahrnehmbare Materialeigenschaften. Im Alltag sind es die sinnlich erfaßbaren, vernehmlichen Botschaften, die ihre kulturelle Bedeutung und psychologische Wirkung im Akt der Perzeption entfalten. Sinnliche Gegenwart, Tiefe der biographischen Erinnerung und Dichte des kulturellen Erfahrungsfeldes fallen in der Konfrontation mit einem Material zusammen. Die historische Vertrautheit mit bestimmten Stoffen bleibt unauffällig; die persönliche Nähe zu einem Material kann sich schockartig ereignen wie im berühmten Beispiel der Madeleine bei Proust, deren Geschmack auf der Zunge augenblicklich in die Kindheit zurückversetzt.

Solche Vergegenwärtigungen über das Stoffliche können jedem widerfahren, der wachen oder träumenden Sinnes etwas berührt. Auf mich wirkt der Duft von frischem Heu wie eine Droge. Dann lasse ich alles liegen und stehen, nur um zu atmen. Es ist eine Einverleibung nicht nur der eigenen, stofflich zurückströmenden Geschichte, sondern auch ein Anknüpfen an kulturelle Erfahrung – hier an eine vergangene Form landwirtschaftlicher Produktion. Die Erinnerung wird unbemerkt mitvollzogen, wie alle stofflich gewordene Geschichte. Stein hat seine Naturgeschichte wie das geschnittene Gras oder der gefällte Baum ihre Natur- und Kulturgeschichte haben. Selbst irgendein eigenschaftslos erscheinender synthetischer Stoff hat eine solche Geschichte. Herkunft und Bearbeitung verweisen in das Zentrum kultureller Prozesse mit ihren je eigenen

Schmelzpunkten, in denen das amorphe Rohmaterial zur kulturellen Materie rektifiziert worden ist.

So lebt man heute in einem Beton- und Kunststoffzeitalter. Die evokative Macht des Materials kann Dinge prägen – eine Kerze ist nur aus Wachs, eine Rasierklinge nur aus Stahl denkbar. Jedes Material ist ein kulturelles Indiz; seine Spur verrät Tat und Täter.

Die Sinne nehmen die Welt vor allem über ihre Materialität als kulturelles Formereignis wahr. Gernot Böhme spricht von den in der technischen Zivilisation vermittelten Erfahrungen im Sinne einer ästhetisch-kulturellen Sozialisation an Materialeindrücken. Sie vollziehen sich »innerhalb technisch vermittelter Wahrnehmung. Blicke durchs Mikroskop, fernsehvermittelte Weltraumbilder, Farb- und Lichterlebnisse beim Tauchen oder durch die fernsehübermittelte Unterwasserfotografie, Wolken und atmosphärische Eindrücke beim Fliegen, das sind Grunderfahrungen, die heute die Sehgewohnheiten […] prägen. Es ist sogar anzunehmen, daß in der Abkehr vom Gegenstandsgedränge der modernen Welt Schönheit gerade in solchen Erfahrungen gesucht wird.« (Böhme 1994, 92)

Das durch moderne Technologien ermöglichte Eintauchen in die Materialität zugunsten solcher Wahrnehmung findet seine Entsprechung in geschichtlichen Räumen vergangener Lebensgegenwart: Nomadische oder agrarische oder handwerklich produktive Kulturen entwickelten ihr eigenes Verhältnis zu den organischen und anorganischen Stoffen, zu ihrer Verwendbarkeit und Magie. Es war immer ein Verhältnis zur Festigkeit der Welt und zu besonderen Eigenschaften der Materie.

Neben dem Zweck des Werkzeugs ist das Material ein Schlüssel zu Wesen und Wert der Dinge. Oft wird ein Gegenstand nur aufgrund seiner Materialität geliebt oder verachtet. Nicht alles, was glänzt, ist Gold. Aber der historisch aufgebaute Bedeutungshof um das mythenumwobene Metall, das auch heute noch in Schatzkammern gehütet wird, strahlt auf jeden dekorativen Flitter, jedes Falsifikat über, das goldfarben daherkommt.

Kein Material ist sinnlich neutral, weil es immer eine mit Bedeutung aufgeladene Eigenschaft hat oder, so lange es noch nicht identifizierbar ist wie ein neuer Kunststoff, die Bedeutungsleere zunächst durch die Differenz zu bedeutungsvollen anderen Materialien auffüllt. Plastik ist ein solcher Stoff, der sich in unendlicher Artenvielfalt ausdifferenziert hat und zugleich in Differenz oder Konkurrenz zu anderen Materialien steht, die er ersetzt oder nachahmt. Gerade dadurch erinnert man am Ding das andere Material, wie die Kehrschaufel aus Blech als Urtyp hinter den billig-bunten Plastik-Schaufeln ahnbar bleibt. Dennoch ist dieses vielseitigste Material der Industriekultur heute zu Recht anerkannt. Es gibt keinen Grund, es zu denunzieren. Der Alltag ist ohne Kunststoffe undenkbar. Zöge man sie in der Vorstellung aus dem Verkehr, würde das Materialgefüge der Gegenwart wie bei einem Erdbeben in sich zusammenstürzen.

Die Neigung, »natürliche« Materialien für wertvoller zu halten als synthetische Stoffe, ist ohnehin fragwürdig. Was »künstlich« und was »natürlich« sein soll, stiftet eher Verwirrung. Alles der Natur Abgerungene, dabei Verwandelte ist künstlich – auch das aus dem Erz geschmolzene Metall oder das aus dem Quarzfluß gewonnene Glas; es gibt kein Material, das als Bearbeitungsprodukt aus der Kultur fällt, das »Natürlichkeit« beanspruchen könnte. Nicht einmal der Apfel auf dem Wochenmarkt ist »natürlich«. Plaste und Elaste, die schöne Wortkombination aus dem technologischen Hoffnungsschatz der ehemaligen DDR, bezeichnet sehr genau die multiple Verfügbarkeit einer allgegenwärtigen Materie, die von Designern eigens hätte erfunden werden müssen, um als unendlich formbare Masse neuer Dingschöpfungen zur Verfügung zu stehen. Bisweilen entsteht der Eindruck, die ganze Welt sei aus Plastik.

Modernes Material definiert sich im Vergleich zu alten Eigenschaften, die es längst überwuchert hat. So entwickeln sich auch neue Materialsprachen, wie der »Memphis«-Gründer Ettore Sottsass bezeugt: »Kunststoffbeschichtungen habe ich ausgewählt, weil dieses Material ohne jede Unklarheit ist; ich habe mich für Stahlbleche entschieden, wie in der städtischen Straßenbahn und bei Containern, für Gummibeläge, wie man sie bei Fußböden von Flughäfen verwendet, für den künstlichen Rasen texanischer Tankstellen und für Verzinkungen, wie sie normalerweise im Innern elektrischer Geräte verborgen sind.« (Zit. in Baacke 1983) Der Designer erfindet nicht die Materialien, sondern findet sie als Ausdruck der Zeit vor, um sie demonstrativ anzuwenden.

Man hat sich an die Kälte postmoderner Oberflächen, an die Lacke, Laminate, Rasterbleche, Eloxate schon gewöhnt. Nur manchmal folgt eine nostalgische Bedürfnis-Eruption. Dann müssen unbedingt Naturstein, Holz oder Gußeisen her, bis man erstaunt feststellt, daß die alten Stoffe in der Nachbarschaft der neuen ihre Bedeutung verändern: Es entsteht ein neuer Kontext, wie sich an postmoderner Architektur ablesen läßt. Die Oberflächensprache des Materials gerinnt zu einem faszinierenden Kauderwelsch, zumal jede Wahrnehmung ein momentanes Wiedererkennen und zugleich eine Befremdung auslöst, wenn ein Material an einem anderen Ding oder in einem anderen Zusammenhang verwendet auftaucht, als man es erwartet. Die Kategorien »echt« oder »unecht« helfen daher nicht weiter. Originale seien unter medialen Bedingungen ohnehin nur noch enttäuschend, meint Wolfgang Welsch (Welsch 1995, 271), weil man die Sache als Reproduktion näher und schöner erfahre als an ihrem Ort und in ihrem Material. Im Bild spielt der Stoff keine Rolle. So ist im Prinzip alles echt, sofern es überhaupt Materie und nicht bloß Fiktion ist. Und die wiederum beharrt heute auf dem Echtheitskriterium der virtuellen Realität. Auch jedes Bild als solches ist »echt«. Es gibt im alten Sinne nichts Echtes mehr. Das Surrogat, die Imitation, die Fälschung, das Als-Ob, über die Austauschebene neuer Materialien eingeführt, gibt es seit Anbeginn der industriellen Massenproduktion. Heute geht es um eine Vermischung der verschiedenen Realitätserfahrungen – welche soll da echt, welche unecht sein? Es hat sich schon eine allgemeine Gleichgültigkeit gegenüber den Materialien der Dingwelt eingeschlichen, die eine neue, kompensatorische Pädagogik auf den Plan gerufen hat. »Die Sinne und die Dinge im Unterricht« (Beck/Wellershof 1989) als Gegenmittel zur Entwöhnung, die »Gefährdung der Sinne durch die neuen Dinge« (Beck 1994) als Befürchtung, ein »Lernen mit allen Sinnen« (Zacharias 1994) als Antwort auf Entzugssyndrome des modernen Lebens und nicht nur auf die Ödnis der Schule legen den Schluß nahe, daß die Pädagogen das Materielle mit einem ästhetischen Eifer wiederentdecken, der das Engagement der Enzyklopädisten des 18. Jahrhunderts noch übertrifft, die in aller Ruhe die Grundlagen der Kultur in der Bearbeitung von Stoffen darlegen konnten. So fehlt es heute nicht an Versuchen, das Lernen auf die Dinge und Materialien – auf die »Realien« – zurückzulenken, denen es so lange verbunden war. Es spricht vieles für das neue pädagogische Engagement an die sinnliche Qualität. Aber vielleicht wäre mehr Gelassenheit angezeigt. Man spürt (und lernt) den Unterschied ohne Lehrer, ob die Hand einen Plastikbecher oder ein Trinkglas umfaßt. Auch in den kulturellen Anlässen kennt man sich noch aus, in der Etikette der Rituale und ihrer Materialisation. Pappteller und Plastikbecher bezeugen das Recht der Party. Jenseits aller modernen Umstandslosigkeit im Materialgebrauch aber wird mit Silber, Porzellan und Kristall gefeiert. Zwischen dem satten Plopp einer Autotür und dem Rascheln einer Kunststoff-Verpackung, die im gelben Sack verschwindet, wird die materiale Bedeutung sehr wohl konnotiert.

Das Material kultiviert die Sinne auf dem Weg der Erfahrung immer noch unauffälliger als es die Dinge in Form und Funktion tun. Zugleich wächst der Stofflichkeit eine Dimension des Konservativen zu. Sogar Plastik ist ein bereits traditionsbehaftetes, vertrautes Material, das eine körperhafte Präsenz behauptet, an die man sich gewöhnt hat. Auch die eindeutig künstlichen Stoffe entwickeln wahrnehmbare Charakterprofile und sei es, daß sie die Sinne durch chamäleonhafte Eigenschaften täuschen. Kunststoff ist, wenn auch nicht mehr begreiflich, so doch immerhin greifbar. Dieses neue Material liegt auf dem halben Wege der Entwöhnung. Es beschäftigt beiläufig die Hand oder erfreut das Auge durch prachtvolle Buntheit, während der Sinn schon auf andere, nicht-stoffliche Genüsse gerichtet ist. Zugleich spielt es mit der Rest-Erinnerung an ein Universum der Stoffe, das seine spezifischen Gerüche und Geschmacke teilweise schon verloren hat.

Um so heftiger wird der leicht täuschbare Fernsinn des Auges umworben, werden die visuellen Reize anpreisend ausgespielt, wenn das Surfbrett mit Segel oder die neueste Autokarosserie sich knallfarbig oder plastisch gewölbt vor die Masse des Indifferenten zu drängeln versuchen und im Spiegelglanz entmaterialisierter Oberflächen ein Gebrauchserlebnis versprechen, das im Stau der ersten Enttäuschung endet.

Oder es bleibt etwas von der alten gegenständlichen Griffigkeit im Hautkontakt der Hand mit dem Material, wenn man das Lenkrad aus grauem Plastik oder die optisch unauffällige Lehne eines Bürosessels umgreift. Es ist ein kleiner, täglich wiederholter Genuß, die Gußgrate auf den Innenseiten, den plastischen Formverlauf und den Wärmeeffekt auf der Haut zu spüren. Irgendein aufgeschäumter, dem Griff der Hand elastisch antwortender Kunststoff triumphiert hier über alles Oberflächentheater der sichtbaren Form. Man hält sich oft und gern an solchen Gegenständen fest und freut sich, daß sie in ihrer Stofflichkeit zur Hand sind. Es schadet nicht, daß es Kunststoff ist. Vielleicht verbirgt sich hinter dem Genußbewußtsein die Angst vor weiteren Verlusten, wenn mit den Dingen auch die stofflichen Realitäten schwinden werden. Vorläufig bleibt etwas von der festen, alten, gegenständlichen Materialität, ein beruhigendes Gefühl.

Man könnte aber auch fragen, ob der befürchtete Schwund eine Entzerrung des Problems bedeutet, das Menschen bisher mit der Widerständigkeit harter Materie hatten. Je mehr Erlebnisqualität sich in das Immaterielle verlagert, um so mehr andere »weiche« Erfahrung wird gemacht. Vielleicht entstehen im virtuellen Raum neue, imaginative Materialqualitäten?

Es muß sich ohnehin ein neuer kultureller Begriff von Materie bilden, dem das Nicht-Materielle, Fiktive so vertraut ist wie das Undurchdringlich-Feste. Die Sinne sind täuschbar und erlebnishungrig; sie verstehen sich auf das Stoffliche wie auf das Ephemere und Entstofflichte, und das nicht erst seit heute. Der flüchtige Duft eines Parfüms ist schon auf dem Wege zur Entmaterialisierung und ruft doch schlagartig eine Leidenschaft wach; eine Temperaturschwankung der Luft berührt die Haut als leiser Hauch, den wir kaum als materiell identifizieren würden. Der Schritt in eine künstlich generierte Sinnlichkeit ist gar nicht so groß, wie oft erliegt man einer Halluzination! Materialien und Immaterialien sind vielleicht nur Aggregatzustände der Greifbarkeit oder Scheinbarkeit, mit fließenden Übergängen. Besser, man traut seinen Sinnen nicht, den Augen allein sowieso nicht.

Die Sehnsucht nach verläßlicher Festigkeit ist wohl in der Hoffnung begründet, das Flüchtige (das Leben, das Glück, die Transzendenz) könne sich materialisieren. Da bricht der archaische Glaube durch: Das wundertätige Heiligenbild will nicht nur angeschaut, sondern berührt sein. Die Reliquie im Schrein ist immer schon ein halbwegs virtuelles Ding gewesen, verankert im Glauben, befestigt am Diesseits eines Knochens oder einem Stück Tuch; die heilige Jungfrau erschien der inbrünstigen Phantasie wie aus dem himmlischen Cyberspace. So sind wir historisch darauf vorbereitet, zwischen dem Festen und dem Unfesten nicht immer so genau unterscheiden zu müssen. Fünf gerade sein lassen, das ist den fünf Sinnen-Gesellen als Kunststück nicht fremd. Sie merken weder, ob eine Materie vergiftet oder verstrahlt ist, noch ob sie sich schon entmaterialisiert hat und nur noch vorgibt, von fester Konsistenz zu sein. In Zukunft wird eher der Zweifel Normalfall sein.

Es wird auch vermehrt Zweifel an den Dingen selbst in ihrer einst körperhaften Substanz geben. War einmal jedes Ding eine Art werkzeugliche Skulptur im Raum sinnlicher Wahrnehmung, lassen Nanotechnologie und Mikroelektronik den Werkzeugkörper im Idealfall auf einen Nullzustand von Wahrnehmbarkeit schrumpfen. Theoretisch und praktisch war der menschliche Körper einst das Maß aller Dinge. Heute sind es die technologischen Voraussetzungen der Effektivierung einer Sache durch Minimalisierung des Aufwands an Volumen. Der Kontakt mit dem Werkzeug wird sich auf das Berühren, ja das bloße Ansehen oder Ansprechen eines Sensors beschränken, der sich womöglich auf der Benutzeroberfläche einer Apparatur befindet, die weit entfernt im Verborgenen ihre Funktion erfüllt. Das kontrollierende Auge ist derweil auf einen Bildschirm gerichtet. Entkörperlichung, Miniaturisierung und Distanz sind Merkmale eines Abstraktionsprozesses, dem die vertraute Dingwelt zum Opfer zu fallen droht.

Doch so beängstigend es erscheinen mag, daß sich die Körpernähe zum Werkzeug verflüchtigt und die Handhabung der Automatenwelt sich auf Impulseingabe und Kontrolle beschränkt, wird doch eine Restsumme an Festigkeit übrigbleiben. Der Alltag kann nicht nur aus Programmen und Funktionen, aus Software bestehen, aus dem einfachen Grund, weil unser Körper und das daran gebundene Leben materiell strukturiert ist. Gewiß werden Planung, Organisation, Verwaltung, Kauf, Geldverkehr usw. in Zukunft vermehrt, eines Tages vielleicht ausschließlich mit Hilfe des Computers erledigt. Ganze Segmente der Arbeitswelt und des privaten Alltags werden sich in dieser Richtung bewegen. Dennoch ist ein Leben ohne materiellen »Gegenstand« nicht denkbar. Kein Mensch kann länger, als es sein Körper aushält, im Internet vagabundieren, weil er irgendwann auf dem Stuhl hin und her zu rutschen beginnt. Und aus den abenteuerlichen Aufenthalten in seiner virtuellen Traumwelt wird ihn der ganz banale Hunger erlösen.

Jede Schrumpftechnik, jede Immaterialisierung hat ihre anthropologische und biologische, nicht nur ihre kulturelle Grenze. Wenn es dereinst nicht mehr genug hand- und körperfestes Werkzeug geben wird, zeigt eine entwicklungsfähige Freizeit-Ausstattungsindustrie, wie man dem Verlust begegnen kann – vom Surfbrett bis zu den Rollerblades sorgt schon heute »unproduktives« Werkzeug für den Erhalt des Widerstands am Materiellen und der Beherrschungsgeschicklichkeit des Körpers.

Die Steigerungsraten des Marktes für Software bedeuten nicht, daß es keine harten Produkte mehr geben wird. Sich vor dem Schwinden der Dinge zu ängstigen, entbehrt zwar nicht aller Begründung, Panik wäre aber übertrieben. Vermutlich werden wir noch länger ein Dazwischen leben, mit alten und neuen Dingen, oder zwischen Dingen und Undingen. Man könnte dabei an das Leitbild einer Balance denken – an eine kulturelle Komplementarität, die ohnehin mehr Sinn machen würde als das Beschwören der alten Material-Sinnlichkeit oder eines forcierten Übertritts zu neuen immateriellen Erlebnisqualitäten. Weder die eine noch die andere Option allein trägt (vgl. Welsch 1995, 273 ff.).

Eher wird man nach dem einen wie dem anderen greifen, sich überzeugen oder foppen lassen, und die Erinnerung gegen die Einbildung zwischen täuschender Echtheit und echter Täuschung zum Beweis, in der Gegenwart zu leben, ausspielen. Schwund an Masse, Gewicht und Volumen, synthetische Substitution, Materialverwirrung, Entmaterialisierung – nichts ändert etwas daran, daß ein Teil der Lebenswelt materiell bleiben wird, während ein anderer Teil die Materie transzendiert. Richten wir uns also in den Zwischenräumen ein. Es wird uns ohnehin nichts anderes übrigbleiben.

7
Vom Stand der Dinge

Daß die Dinge verschwinden, ist eine neue Angst, die bis vor kurzem unbekannt war. Was geschieht, wenn wir ihre Gesellschaft verlieren? Was wird im Zeitalter der Bilder und virtuellen Realitäten von ihnen übrigbleiben – eine Leere, eine schattenhafte Erinnerung, ein Spiel mit bedeutungslos werdenden Zeichen? Die bange Frage stellt sich dringlich, obwohl Hoffnung auf Ersatz das Verlustgefühl zu kompensieren scheint: Es wird alles viel besser und schöner werden. Sogar unser Endlichkeitsbewußtsein wird in den grenzenlosen Räumen des Cyberspace aufgehoben. Jenseits der festen Dinge beginnt die Transzendenz, herrscht das körperlose Glück der Unsterblichkeit. Die Flucht aus den Sachwerten zu den Immaterialien endet in dieser Illusion. Doch hat weder je ein klammernder Dingbesitz das Weiterleben garantiert, noch wird je irgendeine genußvoll aufgesogene Informations- und Bilderfülle über unseren Tod hinwegtrösten können. Ohne daß wir dadurch sicherer oder gefährdeter leben, werden wir uns eine doppelte kulturelle Orientierung leisten können, indem wir zwischen Dingen und Undingen den Sinn des Lebens selbst suchen und definieren müssen.

Das Heinzelmännchen-Syndrom

Alles Mögliche geschieht wie von Zauberhand: Türen öffnen und schließen sich von selbst. Das Telefon antwortet. Auch den Lichtschalter oder die Klospülung wird man bald ganz vergessen können. Die Umwelt könnte mit Sensoren, Rechnern, Robotern und Automaten so dicht bestückt sein, daß kaum etwas zu tun bleibt.

Dabei entstehen zwei Probleme: Die Tendenz zur Abschaffung jedweder Arbeit im Sinne des Zusammenhangs von körperlicher und geistiger Tätigkeit löst eine lange gültige anthropologische Grundvoraussetzung auf; die Tendenz zur Verlagerung jedweder Intelligenz des Alltäglichen auf das Produkt entmündigt den Gebraucher. Dinge werden immer schlauer, ihre Gebraucher immer dümmer.

Der Benutzer wird zu einer Ausstülpung, einem Anhängsel des Apparats, der ihn dirigiert, indem er alles für ihn tut und ihm den Rest, der noch zu tun ist, vorschreibt. Der Benutzer hat ein Programm zu vollziehen, im Stillhalten wie in der Bewegung den mechanischen Puppen des 18. Jahrhunderts ähnlich, die sich nach einem vorgegebenen Muster ruckartig bewegten oder stillstanden. Heute erscheinen Menschen manchmal schon zu Automaten degradiert, durch die nur noch selten ein Ruck geht. Aber zunächst erscheint es als Segen, daß ihnen fast alle Mühe abgenommen wird. Aus dem modernen Arbeitsprozeß ist das intelligente Werkzeug nicht mehr fortzudenken; programmgesteuerte Produktionsabläufe bedürfen menschlicher Mitarbeit nur noch in der Vorbereitung und Überwachung. Wo es noch eine erkennbare Analogie zum Körper als Arbeitsmaschine gibt und Roboterarme schwenken und greifen, ist der Fortschritt deutlich: Diese Eintönigkeit hat man früher Menschen am Fließband zugemutet. Keine Frage, der Komplex der Erleichterungstechnologien substituiert eintönige oder schwere Arbeit sinnvoll und effektiviert die Produktion. Es handelt sich um eine unerläßliche Investition in

Zukunft, auch wenn Menschen dabei überflüssig werden, weil das Werkzeug sich an ihrer Stelle selbständig macht.

Ebenso selbstverständlich ist der Computer für das Merken, Wiederfinden, Rechnen und Schreiben geworden, um nur die einfacheren Anwendungen des technischen Intelligenzpotentials zu nennen, das im Vorstellungsbild der künstlichen Intelligenz kulminiert – dem modernen Spiegelbild jener alten mechanischen Puppen, bei denen es bloß auf die nachahmende Koordination der Bewegung von Gliedmaßen, noch nicht auf selbständige Denkbewegungen des Apparats ankam.

Noch müssen wir uns nicht real mit der Utopie auseinandersetzen, daß der Computer den Menschen ersetzt hat. Daß der Körper kaum mehr eine Rolle spielt, ist aber schon Fakt. Ein Wunschtraum geht in Erfüllung. In der Sage von den Heinzelmännchen galt es als ersehntes Ziel, auf der faulen Haut zu liegen, während andere die lästige Arbeit machten. Doch entsteht in einer Zeit, in der Arbeit knapp wird und immer mehr Dinge auch im privaten Alltag das Handhaben verweigern, eine gegenläufige Dynamik. Für die hektische, kompensatorische Beschäftigungswut gibt der Jogger ein öffentliches Beispiel: Je selbstverständlicher der technisch bequeme Transport des Körpers, um so mehr Menschen rennen um ihr Leben. Zwar wird das Auto gebraucht, um an die Lauftreffs zu gelangen. Dann aber wird bis zum Kollaps in die Körperarbeit regrediert.

Offenbar läßt sich aus Faulheit keine Dauerbeschäftigung machen, in der eine Verwirklichung zu finden ist, es sei, man hieße Oblomov, aber die Romanfigur von Gontscharow leidet an einem permanenten Glücksdefizit. Der Tendenz, von intelligenten Werkzeugen alle Mühe abgenommen zu bekommen, steht der Drang entgegen, manches doch noch selber tun zu dürfen. Seit die Kamera dem Auge und der Hand zeigt, wie fotografiert wird, und der Camcorder mit einer genormten Ästhetik des Films statt mit einer Cassette geladen ist, auf die man auch irgendwie unprofessionelle Bilder bannen könnte, seit man nicht einmal mehr per Hand den Sender festhalten darf, den das Autoradio als Vormund des Hörens verweigert, sind wir geneigt, den überentwickelten Dingen Gewalt anzutun oder sie durch Nichtbenutzung zu strafen, um zu Werkzeugen zurückzukehren, mit denen man noch selber »arbeiten« kann.

Etwas verwirrend und dazu ökologisch verklausuliert wirken daher Vorschläge zum »intelligenten Haus«, das die einstige Burg des kulturellen Konservativismus, in der Leib und Seele zu Hause sind, ablösen soll.

Für die Architektur des Wohnens, die sich körperhaft ausdehnt und zugleich die Psychobiographie umhüllt, sind allerlei »intelligente« Alternativen in der Diskussion: »[…] ein intelligentes Haus zeichnet sich weniger durch den Dialog mit dem Menschen aus, als dadurch, daß es selbsttätig handelt. Im Amerikanischen wird der Begriff ›intelligent building‹ im Sinne von ›vernünftig‹ oder ›selbständig auf neue Situationen reagierend‹ gebraucht. Das rechnergestützte Haus soll selbsttätig den Nutzer vor allem von den ihm lästigen Alltags-Routine-Handlungen befreien und dabei gleichzeitig ökologischen Notwendigkeiten gerecht werden, ohne dabei die ökonomische Effizienz aus den Augen zu verlieren.« (Berr 1994, 325 f.)

Auf thermostatgeregelte Heizung, energiesparende Systeme und andere Errungenschaften der ökologisch-ökonomischen Vernunft ist gewiß nicht zu verzichten. Aber ob beim Betreten des Hauses einprogrammierte Musik zur Begrüßung erklingen, die Badewanne sich mit dem richtig temperierten Wasser von selbst füllen, das Fernsehprogramm sich selbsttätig einschalten und das Licht automatisch mitwandern muß, ist fraglich. »Der Interaktion von Mensch und Maschine scheinen im intelligenten, im interaktiven High-Tech-Haus keine Grenzen mehr gesetzt.« (Ebd.) Dieser technologischen Möglichkeitsform des Wohnens sind immer noch einige Hindernisse in den Weg gestellt – vom Festhalten an traditionellen Verhaltensweisen, die sich gleichsam in historisch fixierter Dummheit gegen alles Neue sträuben, bis zu einem Komplex aktueller Bedürftigkeit, der den Mangel an Einsicht bestärkt. Denn vielleicht ist die Alltagsroutine gar nicht lästig, sondern ritualisierte Arbeit? Vielleicht gründet ein alternativer Begriff des intelligenten Wohnens gerade auf der Umständlichkeit, der Disfunktionalität und Wiederholung alter Gesten? Vielleicht ist die Beharrlichkeit des Selbermachen-Wollens eine stumme Antwort auf die Zumutungen der Entlastung? Ein Protest gegen die Entmündigung durch schlaue Dinge?

Man stelle sich vor, wie der Herr solcher Dinge, die alles von selber tun, so rasch wie möglich im Zentrum seines »intelligenten Hauses« verschwindet, sich die Küchenschürze vorbindet, nach dem Messer in der Schublade greift (die er noch selbst öffnet), um geduldig Kartoffeln zu schälen, während seine Augen lust- und erwartungsvoll über den Küchenraum schweifen, wo Sieb, Kochlöffel, Schöpfer, Schneebesen, Quirl und Raspel an der Leiste hängen und mit den Töpfen gerasselt werden kann wie einst, als die Heinzelmännchen mit Jammern und Klagen verschwanden, weil man sie nicht in Ruhe arbeiten ließ. »Working out« steht in verräterischer Opposition zu allen Behauptungen, das Leben müsse immer bequemer werden. Gemeint ist, daß man sich ab und zu gern erschöpft. Noch alltäglicher ist das Do-it-yourself. Der Griff zur Werkzeugbox und Black & Decker markiert zwar schon den Übergang zu mechanisch hochentwickelten Hilfen, aber das Bohren und Dübeln ist dann doch Männer- oder Frauensache, erfordert einen Rest an Handgeschicklichkeit.

Würde man die Sammlung der Dinge als kulturellen Corpus verstehen und darin die Leitformen des »intelligenten Produkts« im Sinne des »intelligenten Hauses« gesondert betrachten, käme man zu dem einfachen Schluß, daß es sich in den meisten Fällen um eine Art Bodybuilding an den Funktionen handelt. Es kommt auf das demonstrative Muskelspiel hochgezüchteter Alleskönner an. Im übrigen regiert der Selbstzweck, und so wirken manche High-Tech-Spielereien eher ein wenig lächerlich, ähnlich den menschlichen Kraftprotzen, die nicht wissen, was sie mit ihren anabolisch gestylten Kunstkörpern anfangen sollen. Aus der Masse der Dinge ragen einzelne Hochleistungsgaranten heraus, deren Brauchbarkeit zu bezweifeln ist. Intelligenz des Produkts ist eine Sache der Definition, nicht der Überausstattung. Der Effizienzgrad einer Sache bestimmt sich aus der Erwartung, die man an sie als Werkzeug hegt. Als ob es eine Interaktion zwischen Mensch und Ding, Mensch und Maschine, Mensch und Haus noch nie gegeben hätte, behauptet ein aufgeblähter Begriff von Interaktivität, dieses Verhältnis sei allein durch technologische Modernisierung zu erreichen. Die Frage, in welcher Interaktion Hand und Hammerstiel, Fuß und Schwelle sich seit Jahrtausenden befinden, kommt nur durch Zufall in den Sinn, sobald man einen Nagel krumm schlägt oder auf der Treppe stolpert.

Im Dialog von Körper und Werkzeug, einem hochinteraktiven Prozeß, in dem das eine nicht nur dem anderen antwortet, sondern das eine auch vom anderen geformt wird, sind die Kulturen entstanden. Das ist die anthropologische Dimension des sozialen und politischen Problems der Arbeitslosigkeit. Im Zuge der Realisierung technologischer Utopien wird eine Körperlosigkeit erzeugt, die niemand braucht, am wenigsten, wer nicht mehr gebraucht wird.

Doch während in Science-Fiction-Filmen hochintelligente Androiden in Raumschiffen, die als sich selbst regulierende Biosphären-Systeme durch ferne Galaxien schweben, ihr postmodernes Dasein fristen, ist der Alltag hienieden zum Glück entwicklungsbedürftig geblieben. Zwar wird alles realisiert, das sich vermarkten läßt. Aber noch die überraschendste Substitutionstechnologie oder Automatisierung des Lebens stößt auf die veraltete Intelligenz der Hand und die Unbelehrbarkeit dummer Menschen, die sich körperlich in der Welt der Dinge und Räume bewegen und an ihr bewähren wollen. Dies nicht nur im Fitness-Studio an den Folterapparaten der Leiblichkeit, sondern auch an den einfachen Werkzeugen des Lebens für den Alltag, die übriggeblieben sind, oder die wiederentdeckt werden, weil sie die Mühsal erinnern helfen, durch die Menschen einst im Einwirken auf die Natur ihr kulturelles Selbst fanden. Dazu gehören unvermeidlich auch die neuen Techno-Kulturen. Aber sie werden ihre Herrschaft mit der alten Geste des Griffs nach einem Werkzeug teilen müssen, dessen sinnenhafte Intelligenz sich aus dem lebendigen, nicht unterdrückbaren Bedürfnis nach formgebender Tätigkeit definiert.

Die neuen Heinzelmännchen des High-Tech-Zeitalters stoßen auf unerwartete Konkurrenz, weil sie eine gesellschaftliche Entwicklung befördern, die sich in dem Grad, in dem sie gelingt, gegen sich selbst wendet. Abschaffung aller Mühsal in einer Gesellschaft ohne Mühseligkeit könnte sich als unerwünscht erweisen. So werden umständliche Dinge in den Zustand der Mühelosigkeit zurückzitiert, die den Schweiß auf die Stirn treten lassen – von den einen als veraltet und irrational denunziert, von den anderen für unverzichtbar gehalten, weil man sich an ihnen so schön abarbeiten kann.

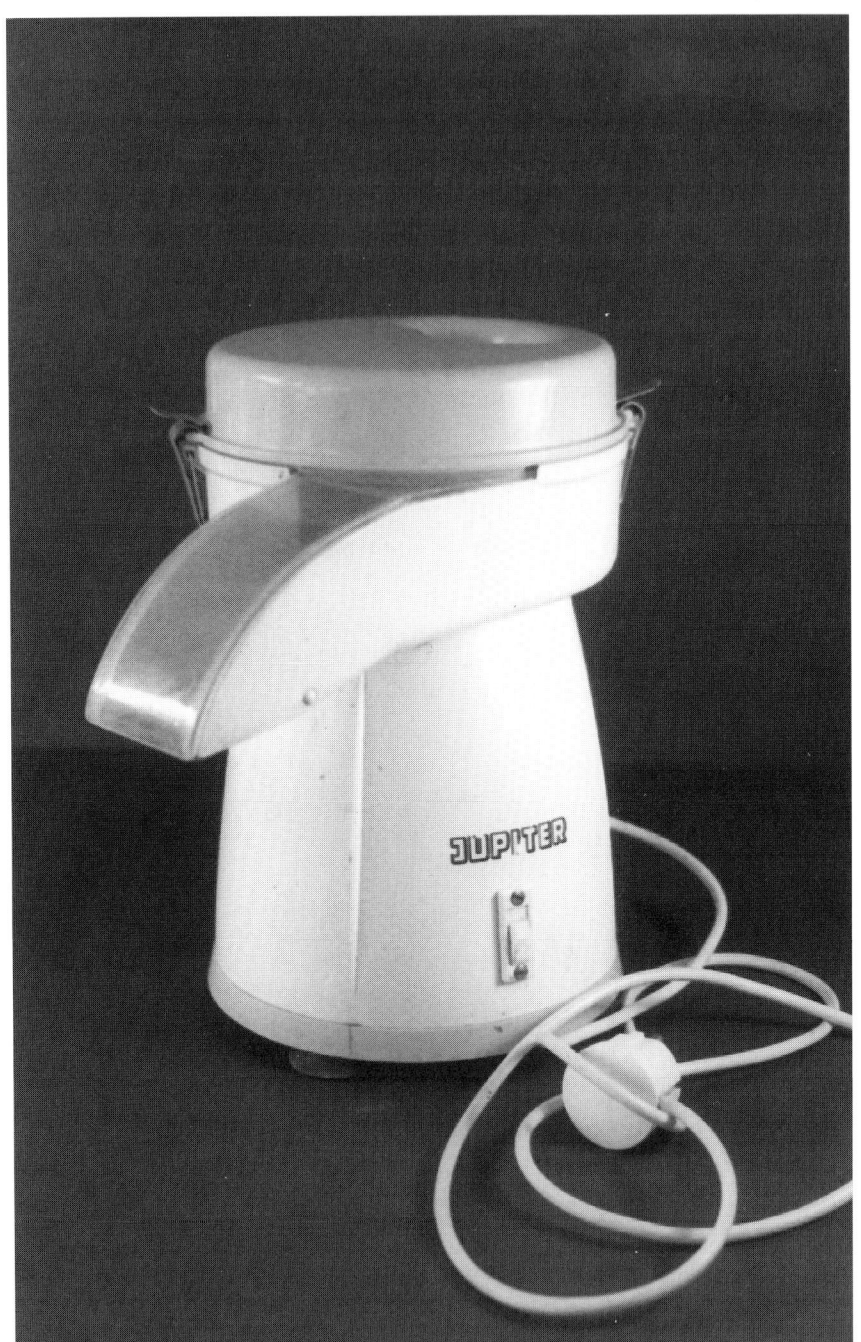

Unsichtbare Modernisierung

Heute geht es darum zu erkennen, was unter der Hand und unbemerkt im Austausch einst realer Sachen gegen neue immaterielle Realitäten mit uns geschieht. Von der filigranen Technik des Crystal Palace über die Bauhaus-Prototypen bis zur Übereinkunft auf den internationalen Funktionalismus hat sich die ästhetische Ökonomie der industriellen Moderne immer wieder eigene Formen der Ausdruckstransparenz geschaffen, bei deren Rezeption man wußte, woran man war. Solche unmittelbare Übereinstimmung von Gegenstandsform und industrieller Bedingtheit ist heute selten. Die Hand greift ins Leere, wenn sie etwas von der Struktur des Werkzeugs in Erfahrung bringen will. Das Auge gleitet an geschrumpften Hüllen oder ins Dekorative ausufernden Oberflächen ab, unter denen sich die Werkzeugfunktionen verbergen. Man versteht die Welt der Dinge nicht mehr. Aber es keimt die Ahnung, daß sich Anpassungs- und Lernprozesse von großer Tragweite vollziehen, die vom Design verdeckt werden. Superflaches High Tech, historisierende Zitate, dekonstruktivistischer Expressionismus, neobarocke Formspielereien, eine unübersichtliche Menge des Phantastisch- oder Banal-Schönen beherrschen das sachkulturelle Blickfeld der Gegenwart. Das Wort Design löst Fluchtreflexe aus, man kann es nicht mehr hören: Überall massenhaft Gestaltetes, es gibt kein Entkommen. Aber es prägt schon die Erwartungshaltung.

Ein Deuter der Postmoderne, Wolfgang Welsch (1990, 218), hat das nächste Jahrhundert zum Jahrhundert des Design erklärt. Die Prophezeiung bekommen wir billig: Wir leben längst dieses Zeitalter der ästhetisch forcierten Moderne. Die Allgegenwart kollektiv wirksamer Gestaltung von nahezu allem hat schon für grundlegende Entdifferenzierungen gesorgt. Einmal sind die Dinge gerade wegen des an ihnen getriebenen Designaufwands kaum noch different – sie sind es umso weniger, je differenzierter sie ausschauen sollen. Zum anderen gibt es kaum irgendetwas Nicht-Gestaltetes, vor dessen Rohheit das Gestaltete deutlicher hervortreten würde. Es gibt nur noch Alt- oder Neu-Gestaltetes.

Aber es hat sich eine gewisse Zerstreutheit eingeschlichen, die Dinge kommen auf uns zu, ob wir sie wollen oder nicht. »Ob Walkman, Faxgerät, Taschenrechner, Mini-Motorräder oder Video-, Laser-, Musicboxen – es sind Dinge zwischen Spielzeug und Werkzeug, von denen sich keiner hätte träumen lassen, daß er sie brauchen könnte, und die doch zu einem unverzichtbaren Bestandteil des Alltags geworden sind.« *(Der Spiegel* 27/1995, 162)

Zwei Beobachtungen lassen sich anschließen: Erstens – nicht *wir* brauchen diese Dinge, vielmehr brauchen sie uns – als Abnehmer, Bediener, Konsumenten. Zweitens – es passiert etwas mit *uns*. Es wird etwas mit uns veranstaltet, von dem wir nichts merken, weil es nicht weh tut, während sich alle diese angeblich unverzichtbaren neuen Selbstverständlichkeiten um uns versammeln. Etwas passiert, das uns unmerklich in der Wahrnehmung, Gebrauchserwartung und kulturellen Erfahrung verändert, einschließlich der Art und des Grades an Täuschbarkeit. Der scheinbaren Vielfalt an Formen, die den sich verändernden Bestand an Dingen und Funktionen verdeckt, entsprechen neue Gewohnheiten und Hinnahmefähigkeiten, die sich in kulturellen Haltungen reproduzieren, über die wir uns bewußt keine Rechenschaft geben.

Dem Verschwinden der Dinge (dem eben ihre bunte Vielfalt zu widersprechen scheint) entspricht die Zunahme der Bilder und immateriellen Genüsse, die wiederum andere Arten der kulturellen Erfahrung bedingen. Es sind Formen des Umgangs mit der Welt und uns selbst vorstellbar, die alle Dinge alt aussehen lassen. Computerfreaks, die nächtelang in ihr neues Medium abtauchen, führen diese Entfremdung oder diesen Neubezug vor Augen. Sensorium, Mentalität, Bewußtsein verändern sich mit der Eingewöhnung in körperlose Formen der Bildlichkeit und Telepräsenz: »Das Metadesign der Sitten und der gesellschaftlichen Verhaltensweisen im postindustriellen Zeitalter wird das Design der Formen des Objekts im industriellen Zeitalter ablösen.« (Virilio 1994, 111)

Das heißt, das Weiche wird das Harte ablösen, die gesellschaftlichen Kommunikationsweisen werden die alten Gebrauchsweisen des Werkzeugs überwinden, das Subjekt-Objekt-Verhältnis soll ein techno-soziales werden, abgetrennt vom Gegenstand.

Was den angeblich untergehenden Dingen anhaftet und den ästhetischen Appetit anregen soll, was also mitverschwindet, wenn es immer weniger Körperhaftes geben wird, ist demnach nicht das wirklich intelligente Design. Das finden wir woanders und bezeichnen es anders. Jede Einführung einer neuen Technologie im Verbund mit Verhaltensänderungen, jede Art von »Programmierung« kultureller Erfahrung in der Aneignung des Neuen ist ein Design, zugleich ein Meta-Design am Gebraucher als dem Subjekt der Apparate und ihres Nutzens. Dieses Subjekt ist nur vermeintlich frei. Wie Vilém Flusser sagt: Der Apparat tue zwar, was der Mensch wolle, aber der Mensch könne nur wollen, »was der Apparat tun kann« (Flusser 1993, 72 f.).

Die technologisch-funktionale Innovationsrate macht die Gegenstände kulturell effizienter als der hohe ästhetische Aufwand, der bei der Gestaltung ihrer Form getrieben wird. Es sind die unsichtbaren Wirkungsweisen im Kulturprozeß, es ist die Ästhetik der inneren Veränderungen von Anschauungsweise, Erfahrung und Erwartung im Gebrauch, aus der neue kulturelle Formkriterien entstehen. Zwar erscheint uns die sichtbare Ästhetik des Bunten und Phantastischen als das Bemerkenswerte und Gemeinte, aber das ist nur eine Tarnung.

Dahinter folgt die Gewöhnung an bestimmte technologische Standards und die Beeinflussung der Gebrauchserfahrung im Sinne einer immer weiteren Modernisierung der Wahrnehmung und Überformung des Bewußtseins kultureller Subjekte, die gleichzeitig Objekte dieses Prozesses sind.

Deshalb »passiert« Design ununterbrochen – in seinen unsichtbaren Wirkungen so gut wie im wechselnden Eindruck, den die oberflächenästhetischen Formschübe hinterlassen. Design ist immer auch ein Prozeß am Menschen, nicht nur Gestaltung am Produkt.

Design ist einerseits etwas Reales, ein Niederschlag eingreifenden Handelns in die Kombination von Funktionen und Formen, aber es ist gleichzeitig etwas Immaterielles und Fiktives, eine flüchtige Formierung, die sich nicht darstellt, indem eine Form erscheint oder verschwindet, sondern die im Meta-Design vorübergehender kultureller Vereinbarungen und Verhaltensfiguren ihren Niederschlag findet – die also an anderer Stelle erscheint oder wieder auftaucht als erwartet. Die Anwendung dieser Formkraft am Menschen besteht nicht allein im Transfer technologischer Standards auf Gegenstände des täglichen Gebrauchs; sie besteht nicht nur im Einsatz ästhetischer Tricks, wie diese Primär-Anwendung gebraucherverträglich zu machen ist. Sie besteht auch und vor allem in der Umsetzung der Hardware des Produkts in die Software eines kulturellen Wahrnehmungsinteresses, in die Akzeptanz leiblicher Formungen wie in das Unbewußte der kollektiven Erfahrung.

Die Hoffnung auf eine Befreiung von der Dumpfheit und Enge der alten Gegenstandswelten ist daher ambivalent. Sie ist ein auf ungewisse Zukunft gezogener Wechsel, dessen Deckung noch aussteht.

Heidegger konnte, ganz dem mechanischen Zeitalter verhaftet, von der Technik als »Gestell« reden. Wir werden bald kein »Gestell« mehr wahrnehmen, es wird ganz nebensächlich. Es ist wirklich egal, wie das Gestell elektronischer Hardware ausschaut, deren man sich bedient, um Dinge in Bilder aufzulösen oder selbst in die Welt der künstlich generierten Bilder einzutauchen. Statt ums Gestell geht es um das Gebild, das uns zu andersartig »Gebildeten« machen wird, als wir es jemals waren. Der PC als sichtbar gegenständliche Installation könnte seinen Herrschaftsanspruch im modernen Ambiente anmelden wie einst das ernste Klavier in der bürgerlichen Wohnung. Er könnte aber auch aussehen wie ein Flipperautomat. Über seine funktionalen Qualitäten, nämlich daß er Digitalisiertes analog auf dem Bildschirm erscheinen und das eben noch analog Erscheinende im digitalen Speicher wieder verschwinden läßt – eine Zauberei – sagt seine äußere Form nichts. Sie ist unabhängig von der Form, die die Handhabung des Geräts und die Gewöhnung an seine Funktionen in uns unsichtbar hinterläßt.

Noch glauben wir, in einer Welt der Objekte zu leben, schon ist zu fragen, ob nicht die »Vorherrschaft des Objekts von der Souveränität des Bildes« bedroht sei (vgl. Jeudy 1991) – was zur Folge hätte, daß wir weiter fragen müßten, was die Bilder mit uns machen, die sich an die Stelle von Objekten schieben, die wir früher angeschaut und vor allem angefaßt haben.

Die Passage vom Objekt zum Bild im Zuge einer Entmaterialisierung des Wahrnehmbaren durch dessen digitale Auflösung und Wiedererscheinen stellt ein Meta-Design eigener Art dar: »Der Unterschied zwischen Wahrnehmung und Imagination wird weiter eingezogen, die Wahrnehmung irrealisiert, die Imagination realisiert.« (Rötzer 1991, 67)

Ein »Derealisierungsschub«, der mit immer perfekter programmierbaren künstlichen Welten einhergeht, hat auch die Bilder als ursprüngliche Verweise auf etwas Reales und Festes in seinen Sog gezogen: »Bis zum

Einbruch der Elektronik bezogen sich Bilder auf ›nachprüfbare‹ Gegenstände. Es existierte also etwas, das ihnen entsprach. Alles situierte sich in den etablierten Bezugsrahmen, die es uns erlauben, sie wiederzuerkennen und daher auch uns wiederzuerkennen. Seitdem sie aber von den Kathoden des Bildschirms aufgezeichnet werden, destabilisieren sich Gegenstände, Kategorien, Kriterien und Normen. Gestern noch war das kollektive Gedächtnis angefüllt mit realen oder imaginären Materialien, die ein Gewicht besaßen […] Heute geschieht das durch ein sich herausbildendes ›flüchtiges Gedächtnis‹ […] das uns die neuen Medien aufzwingen. Das ›Langzeitgedächtnis‹ von ehemals wird vom ›Gedächtnis-Blitz‹ des Aktuellen ersetzt.« (Berger 1988, 114)

Dem entspricht die Augenblicklichkeit des Erscheinens und Wiederverschwindens von Bildern und Daten auf dem Bildschirm, die aus einem Speicher stammen, der jedes menschliche Gedächtnis übertrifft, aber eben keine Arbeit des Vergegenwärtigens mehr abverlangt, es sei, man nennt das Antippen der Tastatur oder die Fummelei mit der Maus ein Erinnern. Das gilt dann dem Apparat, nicht mehr uns selbst.

Wir sind umstellt von Funktionen, die unser Leben verändern, ohne daß wir es bemerken. In immer mehr alltägliche Handlungen mischt sich ein absichtslos wirkendes Design der Distanzierung, der Entmaterialisierung, der Abstraktion ein. Gleichzeitig nimmt die Anschaulichkeit über das Medium der Bilder anscheinend zu; es gibt kaum noch etwas, wovon wir uns nicht ein Bild machen könnten, so wie man sich früher die Anstrengungen des Begriffs zumuten mußte, um etwas zu verstehen. Das war im Zeitalter des Begreifens der Dinge. Inzwischen gibt es einen substantiellen Schwund, eine Art Vertrauensbruch zwischen Gebraucher und Ding: »[…] wir besitzen nicht mehr die geheime furchtsame Art der Benennung, etwas ist da, ein elektronisches Gerät, nun gut, wie nennt es sich? Rechner? Wenig Wort für viel Ding. Daneben eine Teekanne aus schwarzem – wie heißt der Stoff? Makrolon. Sagt mir nichts. Wir befinden uns in einem ergonomisch eingerichteten Büro […], die Dinge zu glänzend, zu neu, ständig erneuert, das Auge, die Sinne, das Gedächtnis, die Metapher finden keine Lücken und Risse an den Gegenständen, an denen sie haften könnten […] diese Dinge strahlen nur noch, sie sondern einen hellen, kalten Glanz ab, den man nicht berühren-beschreiben kann […] nur noch die linkische Hand, das ältliche Tasten des Herzens ist einigermaßen erwähnbar, entzieht sich den Begriffen nicht sogleich, aber vielleicht alsbald auch das nicht mehr, die Wolke von Chromglanz und Abstraktion rückt gegen das Innerste vor, um es unbenennbar zu machen, unbennbar für den Betrachter, Erleider, was empfindet er noch?« (Strauß 1994, 191)

Die Melancholie der Betrachtung, daß sich die Dinge sogar dem Wort entziehen, verweist auf ein Verlustgefühl, das sich nicht mehr kompensieren läßt. Das Abschmelzen der Materialität von Körpern zu bloßen Oberflächen über Abgründen von Funktionen ist ein Befund, der Angst vor der finalen Immaterialität weckt: »Die Elektronik ist keine Technik zum Anfassen mehr. […] Wenn nämlich die Produkte […] erst einmal sprechen und hören lernen, dann schrumpfen uns auch noch die Knöpfe und Schalter im wahrsten Sinne des Wortes unter den Händen weg.« (Gros 1988, 266)

Nur heißt das nicht, die Funktionen würden mitverschwinden, im Gegenteil, sie werden in unauffälliger Anwesenheit aktiv. So bekunden die Dinge nach ihrem Verschwinden erst recht, daß sie stets präsente Lehrmeister sind. Je näher sie uns als Funktion auf den Leib rücken oder ins Fleisch und ins Bewußtsein implantierbar sind, um so mehr verschwinden sie aus unserem Gesichts- und Tastfeld, verlieren sie ihren Geruch und Geschmack, werden sie wesenlos. Der Formprozeß verläuft dann nicht mehr extern auf der Zeichenebene irgendwelcher Werkzeuge und symbolischen Gegenstände, sondern intern an der leiblichen und mentalen Befindlichkeit des kulturellen Subjekts. Es liegt auf der Hand, daß sich daraus Folgen für eine neue Ästhetik und Ethik des industriellen Gestaltens auf der Ebene der Technologien und des Design ergeben. Zum Beispiel Verlangsamungs- und Erinnerungsstrategien, die einerseits den Eintritt in die neuen medialen Wirklichkeiten begleiten, andererseits dafür sorgen, daß die sinnliche Erfahrung gegenständlicher Realität als kulturanthropologische Konstante erhalten bleibt, um damit der »Virtualisierung bzw. De-Realisierung des Wirklichen« bzw. unseres Verständnisses von Wirklichkeit zu entsprechen. Es komme nun auf diese Kontrasterfahrung an, auf die »Doppelfigur der Moderne«, einerseits auf den Eintritt in die neuen künstlichen Paradiese, andererseits auf die Wiederentdeckung des Einmaligen und Körperlichen im Raum der alten Welt (vgl. Welsch 1995, 268).

So das Wunschbild des Ausgleichs. Ob er gelingt, ist eine andere Frage. Man wird sich irgendwie durch den Alltag mogeln – mit Frühstücksfernsehen, der Mittagspause in einem der phantastischen Badeparadiese, am Arbeitsplatz vor dem PC, abends in der Kneipe oder ratlos vor dem TV-Programm. Nachts träumt man von Bergwiesen oder befährt die Datenautobahn auf der Suche nach Billig-Sex. Gewiß ist nur: Es wird eine Gewöhnung an einst ungeahnte technische Möglichkeiten des Lebensgenusses eintreten. Aber es wird immer noch handfeste Dinge geben, vielleicht neu bewertet von der Einsicht in mögliche Verluste. Das Leben wird zum Spagat oder zu einem Spiel mit den Dingen und ihren Antipoden, den Bildern.

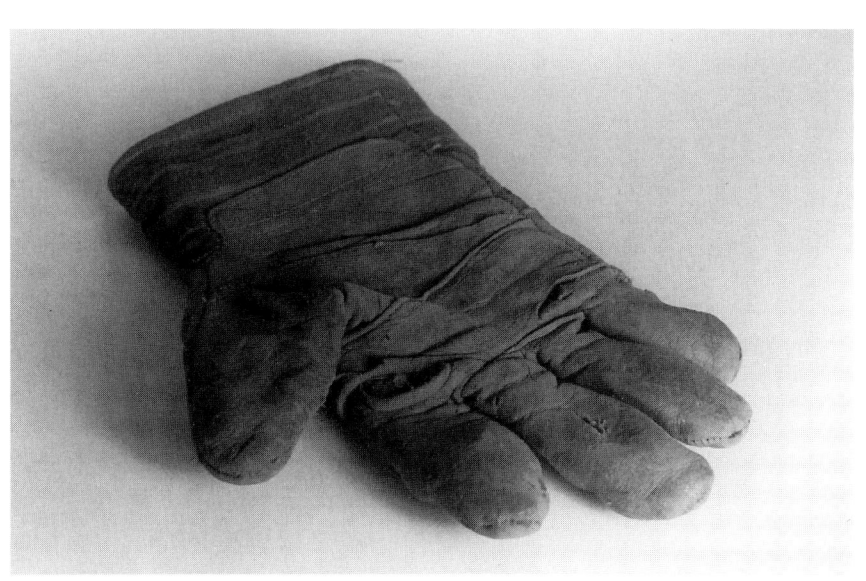

Zwischen Ding und Unding

Vom Stand der Dinge hängt das Leben ab, nicht nur der Lebensstandard. Seit Anbeginn vergegenständlichen sich die Kulturen im Ding. Dieser Prozeß kann als unablässige Umschichtung von Gegenständen, als eine Art Möbelrücken oder Austausch beschrieben werden, in dem immer »bessere« Werkzeuge einander ablösen. Bis an die Schwelle der Postmoderne hat es sich dabei um harte Sachen gehandelt, die jeweils fortzuräumen waren, um anderen Platz zu machen: »›Gegenstand‹ ist, was im Weg steht, dorthin geworfen wurde (lateinisch: ›ob-iectum‹, Griechisch: ›problema‹). Die Welt ist insoweit gegenständlich, objektiv, problematisch, insoweit sie hindert. ›Gebrauchsgegenstand‹ ist ein Gegenstand, den man braucht und gebraucht, um andere Gegenstände aus dem Weg zu räumen.« (Flusser 1993, 40)

Im elektronischen Zeitalter werden die Dinge das tendenziell Wegzuräumende oder Weggeräumte sein. Die Zeit der Nachrufe ist schon angebrochen: Eine Ausstellung in Wien qualifizierte das Objekt als »Leitfossil unseres Jahrhunderts« (Ronte 1980), womit die Sammlung der Gegenstände gemeint war, deren sich die Kunst bemächtigt hat, um sie als kulturelles Material zum Sprechen zu bringen. Ob ein Ding heute der Trivialkultur oder der Kunst gehört, wissen angesichts der Objekte von Haim Steinbach oder Jeff Koons nur noch Spezialisten für ästhetisch-theoretische Differenz. Schon in der Pop-Art führten die Dinge ein in ihre Banalität versponnenes Eigenleben im Zeichensystem der Kunst. Christo begann, sie zu verhüllen, und die Fluxus-Künstler scheuten sich nicht, sie in öffentlicher Performance zu zertrümmern. Rettungsaktionen oder eine neue Aufmerksamkeit gegenüber dem Ding kurz vor seinem Ende?

Das jeweils aus dem Weg der Modernisierung zu Räumende findet sein Unterkommen bei der Kunst, die es verwandelt. Und wie immer mag die besondere Aufmerksamkeit der Kunst eine kulturelle Wende angekündigt haben – hier die des Infragestellens der Dinge – aus der Ahnung, daß es mit den alten Selbstverständlichkeiten zu Ende gehen könnte.

Wird es in Zukunft überhaupt noch Objekte im Sinne eindeutig handfester Dienerschaft oder nur noch Ding-Zombies geben, die vortäuschen, zur Gesellschaft der Objekte zu gehören? Werden Nichtdinge an die Stelle der Dinge treten? Mit welchen Eigenschaften werden sie ausgestattet sein? Wird sich unsere Wahrnehmung derart verändern, daß sie die alten Dinge nicht vermißt?

Inzwischen scheint ihr Tod beschlossen: »Undinge dringen gegenwärtig von allen Seiten in unsere Umwelt, und sie verdrängen die Dinge. Man nennt diese Undinge ›Informationen‹ […] Die elektronischen Bilder auf dem Fernsehschirm, die in den Computern gelagerten Daten, all die Filmbänder und Mikrofilme, Hologramme und Programme sind derartig ›weich‹ (software), daß jeder Versuch, sie mit den Händen zu greifen, fehlschlägt. Diese Undinge sind, im genauen Sinne des Wortes, ›unbegreiflich‹. Sie sind nur dekodierbar.« (Flusser 1993, 81) In der Folge seien wir »immer weniger daran interessiert, Dinge zu besitzen, und immer mehr daran, Informationen zu verbrauchen«. Dem handlos werdenden Menschen verbleiben die Fingerspitzen, »mit denen er auf Tasten drückt, um mit Symbolen zu spielen« (ebd., 82 f.).

Gut Ding will Weile haben – der Satz gilt nur noch bedingt, weil die Undinge oder Nichtdinge rascher herbeizuzaubern sind als jemals ein Ding und schneller wieder im Datenspeicher verschwinden, als man nachvollziehen kann. Die Frage nach Wesen oder Erscheinung wirkt deplaziert, wenn etwas außer im Bunker der Diskette oder im momentanen Bild nicht existiert.

Anscheinend stehen wir vor einer dramatischen Wende. Undinge mit neuen Eigenschaften beginnen, die alten Dinge in ihrer Attraktivität zu verdrängen, oder setzen sich in der Vorstellung und in der Erfahrung fest, die so lange vom Eindruck des Festen geprägt war.

Es geht nicht mehr nur um Transformation von Gegenständen in Bilder, nicht bloß um einen Wechsel in den Dimensionen der Anschaulichkeit oder um die Abstraktion von Sachen zu Daten. Auf der Dingerfahrungsebene geht es auch um irritierend neue Zustände und Beweglichkeiten. Das Ding im Bild oder als Bild kann beliebig schrumpfen, sich vergrößern, explodieren und sich neu zusammensetzen. Wir können in diese Gebilde eintreten, um uns virtuell in ihrem Inneren zu bewegen, während sie sich verwandeln. Auch können Dinge, die es nicht mehr gibt oder die erst in Zukunft denkbar sind, den Sinnen als vorhanden erscheinen, als Vorstellung der Erfahrung verfügbar werden.

Das fiktive Ding scheint das einst für gegeben gehaltene feste Ding, das man mit den unbewehrten, unbeholfenen eigenen Händen greifen und auch nur aus dieser Perspektive körperlicher Situiertheit des Gegenüber begreifen konnte, abzulösen. Dieses neue Unding zeichnet sich durch Immaterialität, Transparenz, Mehrperspektivität, Schwerelosigkeit, Weichheit und Distanzaufhebung aus – man kann im imaginären Raum damit verschmelzen. Es spricht seinem Vorfahr, dem alten Ding, auf das es trotz aller wundersamen Verwandlungsfähigkeit Bezug nimmt, Hohn oder erweist ihm zweifelhafte Referenz. Das alte, dumme Ding scheint gleichsam unterhöhlt, von den Möglichkeiten des neuen in Frage gestellt. Im Cyberspace werden hinderliche Naturgesetze auf den Kopf gestellt, prallt eine neue Realität auf die alte. Durch Dinge hindurchgehen, sie von allen Seiten gleichzeitig sehen, sie in ihrer Abwesenheit fühlen, konnten wir noch nie außer im Traum. Heute erleben wir eine historische Einmaligkeit: Das Ding wird gerade, jenseits seiner geschichtlichen Verkörperungen, neu als Unding erfunden. Es erscheint den Sinnen als Neuschöpfung im Bildraum verflüssigter Erlebnisgestalten der Virtualität – ohne Leib, ohne Geschichte, ohne Schicksal. Das ist wirklich neu: der Zusammenstoß des Materiellen und des Immateriellen, von Realität und Fiktion, mit dem Ergebnis des freien Grenzverkehrs. Wir kennen den Wechsel aus Tagträumen der Phantasie oder wenn wir aus dem Kino auf die Straße treten. Aber mit den Dingen haben wir ihn noch nicht geübt.

So stellen sich gegenwärtig zwei Fragen: Werden wir mit den Undingen in ein ähnlich enges Subjekt-Objekt-Verhältnis treten wie mit den alten Dingen unserer kulturellen, gesellschaftlichen und persönlichen Bedingtheit? Wird sich unser Verhältnis zu den noch vorhandenen festen Dingen durch zunehmende Bindung an die neuen Phänomene grundlegend verändern? Schließlich auch: Auf welche Weise und mit welchem Ergebnis werden wir in Zukunft kultiviert, das heißt zum kulturellen Subjekt?

Da die Einübung in den Umgang mit den Undingen erst begonnen hat, kann es noch keine zuverlässigen Antworten geben. Der Spekulation sind Tür und Tor geöffnet. Ziemlich sicher ist nur, daß es sich um eine Konfrontation zwischen dem Wissen der Anthropologie um die kulturelle

Evolution des Menschen und den Versprechen der Technologie als Substitutionsutopie menschlicher Fähigkeiten handelt, die es in dieser existenzbezogenen Schärfe noch nicht gegeben hat. Entsprechend unversöhnt werden Standpunkte verteidigt und Prognosen abgegeben. Sie bewegen sich zwischen kulturkritischen Kassandra-Rufen und telematischen Paradies-Utopien. Während Philosophen wie Virilio und Flusser düstere oder helle Panoramen der zukünftigen Welt entwerfen, leben wir unseren mehr oder weniger bewußtlosen Alltag mit einer beginnenden Irritation der alten kulturellen Gesten und Rituale fast wie gewohnt weiter. Allenfalls hat sich die untergründig verunsichernde Erkenntnis eingeschlichen, daß das, was wir einst für Wirklichkeit hielten, auch eine Fiktion gewesen sein könnte, nachdem nun eine andere Realität mit ihr in Konkurrenz getreten ist.

Die Auflösung der für wirklich gehaltenen Substanz der Dinge hat jedoch im wahrnehmungs- und erkenntnistheoretischen Sinne früh begonnen. Als Johann Amos Comenius 1685 seinen *Orbis sensualium pictus*, das wohl berühmteste Schulbuch aller Zeiten, publizierte (vgl. Comenius 1978), war das konkrete Ding schon zu Bild und Begriff geschrumpft. Der Autor sprach von den »Bildungen/Benahmungen und der Dinge Beschreibungen«, indem er den Holzschnitten begriffliche Definitionen von Sachen wie in einem Bilderlexikon zur Seite stellte. Das Werk des bedeutenden Pädagogen galt für Jahrhunderte als hervorragend gelungener Versuch zur Veranschaulichung der realen Welt, während es sich in kulturgeschichtlicher Sicht bereits um ihre systematische Abstraktion handelte.

Der Konzeptkünstler Joseph Kosuth hat das Problem in einem Frühwerk (*Einer und drei Stühle*, 1965) thematisiert: Die Installation im Museum of Modern Art in New York zeigt einen hölzernen Klappstuhl, daneben an der Wand sein Foto im gleichen Format und einen vergrößerten Lexikontext zum Wort »Chair«.

Den realen Klappstuhl gibt es noch immer. Sein Foto und den Text (oder auch eine Abbildung der ganzen Installation) könnte man sich online auf den Bildschirm holen. Wir leben schon lange auf Distanz zu den harten Dingen und halten sie uns als Bild, Wort, Begriff gezähmt vom Leibe, der mit dem materiellen »Gegenstand« seine eigene Verständigung suchen und pflegen muß, die unmittelbar zu nennen infolge der skizzierten Abstraktionserfahrungen irreführend wäre.

Geschichtlich ist das Schwinden der Dinge von langer Hand vorbereitet. Weshalb also die Angst? Und weshalb den Schwund beklagen? Es geschieht den Dingen recht. Wieviel dummes Zeug wird man da los! Im Ausgleich gewinnen wir das Banale in der Datenfülle zurück. Fort mit den Dingen! Sie verbarrikadieren das Leben. An ihre Stelle mögen reale Illusionen treten, so daß eine neue Wirklichkeit entsteht, viel schöner, aufregender und variabler als jede alte. Unabhängigkeit von den Dingen – ein faszinierender Gedanke. Sich frei im Raum und Zeit bewegen, ohne jedes Hindernis, jede Last, jeden Umstand, so wie man heute schon im Halbschlaf das Gleiten im ICE oder den scheinbaren Stillstand im Airbus auf Reiseflughöhe genießt. Ein traumhaft unbeschwertes Leben, das den alten Dingen im Museum guten Tag sagen kann, wann immer es möchte. Dort ist die traditionelle Welt der Gegenstände als Sperrmüll am Wegesrand der Geschichte abgestellt. Endlich Luft zum Atmen.

Nicht der mit dem Begriff Postmoderne oberflächlich belegte Wechsel der Gegenstandserscheinungsformen ist der Bruch mit der Vergangenheit, sondern die Aufforderung, vom Dinglich-Realen als Gegebenheit abzusehen und das zunächst für nichtreal gehaltene Immaterielle zum Leitmotiv kultureller Realerfahrung zu machen. Mit der alten Wirklichkeit anfaßbarer Objekte haben wir recht und schlecht gelebt; nun fängt das große Aufräumen und Entsorgen an. Eine neue Definition von Wirklichkeit überwindet die alte, was zunächst einmal den Effekt hat, daß auch die Interpretation der harten alten Welt der Dinge als Konstruktion oder Entwurf der Wahrnehmung und des Denkens erkannt werden kann. Weshalb sollen die Erscheinungen des Immateriellen nicht auch Realität sein? Die Undinge kommen auf uns zu wie früher die Dinge, nur verlangen sie uns andere Erfahrungsleistungen ab.

»Cyberspace führt in die elektronischen Welten ein Moment ein, das in der Tat völlig neu ist: Im Cyberspace steht man dem Bild nicht mehr distanziert gegenüber, sondern man tritt in es ein und kann sich mittels eyephones und dataglove in der virtuellen Welt des Bildes wie in einer realen bewegen. Aus dem Vor-der-Bildwelt-sein (wie z. B. noch am Bildschirm, Anm. G. S.) wird ein In-der-Bildwelt-sein. Die Präsenz gegenüber dem Bild wandelt sich zur Präsenz im Bild, zur Telepräsenz [...].« (Welsch 1995, 271) Für die Art der Präsenz muß man sich freilich entscheiden. Eine zeitweise Abtrennung von der ersten (materiellen) Realität ist die unabdingbare Voraussetzung, um in die künstlich generierte neue Wirklichkeit einzutauchen. Beides gleichzeitig ist unmöglich. Die dreidimensionale computergenerierte Realität besitzt die neue Eigenschaft, eine Symbiose des Körpers mit simulierten Wirklichkeiten herzustellen, aber das ist nur durch Übertritt in den Raum der Virtualität möglich (vgl. Rötzer 1991, 65). Damit ist eine zukünftige Doppelerfahrung angedeutet – ein Leben, das zwischen mehreren Realitätsebenen wechselnde Orientierungen sucht. Doch zunächst entwirft sich eine Entwicklungsperspektive, die sich schon in der Schwundmaterialität der immer kleiner und flacher werdenden technischen Dinggestalt angekündigt hat. Sie führt vom sinnenfesten Ereignis fort: »Das Problem der Sinneswahrnehmung (im alten Sinne, Anm. G. S.), der ästhetischen Wahrnehmung dürfte […] ein archäonostalgisches werden.« (Jeudy 1991, 173) Denn der vorausgehenden schrittweisen Substitution des menschlichen Körpers durch das Werkzeug bzw. die Maschine (Mechanik, Automation, Roboter, Implantate) folgt die Substitution der Dinge durch Bilder, schließlich durch die virtuelle Realität. Der Entleiblichungstendenz des Menschen entspricht der Schwund der Dinge oder umgekehrt. Was die mechanisch hochentwickelten Maschinen noch nicht vermochten, vollenden die elektronischen Medien – die mindestens zeitweilige Abschaffung des alten materiellen Körpers zugunsten eines Erlebniskörpers der Immaterialität. Endlich erscheint der Mensch nicht mehr bedingt. Das Objekt der Abstoßung oder Begierde löst sich in neuronale Reize auf, die vielleicht von Erinnerungsphantasien begleitet sind, so weit das Gedächtnis reicht, ehe die neue Realität der künstlich generierten Sinneseindrücke auch diesen Rest überdeckt. Dem Vergessen aber könnte ein Wunsch zur Reanimation der Gegenständlichkeit antworten, ein Vergegenwärtigungsbedürfnis, das sich auf die alte Wirklichkeit der alten Kultur bezieht und sich nicht von der Virtualität völlig beschlagnahmen läßt. Da es immer noch alte Dinge im Erfahrungsfeld gibt, ist man vor ihnen nicht sicher. Sie werfen noch immer ihre Schatten.

In einem Gespräch mit Paul Virilio erzählt der Interviewer (Fred Forest) von einem Schrank, den er in seinem Zimmer hatte: »Wenn ich ihn anblickte, war alles ganz einfach! Zumindest glaubte ich das. Es war ein Schrank wie jeder andere. Aber wenn ich ihm den Rücken zukehrte, empfand ich, daß er auf mir lastete wie eine fremdartige Masse, wie ein unbegreifbares Objekt, das eine eigene Existenz (welche?) hatte, die mir entging.« (Forest 1991, 338)

Darauf antwortet Virilio: »Die Dinge existieren durch ihre Eigenschaft des Verschwindens.« Das heißt, wenn sie nicht (mehr) da sind oder sich zu Pixeln auf dem Bildschirm atomisiert haben oder ihr Bild in Dateien verschwunden ist, – dann sind sie erst da, werden sie als Abwesende erkannt und vermißt: »In der Ästhetik des Verschwindens sind die Dinge desto präsenter, je mehr sie uns entgleiten.« (Virilio 1986, 340)

Eine Drohung? Ein Trost? Die Lebenserfahrung lehrt, daß Landschaften (Heimat) oder nahestehende Personen, die längst tot sind, erst durch Nicht-Anwesenheit jene Bedeutung erlangen, die ihnen durch die Konstruktionsfähigkeit unseres Gedächtnisses verliehen wird. Das Verschwundene erscheint als »Bild« in verdichteter Gestalt – als eine Imagination oder als Tagtraum. Vielleicht »sehen« wir die Dinge erst, seitdem sie zu verschwinden drohen und wir befürchten müssen, sie als die gewohnten Orientierungshilfen zu verlieren?

Werden die Dinge dereinst ihr Leben im Abstellraum der Geschichte führen, um uns desto präsenter zu sein, während wir uns durch transreale Wirklichkeiten tasten, von der Schwere der Objekte befreit? Werden sie uns nicht auch behindern? Eher wird, wer nicht mehr von der Gegenständlichkeit behindert erscheinen, sich von den Dingen befreit hat, zum Behinderten. Wer unbeweglich am Computer sitzt, um mit aller Welt interaktiv zu kommunizieren, wer mit elektronischen Prothesen den virtuellen Raum durchmißt, ist befreit und zugleich behindert. Er kann realzeitlich an jedem Ort sein. Er kann virtuell mehr erleben als je ein Tourist – ohne jede anstrengende Bewegung. Besorgt fragt Virilio daher: »Wenn die Aktivitätssphäre des Menschen nicht mehr durch die Ausdehnung, die Dauer, selbst die Lichtundurchlässigkeit der Hindernisse, die seinen Weg versperren, begrenzt wird, wo ist dann tatsächlich seine Präsenz in der Welt, seine reale Präsenz anzusiedeln? Er ist mit Sicherheit telepräsent, aber wo? Ausgehend von welchem Ort, von welcher Stellung? Hier und da zur selben Zeit anwesend-lebend: Wo bin ich, wenn ich überall bin?« (Virilio 1986, 147) Denn: »Alle konkrete Erfahrung hat ihren ersten Bezug in der körperlichen Grundlage, in der *Situation* (wie es die verschiedenen Bedeutungen dieses Wortes zum Ausdruck bringen) also in ihrem Verhältnis zu Raum und Zeit, wie sie körperlich wahrgenommen werden.« (Leroi-Gourhan 1984, 358)

Gibt es die »Situation« im Sinne eines konkreten Gegenüber von Subjekt und Objekt in den virtuellen Welten – körperlich, sozial, geschichtlich? Die Dinglichkeit hat den Menschen in Raum und Zeit seines Alltags situiert; er hat sich selbst darin situiert und konstituiert. Geschieht dies auch ohne Bewegung, ohne Orientierung im alten Raum der Geschichte der Materialität?

Vilém Flusser benutzt die Metaphern der Bewegung, der Transparenz, des von Gegenständen verstellten Weges und der Behinderung, um den Gang der Dinge positiv zu interpretieren.

Klar, daß jedes Ding den Undingen oder Nichtdingen im Wege steht, die den Beginn einer neuen Kultur bezeichnen. Nach Flusser muß, wer Kultur produziert, ältere »Gegenstände« zwangsläufig umwenden oder durch neue ersetzen; die telematisch-postindustrielle Kultur wird die mechanisch-industrielle Kultur überwinden, indem sie andere Ereignisse an die Stelle der alten Dinge setzt, sich von ihnen befreit. So wird der Schwund der realen Dinge durch eine neue Freiheit ungehinderter Interaktion aller mit allen ausgeglichen. Wenn der alte Gegenstand als Behinderung telekommunikativ aus dem Weg geräumt ist, wird man ihn nicht mehr brauchen. Fragt sich nur, was dann im Zuge der Überwindung dieser Überwindungskultur erneut aus dem Wege zu räumen sein wird.

Flusser begrüßt die in die Zukunft weisende mediale, intersubjektive, dialogische, weiche Struktur der neuen Telepräsenzkultur und entwirft die Utopie einer interaktiv-kreativen, global vernetzten Kommunikationsgesellschaft. Außer etwas elektronischer Hardware und einem Datenanzug mit Helm und Handschuhen zur Verlängerung der Sinnesorgane in die künstlichen Welten scheint es keiner verbrauchbaren Dinge mehr zu bedürfen. Sie werden, wie einst die notwendigen Fabriken in der Utopie des William Morris, in das Abseits einer befreiten Alltagsexistenz verbannt, die voll damit ausgelastet scheint, genußvoll teleaktiv zu kommunizieren.

Angesichts derart verlockender Visionen sei an den biologischen Körper erinnert, um dessen Verschwinden es insgeheim geht. Aus der Welt der Prozessoren, Bildschirme und Benutzeroberflächen scheint er schon eliminiert. Aber vor seinem Tod wird er sich unter der alten Rufnummer von Leiden, Angst und Vergänglichkeit melden. Er wird nicht wegzuprozessieren, nicht durch simulative Techniken zu überlisten sein. Das Gattungswesen Mensch kann sich ein immaterielles Sein denken; es ist aber auch das einzige Lebewesen, das seinen Tod denken, wenn auch nicht begreifen kann, bevor es ihn erleidet. Ob mit der Beseitigung der Dinge die Abschaffung der Todesangst gelingt?

Was sich hinter der These von der »Befreiung des Subjekts vom Körper« (Weibel 1995, 207) verbirgt, ist nicht der heute längst erfüllte Anspruch auf frei konvertible Identitäten, sondern der Wunsch, sich von der Grundangst des Lebens zu befreien. Wenn es gelingt, die Dinge zum Verschwinden zu bringen und in virtuelle Welten abzutauchen, weshalb dann nicht auch den todesschweren Körper hinter sich lassen? Vor dem Paradies steht kein Engel mehr mit dem Flammenschwert, sondern das Paßwort zur Datei. Mit entsprechender Ausrüstung kann man sich in ein simuliertes Jenseits retten. Vielleicht ist dies die Basis-Illusion des digitalen Zeitalters – keine Angst vor dem Tode haben zu müssen, weil es ihn in den neuen Erfahrungswelten nicht mehr gibt.

Aber etwas liegt quer zur Fluchtrichtung. Es gibt eine lebensbedingte Widersetzlichkeit gegen die Realität der Illusionen. Weil wir einen Körper haben, Körper sind, brauchen wir um ihn materielle Festigkeit. Der Körper benötigt Bett (oder Boden), Schuhe, Kleidung. Tisch und Stuhl sind vielleicht verzichtbar, aber nicht das Werkzeug, ein Leben zu fristen. In Zukunft werden Nichtdinge dazugehören. Zur Bedingung kommt die Bedatung. Aber in den imaginären Erlebniswelten, so real wie phantastisch sie sein mögen, wird es von Anspielungen auf das Körperliche wimmeln.

Alles, was man im Cyberspace erleben könnte, hat noch in der virtuellen Stimulation mit Sinneseindrücken zu tun. Sogar der Genuß der Illusion von Schwerelosigkeit bleibt an eine Resterinnerung des Körpers in seiner Gewichtigkeit gebunden. Irgendwie scheint das Leibliche des Lebens gegen seine Aufhebung immun.

Daß der Immaterialisierungsversuch am Menschen auf Hindernisse stößt, erkennt man an einer merkwürdigen Dialektik: Je flüchtiger die Dinge der Wahrnehmung erscheinen, je emphatischer ihr Verschwinden gefeiert oder gefürchtet wird, um so materieller definiert sich der Mensch selbst. Daß der eigene Körper sich durch Entnahme einzelner Organe in ein Ersatzteillager (vgl. Kimbrell 1994) verwandeln läßt, wissen inzwischen alle. Der verdinglichte Körper wird stückweise verkauft. Und mit dem Tod des Körpers wird wiederum das Überleben der Dinge bedeutsam. Jede Hinterlassenschaft, jede vergegenständlichte Lebensspur, jedes Erbe setzt, testamentarisch geregelt, die Dinge in ihr verbrieftes Recht.

Was wir selber nicht erlangen, sollen wenigstens die Dinge als unsere Stellvertreter schaffen: Dauer.

Sind Dinge *und* Nichtdinge dieser Welt unser letzter Halt? Der Tod war immer schon ein Sturz ins Bodenlose oder in die Illusion eines Jenseits. Flussers Traum fügt der materiellen Schwere des Daseins die Vision einer neuen Leichtigkeit des interaktiven Seins telekommunikativ verfaßter Subjekte hinzu. Daß der Philosoph im physisch harten Zusammenstoß bei einem Autounfall ums Leben kam, ist eine bittere Ironie nicht nur des persönlichen Schicksals.

Wir sind so verletzlich konstruiert, so entfernt vom Körper wir das Bewußtsein wähnen. Statt im »rasenden Stillstand« verharrend (Virilio 1992) könnte man das Subjekt des digitalen Zeitalters mitsamt seiner Simulationslust auch als in den bewegungslosen Schrecken gebannt bezeichnen. In Bill Violas Video-Räumen, in den Vexierfotografien von Cindy Sherman, in Filmen von Peter Greenaway, in den Folterkammer-Installationen von Bruce Nauman oder vor den vergänglichen Objekten des Joseph Beuys kann man ihm begegnen.

Wir erwehren uns der Zudringlichkeit des Erschreckens durch unbeirrbare Aktivität: Im Einschalten der Tagesschau, beim Putzen der Brille, im Blick auf die Uhr, im Griff nach einem Teller – jede alltägliche Geste ist eine unbewußte Widerstandshandlung gegen den Tod. Dazu zappen wir zwischen den alten, harten Dingen und den neuen, weichen Illusionen und bleiben das in und mit den Kulturbrüchen lebende, von ihnen gezeichnete Subjekt, das seinem zivilisatorischen Kerker nicht entrinnt, auch wenn er so komfortabel zu werden verspricht, daß man das Gitter nicht mehr sieht. Wir leben die tägliche Verdrängung des Todes im Gebrauch von Dingen und Nichtdingen. Unser Herz hängt an ihnen wie der Wunsch, sie los zu werden oder sie durch neue, unterwürfigere Dinge oder noch aufregendere Undinge zu ersetzen. Aber eines ist sicher: In den Tod nehmen wir nichts mit, weder Ding noch Datum. Er ist das Ende allen Begreifens und aller Illusionsproduktion. Das letzte Hemd ist ein sonderbar Ding ohne Taschen, der Sarg ohne Bildschirm. Wir verlieren nicht die Dinge. Sie verlieren uns, indem wir das Leben lassen. So nehmen sie ihren Lauf. Sie zeugen vom Dagewesensein, auch wenn niemand mehr da ist, der sie wahrnehmen könnte. Die »letzten Dinge« – ein mehrdeutiger Begriff: Hinweis auf ihre Gefährdung oder auf die alte metaphysische Anschauung von etwas, das man anders nicht bezeichnen konnte? Die

Frage nach dem Woher, Wozu, Wohin, die sich über die Gegenstände und Bilder hinausgreifend stellt, wird nie zu beantworten sein, weshalb wir uns an Dinge und Nichtdinge halten, als würden sie nicht gerade in jenen Augenblicken versagen, in denen der Sinn des Lebens in Frage steht.

Wenigstens ist die Angst vor einer Zukunft ohne Dinge übertrieben. Nicht nur, daß man sie weiter brauchen wird, es ist auch nirgends eine Minderung in Sicht, weil produziert und konsumiert wird, was das Zeug hält. Vorläufig sorgen die hier und da bemerkbare Schwundmaterialität und die Auswanderung von Funktionen ins digitale Off für einen aufmerksameren oder auch besorgt-liebevollen Blick auf die »alten« Dinge, deren Festigkeit im Kontrast zur ungewohnten Immaterialität erst recht wahrnehmbar und schätzenswert wird. So wirkt der Angriff der Undinge auf die Dinge nicht unmittelbar bedrohlich. Man kann sich auch an die Geschichte halten: Schon die Erfindung der Bilderschrift brach mit der einzigartigen Realität der konkreten Dinge und transformierte sie in eine Welt der zeichenhaften Abstraktionen, die sich mit Benennung und Begriff der Schriftsprache ausdehnen konnte. Als die Bilder das Laufen lernten, erlebten die Menschen das Kino als neue Illusionsrealität – gleichsam als Training für den späteren Aufenthalt im Cyberspace. Wahrnehmungsbrüche, Entfremdungen vom Körperhaft-Materiellen, Eintauchen in imaginäre Welten gibt es nicht erst seit heute. So werden wir in Zukunft zwischen Dingen und Undingen leben, mit einer leisen Furcht, einem gelegentlichen Erschrecken, Verwundern oder Befremden – in einer Welt, in der sich das Leben verlieren oder an etwas orientieren kann.

So stehen die Dinge.

Krumme Sachen

Ein Buch über Dinge kann man nicht bebildern, es wäre denn ein Bilderbuch. Hingegen treten hier banale Objekte in zufälliger oder absichtsvoller Verfremdung als Zeugen auf.

Es sind Portraits von Sachen, die als Randexistenzen des Alltags nicht in ein illustratives Verhältnis zum Text treten können, weil sie selber Text sind, oder es sind Bilder von Dingen, die unversehens aus den Schattenrändern des Unbemerktseins hervortreten, sobald wir den »anderen« Blick üben.

Bildquellen

Klaus Peter Gold (S. 219); Britta Mayer (S. 244); Dieter Mulch (S. 236, 284); Sabine Schröter (S. 16); Gert Selle (S. 32, 40, 52, 63, 70, 78, 88, 98, 110, 120, 128, 152, 159, 165, 175, 188, 199, 204, 230, 258, 264, 272); Hartmut Wiesner (S. 28, 139, 213).

Der Autor dankt den Leihgeberinnen und Leihgebern.

Literatur

Abenteuer Computer. Elektronik verändert das Leben. Spiegel spezial 3/1995
Abrams, Malcolm /Bernstein, Harriet: Der Zukunftskatalog. Sensationelle, praktische, zeitbringende, reizvolle, energiesparende und spaßige Erfindungen und Produkte. Wien 1990. München 1992
Albus, Volker/Fitoussi, Brigitte: Juice Salif. In: Design Horizonte, Frankfurt am Main 1995
Asendorf, Christoph: Batterien der Lebenskraft. Zur Geschichte der Dinge und ihrer Wahrnehmung im 19. Jahrhundert. Gießen 1984

Baacke, Rolf-Peter/Brandes, Uta/Erlhoff, Michael: Design als Gegenstand. Der neue Glanz der Dinge. Berlin 1983
Baker, Nicholson: Rolltreppe oder die Herkunft der Dinge. Reinbek 1991
Barthes, Roland: Mythen des Alltags, Frankfurt am Main 1996
Baudrillard, Jean: Das Ding und das Ich. Gespräch mit der täglichen Umwelt. Wien 1974
–: Das System der Dinge. Über unser Verhältnis zu den alltäglichen Gegenständen. Frankfurt/New York 1991
–: Illusion, Desillusion, Ästhetik. In: Stefan Iglhaut u. a. (Hg.): Illusion und Simulation – Begegnung mit der Realität. Ostfildern 1995
Bauhaus-Archiv Berlin (Hg.): Sammlungskatalog. Architektur, Design, Malerei, Graphik, Kunstpädagogik. Berlin 1981
Beck, Johannes: Die Dinge und die Sinne in der Bildung. In: Wolfgang Zacharias (Hg.): Sinnenreich. Vom Sinn einer Bildung der Sinne als kulturell-ästhetisches Projekt. Essen 1994
–/ Wellershoff, Heide: Sinneswandel. Die Sinne und die Dinge im Unterricht. Frankfurt am Main 1989
Beck, Ulrich: Die Sozialmoral des eigenen Lebens. In: Kat. Eigenes Leben. Ausflüge in die unbekannte Gesellschaft, in der wir leben. Hg. Bayerische Rückversicherungs AG. München 1995

Belting, Hans: Bild und Kult. Eine Geschichte des Bildes vor dem Zeitalter der Kunst. München 1993
Benjamin, Walter: Einbahnstraße. Frankfurt am Main 1982
–: Berliner Kindheit um Neunzehnhundert. Frankfurt am Main 1983
Berr, Marie-Anne: Technogene Kultur. In: Paragrana Bd. 3/1994, Heft 2
Berger, René: Kunst und neue Technologien. In: Kunstforum International 97/1988
Beuys, Joseph: Barraque D'Dull Odde (1961-1967) Texte: Gerhard Storck. Kat. Kaiser Wilhelm Museum Krefeld. Krefeld 1991
Birkner, Othmar: Der neue Lebensstil. In: Lucius Burckhardt (Hg.): Der Werkbund in Deutschland, Österreich und der Schweiz. Form ohne Ornament. Stuttgart 1978
Boehncke, Heiner/Bergmann, Klaus (Hg.): Die Galerie der kleinen Dinge. Kleines kulturgeschichtliches ABC alltäglicher Gegenstände. Zürich 1987
Boesch, Ernst E.: Das Magische und das Schöne. Zur Symbolik von Objekten und Handlungen. Stuttgart/Bad Cannstadt 1983
Böhme, Gernot: Der Glanz des Materials – zur Kritik der ästhetischen Ökonomie. In: Arnica-Verena Langenmaier (Hg.): Der Stoff der Dinge. Material und Design. München 1994
–: Philosophie- und Wissenschaftsgeschichte der vier Elemente. In: Paragrana Bd. 5/1996
Bourdieu, Pierre: Die feinen Unterschiede. Kritik der gesellschaftlichen Urteilskraft. Frankfurt am Main 1987
Braudel, Fernand: Geschichte und Sozialwissenschaften: Die longue dureé. In: Claudia Honegger (Hg.): Schrift und Materie der Geschichte. Vorschläge zur systematischen Aneignung historischer Prozesse. Frankfurt am Main 1977
Brecht, Bertolt: Nordseekrabben. In: Bertolt Brecht, Gesammelte Werke Bd. 11, Prosa I. Frankfurt am Main 1967
Brock, Bazon: Objektwelt und die Möglichkeit subjektiven Lebens. Begriff und Konzept des Sozio-Design. In: Bazon Brock: Ästhetik als Vermittlung. Arbeitsbiographie eines Generalisten. Köln 1977
Buddensieg, Tilmann: Behrens und Dolivo-Dobrowolsky. Die normalisierten Bestandteile und ihre Verhüllung. In: Tilmann Buddensieg/Henning Rogge: Peter Behrens und die AEG 1907-1914. Berlin 1981
Bunte Orgasmen. In: Der Spiegel 27/1995

Csikszentmihalyi, Mihalyi/Rochberg-Halton, Eugene: Der Sinn der Dinge. Das Selbst und die Symbole des Wohnbereichs. Weinheim 1989
Comenius, Johann Amos: Orbis sensualium pictus. Dortmund 1978
Computer Lexikon. Hg. Rainer Köthe. Nürnberg 1995

Dahl, Jürgen: Papiertaschentuch und Atomreaktor. Aspekte der Dauerhaftigkeit, auch im heiteren Sinne. In: Scheidewege. Jahresschrift für skeptisches Denken Jg. 22/1992/93. Baiersbronn 1992
Die Ästhetik des Verschwindens. Ein Gespräch zwischen Fred Forest und Paul Virilio. In: Florian Rötzer (Hg.): Digitaler Schein. Ästhetik elektronischer Medien. Frankfurt am Main 1991
Dworschak, Manfred: Wie kam Rembrandt in den Rechner? In: Zeitmagazin 12 vom 17. 3. 1995

Eberspächer, Martina/Glass, Christian: Schlüssel. In: Kat. 13. Dinge. Form, Funktion, Bedeutung. Hg. Museum für Volkskultur in Württemberg. Stuttgart 1992
Eickhoff, Hajo: Himmelsthron und Schaukelstuhl. Die Geschichte des Sitzens. München/Wien 1993
Eisendle, Reinhard/Miklautz, Elfie (Hg.): Produktkulturen. Dynamik und Bedeutungswandel des Konsums. Frankfurt am Main 1992
Elias, Norbert: Über den Prozeß der Zivilisation. Soziogenetische und psychogenetische Untersuchungen. 2 Bde. Frankfurt am Main 1978

Flusser, Vilém: Gesten. Versuch einer Phänomenologie. Düsseldorf/Bensheim 1991
–: Vom Stand der Dinge. Göttingen 1993
–: Dinge und Undinge. Phänomenologische Skizzen. München 1993
Frederick, Christine: Household Engineering. Scientific Management in the Home. Chicago 1923
Friedl, Friedrich/Ohlhauser, Gerd: Das gewöhnliche Design. Köln 1979

Gegenstände zur Zukunft (Objects for the future). Kat. Hg. Gruppe Stellwerk (HfG Karlsruhe) und Rat für Formgebung. Stuttgart 1994
Gelsenkirchener Barock. Kat. Hg. Stadt Gelsenkirchen/Städtisches Museum. Heidelberg 1991
Giedion, Sigfried: Die Herrschaft der Mechanisierung. Ein Beitrag zur anonymen Geschichte. Frankfurt am Main 1982
Glasersfeld, Ernst v.: Die Wurzeln des »Radikalen« am Konstruktivismus. In: Fischer, Hans Rudi (Hg.): Die Wirklichkeit des Konstruktivismus. Zur Auseinandersetzung um ein neues Paradigma. Heidelberg 1995
Grasskamp, Walter: Das gescheiterte Gesamtkunstwerk. Design zwischen allen Stühlen. In: Kursbuch »Alles Design«, 106/1991
Gros, Jochen: Schrumpftechniken und Stilblüten. In: Volker Fischer: Design heute. Maßstäbe: Formgebung zwischen Industrie und Kunst-Stück. München 1988

–: Virtuelle Alternativen? In: Dagmar Steffen (Hg.): Welche Dinge braucht der Mensch? Hintergründe, Folgen und Perspektiven der heutigen Alltagskultur. Gießen 1995

Groys, Boris: Über das Neue. Versuch einer Kulturökonomie. München/Wien 1992

Habermas, Jürgen: Soziologische Notizen zum Verhältnis von Arbeit und Freizeit. In: Konkrete Vernunft. Festschrift für E. Rothacker. Bonn 1958

Heidegger, Martin: Holzwege. In: Martin Heidegger, Gesamtausgabe, Bd. 5. Frankfurt am Main 1977

–: Vorträge und Aufsätze. Pfullingen 1978

Heubach, Friedrich W.: Das bedingte Leben. Theorie der psycho-logischen Gegenständlichkeit der Dinge. Ein Beitrag zur Psychologie des Alltags. München 1987

Hoffmann, Ot: Ex und Hopp. Das Prinzip Wegwerf. Gießen 1990

Hofmann, Claudio: Die Lust am Haben und die Angst vor den Dingen. In: Kursbuch 49/1977

Iglhaut, Stefan/Rötzer, Florian/Schweeger, Elisabeth (Hg.): Illusion und Simulation – Begegnung mit der Realität. Ostfildern 1995

Jacobson, Edith: Das Selbst und die Welt der Objekte. Frankfurt am Main 1978

Jeggle, Utz: Vom Umgang mit Sachen. In: Umgang mit Sachen. Zur Kulturgeschichte des Dinggebrauchs. 23. Dt. Volkskunde-Kongreß in Regensburg 6.-11.10.1981. Regensburg 1983

Jeudy, Henri Pierre: Die Transparenz des Objekts. In: Florian Rötzer (Hg.): Digitaler Schein. Ästhetik der elektronischen Medien. Frankfurt am Main 1991

Joseph Kosuth: Kein Ding, kein Ich, keine Form, kein Grundsatz (sind sicher). Kat. Hg. Renate Damsch-Wiehager. Ostfildern 1993

Kabakow, Ilya: The Rope of Life and other Installations. Hg. Museum für Moderne Kunst Frankfurt. Frankfurt am Main 1995

Kamper, Dietmar/Wulf, Christoph (Hg.): Das Schwinden der Sinne. Frankfurt am Main 1984

Kemp, Wolfgang: John Ruskin – Leben und Werk. München/Wien 1983

Kerckhove, Derrick de: Cyberdesign – Interaktion mit virtuellen Realitäten. In: Arnica-Verena Langenmaier (Hg.): Das Verschwinden der Dinge. Neue Technologien und Design. München 1993

Kimbrell, Andrew: Ersatzteillager Mensch. Die Vermarktung des Körpers. Frankfurt/New York 1994

Koelbl, Herlinde/Sack, Manfred: Das deutsche Wohnzimmer. München/Luzern/ Frankfurt 1980

Krausse, Joachim: Die Frankfurter Küche. In: Michael Andritzky (Hg.): Oikos. Haushalt und Wohnen im Wandel. Von der Feuerstelle zur Mikrowelle. Gießen 1992

Kubler, George: Die Form der Zeit. Anmerkungen zur Geschichte der Dinge. Frankfurt am Main 1982

Lallinger, Manfred: Kinderspielmittel und Kinderspielzeug. In: Dagmar Steffen (Hg.): Welche Dinge braucht der Mensch? Hintergründe, Folgen und Perspektiven der heutigen Alltagskultur. Gießen 1995

Langenmaier, Arnica-Verena (Hg.): Der Klang der Dinge. Akustik – eine Aufgabe des Design. München 1993

– (Hg.): Das Verschwinden der Dinge. Neue Technologien und Design. München 1993

– (Hg:): Der Stoff der Dinge. Material und Design. München 1994

Lethen, Helmut: Verhaltenslehren der Kälte. Lebensversuche zwischen den Kriegen. Frankfurt am Main 1994

Leroi-Gourhan, André: Hand und Wort. Die Evolution von Technik, Sprache und Kunst. Frankfurt am Main 1984

Lindinger, Herbert (Hg.): Hochschule für Gestaltung Ulm. Die Moral der Gegenstände. Berlin 1987

Mandel, Gabriel: Der Schlüssel. Geschichte und Symbolik der Schlüssel und Schlösser. Stuttgart 1993

Manufactum. Werbe-Kat. Hoof & Partner KG. Marl 1995

Marquard, Odo: Zukunft braucht Herkunft. In: Michael Andritzky (Hg.): Oikos. Von der Feuerstelle zur Mikrowelle. Haushalt und Wohnen im Wandel. Gießen 1992

Mauss, Marcel: Die Gabe. Form und Funktion des Austauschs in archaischen Gesellschaften. Frankfurt am Main 1984

Meyer, Hannes: bauen. In: Claude Schnaidt (Hg.). Hannes Meyer. Bauten, Projekte, Schriften. Teufen 1965

Mommertz, Karl-Heinz: Bohren, Drehen und Fräsen. Geschichte der Werkzeugmaschinen. Reinbek 1981

Morris, William: Kunde von Nirgendwo. Reutlingen 1980

Muensterberger, Werner: Sammeln. Eine unbändige Leidenschaft, Psychologische Perspektiven. Berlin 1995

Museum für Volkskultur in Württemberg (Hg.): 13 Dinge. Form Funktion Bedeutung. Kat. der gleichnamigen Ausstellung des Museums vom 3.10.1992- 28.2.1993. Stuttgart 1992

Naumann, Friedrich: Die Kunst im Zeitalter der Maschine. In: Friedrich Naumann, Werke Bd. 6, Ästhetische Schriften. Hg. Heinz Ladendorf. Köln/Opladen 1964
Nouvel, Jean (Hg.): Die Kunst und das schöne Ding. design time bremen. Kat. Neues Museum Weserburg Bremen. München 1995

Oikos. Von der Feuerstelle zur Mikrowelle. Haushalt und Wohnen im Wandel. Kat. Hg. Michael Andritzky im Auftrag des Deutschen Werkbundes Baden-Württemberg. Gießen 1992

Panati, Charles: Universalgeschichte der ganz gewöhnlichen Dinge. Frankfurt am Main 1994
Pasolini, Pier Paolo: Gennariello. In: Freibeuter 4/1980
Pauser, Wolfgang: Scheintechniken. Die phantastischen Funktionen der neuen Geräte. In: Dagmar Steffen (Hg.): Welche Dinge braucht der Mensch? Hintergründe, Folgen und Pespektiven der heutigen Alltagskultur. Gießen 1995
Pazzini, Karl-Josef: Tod im Museum. Über eine gewisse Nähe von Pädagogik, Museum und Tod. In: Wolfgang Zacharias (Hg.): Zeitphänomen Musealisierung. Das Verschwinden der Gegenwart und die Konstruktion der Erinnerung. Essen 1990
–: Die gegenständliche Umwelt als Erziehungsmoment. Zur Funktion alltäglicher Gebrauchsgegenstände in Erziehung und Sozialisation. Weinheim/Basel 1983
Petroski, Henry: Messer, Gabel, Reißverschluß. Die Evolution der Gebrauchsgegenstände. Basel 1994
Pfleiderer, Wolfgang: Einleitung Kat. »Die Form ohne Ornament. Werkbundausstellung 1924«. Hg. Walter Riezler. Berlin/Leipzig 1924
Projektgruppe up to date: Mehr Weniger! Über den Umgang mit ökologischen Herausforderungen in der Designausbildung. Projekte und Positionen deutscher Designschulen. Offenbach am Main (HfG Offenbach) 1993

Rath, Claus-Dieter: Reste der Tafelrunde. Das Abenteuer der Eßkultur. Reinbek 1984
Richard, Birgit: Robotwars. Robotergestaltungen und -phantasmen zwischen »Artificial Intelligence« und »Artificial Life«. In: Kunstforum International 130/1995
Ronte, Dieter: Das Objekt – Leitfossil unseres Jahrhunderts? In: Kat. Faszination des Objekts. Hg. Museum für moderne Kunst Wien. Wien 1980
Rötzer, Florian: Mediales und Digitales. Zerstreute Bemerkungen und Hinweise eines irritierten informationsverarbeitenden Systems. In: Florian Rötzer (Hg.): Digitaler Schein. Ästhetik der elektronischen Medien. Frankfurt am Main 1991

Schmitt, Uwe: Muji: Ein Erfolg, der keinen Namen hat. In: Frankfurter Allgemeine Magazin, Heft 850, 24. Woche 1996
Selle, Gert: Geschichte des Design in Deutschland. Frankfurt am Main/New York 1994
–/ Boehe, Jutta: Leben mit den schönen Dingen. Anpassung und Eigensinn im Alltag des Wohnens. Reinbek 1986
Selmeier, Franz: Eisen, Kohle und Dampf. Die Schrittmacher der industriellen Revolution. Reinbek 1984
Settis, Salvatore (Hg.): Das Land der Etrusker von der Vorgeschichte zum frühen Mittelalter. Florenz 1985
Sherman, Barrie/Judkins, Phil: Virtuelle Realität. Computer kreieren synthetische Welten. Eine Technologie, die unsere Gesellschaft radikal verändern wird. Bern/München/Wien 1993
Silbermann, Alphons: Die Küche im Wohnerlebnis der Deutschen. Eine soziologische Studie. Opladen 1995
Staretz, David: Missing Links. Erfindungen, die wir auch nicht brauchen. Wien 1985
Steffen, Dagmar (Hg.): Welche Dinge braucht der Mensch? Hintergründe, Folgen und Perspektiven der heutigen Alltagskultur. Gießen 1995
Sternberger, Dolf: Über den Jugendstil und andere Essays. Hamburg 1956
Strauß, Botho: Wohnen Dämmern Lügen. München/Wien 1994
Sturm, Eva: Museifizierung und Realitätsverlust. In: Wolfgang Zacharias (Hg.): Zeitphänomen Musealisierung. Das Verschwinden der Gegenwart und die Konstruktion der Erinnerung. Essen 1990

The Last Whole Earth Catalog. Hg. Portola Institute (Random House USA/Canada) 1971
Thompson, Michael: Die Theorie des Abfalls. Über die Schaffung und Vernichtung von Werten. Stuttgart 1981
Treue, Wilhelm: Achse, Rad und Wagen. Fünftausend Jahre Kultur- und Technikgeschichte. München 1965

Virilio, Paul: Ästhetik des Verschwindens. Berlin 1986
–: Rasender Stillstand. München/Wien 1992
–: Die Eroberung des Körpers. Vom Übermenschen zum überreizten Menschen. München/Wien 1994

Waentig, Heinrich: Wirtschaft und Kunst. Eine Untersuchung über Geschichte und Theorie der modernen Kunstgewerbebewegung. Jena 1909

Waffender, Manfred (Hg.): Cyberspace. Ausflüge in virtuelle Wirklichkeiten. Reinbek 1991

Walser, Martin: Meßmers Gedanken. Frankfurt am Main 1985

Warnke, Martin: Zur Situation der Couchecke. In: Jürgen Habermas (Hg.): Stichworte zur »geistigen Situation der Zeit«. Bd. 2, Politik und Kultur. Frankfurt am Main 1979

Weibel, Peter: Das Ich und die Dinge. Kommentare zu einem philosophischen Text von Anna und Bernhard Blume in Form inszenierter Fotografien. Frankfurt am Main 1991

–: Digitale Doubles. In: Stefan Iglhaut/Florian Rötzer/Elisabeth Schweeger (Hg.): Illusion und Simulation – Begegnung mit der Realität. Ostfildern 1995

Welsch, Wolfgang: Ästhetisches Denken. Stuttgart 1990

–: Künstliche Paradiese? Betrachtungen zur Welt der elektronischen Medien – und zu anderen Welten. In: Paragrana Bd. 4/1995, Heft 1

Weschenfelder, Klaus/Zacharias, Wolfgang: Handbuch Museumspädagogik. Orientierungen und Methoden für die Praxis. Düsseldorf 1981

Wick, Rainer: bauhaus Pädagogik. Köln 1982

Wilhelm, Karin: Auf der Suche nach dem neuen Menschen. Zum Verhältnis von Walter Gropius und Johannes Itten. In: Kat. Das frühe Bauhaus und Johannes Itten. Berlin/Stuttgart 1994

Winnicott, Donald W.: Übergangsobjekte und Übergangsphänomene. In: Psyche 9/1969

Wördehoff, Bernd: Das gab's doch mal. Vielerlei Dinge, die aus unserem Alltag entschwunden sind. Wien 1994

Aus unserem Programm

Gert Selle
Die eigenen vier Wände
Zur verborgenen Geschichte des Wohnens
2. Auflage, 1996. 224 Seiten mit 34 Abbildungen
ISBN 3-593-34923-X

Je bedrohter das Leben, desto blindwütiger wird gewohnt. Weder ökonomische noch ökologische Krisen tun dem Boom neuer »Wohnkulturen« Abbruch. Wohnen ist zentrales Kulturereignis, Inszenierungsform des Alltags schlechthin. Und Wohnen ist konservativ. Wir halten uns an das Gewohnte. Architektonische Strukturen, Grundformen der Einrichtung und scheinbar individuelle Bedürfnisse gegenwärtigen Wohnens erweisen sich als historisch tradierte Vorgaben von großer Beständigkeit.

Gert Selle erschließt Verborgenheit in essayistischen Passagen, kulturhistorischen Exkursen und Untersuchungen am dingfesten Beispiel: Warum gibt es Gardinen an Fenstern im 13. Stock? Was hat die einst niedrigen Truhen um das Bett in hohe Kastenmöbel an der Wand verwandelt? Weshalb verharren wir zögernd für einen Augenblick an der Schwelle einer fremden Tür?

Der Autor macht in frappierenden Quer- und Rückbezügen deutlich, welche archetypischen Vorstellungen aus uns sprechen, wenn wir unsere eigenen vier Wände individuell ausstaffieren. Ob es sich dabei um den Eßtisch oder das Schlafzimmer handelt: noch unsere intimsten Wohnbedürfnisse sind eingebunden in das gesellschaftliche Gedächtnis des Bewußtseins.

Campus Verlag · Frankfurt/New York

Aus unserem Programm

Gert Selle
Geschichte des Design in Deutschland
Studienausgabe, 1997.
416 Seiten, gebunden mit 249 Abbildungen
ISBN 3-593-35675-9

Seit Ende der 70er Jahre hat Gert Selle ganzen Studiengenerationen, ganzen Designerjahrgängen nahegebracht, in was für einem Metier sie sich bewegen. Seine Design-Geschichte in Deutschland war jahrzehntelang das einzige Buch dieses thematischen Zuschnitts. Jetzt ist es wiederum konkurrenzlos in seinem Anspruch, Design als Instrument und Produkt der Industriekultur zu vermitteln. Das Programm dieses Buches widersteht dem ästhetischen Zeitgeist.

»Zweifellos kann man das Buch als eines der wichtigsten Grundlagenwerke bezeichnen. Erfreulich, daß in der historischen Darstellung auch auf die neue Designforschung Bezug genommen wird. Das 34seitige Quellenverzeichnis im Anhang ermöglicht, sich anhand von Spezialliteratur vertieft einzuarbeiten. Den Anschluß an die Gegenwart leisten weiterhin die beiden letzten Kapitel, in denen sich Gert Selle mit dem Kulturbruch im wiedervereinigten Deutschland, mit Pluralisierung und ästhetischem Subjektivismus in der Postmoderne sowie mit den Auswirkungen der Mikroelektronik auf die gestaltete Umwelt und auf die Menschen auseinandersetzt.«

Bauwelt

Campus Verlag · Frankfurt/New York